中国人民大学书报资料中心重要转载来源

U0872828

CHINA TOURISM REVIEW 2019, NO.3

中国旅游评论：

2019第三辑

中国旅游研究院 主编

北京·旅游教育出版社

责任编辑：郭珍宏

图书在版编目（CIP）数据
中国旅游评论. 2019. 第三辑 / 中国旅游研究院主编. -- 北京：旅游教育出版社，2019.9
ISBN 978-7-5637-4034-5

Ⅰ. ①中… Ⅱ. ①中… Ⅲ. ①旅游业发展—中国—文集 Ⅳ. ①F592.3-53

中国版本图书馆CIP数据核字(2019)第205662号

中国旅游评论：2019 第三辑
中国旅游研究院　主编
*
旅游教育出版社　出版、发行（北京市朝阳区定福庄南里 1 号）
各地新华书店经销
北京旅教文化传播有限公司
北京中科印刷有限公司
*
开本：787 毫米 ×1092 毫米　1/16　印张：17.25　字数：235 千字
2019 年 9 月第 1 版　2019 年 9 月第 1 次印刷
定价：45.00 元

ISBN 978-7-5637-4034-5

目　录

旅游大讲堂

文化遗产和旅游发展

旅游理论探索

旅游实践与经验借鉴

旅游学人茶座

旅游大讲堂

旅游研究与文化建设：初心在哪里，使命怎么记①

戴　斌

（中国旅游研究院院长）

结合党建和旅情、院情，每年确定一个工作主题，是中国旅游研究院自2008年建院伊始到今天的传统，也是组织文化建设和价值观塑造的有效载体。还记得第一次主题活动地点选择了河北乐亭的李大钊故居纪念馆，学习他“铁肩担道义、妙手著文章”的家国情怀，学习他为了传播马克思列宁主义而写下的《布尔什维克的胜利》《庶民的胜利》，确定了“服务产业，报效国家”的建院思想和“1+8+X”的学术成果体系。后来我们又去了韶山、延安、淅川等地，缅怀中国共产党的革命、建设和改革开放的伟大历史进程，稳步推进研究院的学科建设、学术成果建设、人才建设、思想建设、国际化建设、数据中心建设等各项工作。以党建引领智库建设，寓党建于日常业务，培养一支党组放心、业界认可和广泛国际影响力的旅游研究团队，这是我们的特色和经验，要长期坚持下去。今年的主题是文化建设，结合“不忘初心、牢记使命”主题教育活动，以及研究院（数据中心）转隶改冠后所面临的形势和任务，我代表党支部和院班子谈几点意见。

一、在习近平中国特色社会主义思想指引下，加快建设以人民为中心的当代旅游发展理论

过去四十年的旅游学术研究，在引进和解释方面做了不少工作，也因循

① 2019年7月4日，中国旅游研究院与北京市海淀区文化和旅游局举行“不忘初心、牢记使命；建构文旅融合理论、建设专业智库文化——CTA博士团走进海淀北部文化中心”联学联做主题党日系列活动。本文系中国旅游研究院院长戴斌同志在会议上的主题讲话。

“挑战—回应”范式，积淀了一批直面现实问题的学术成果，依托高校的研究生培养、科学年会、立项评奖、期刊阵地等平台和载体，初步形成了全国旅游学术共同体。研究院成立十年来所取得的成就，确有诸多可圈可点之处。但是回过头看，也有两个根本性的问题没有解决：一是学科建设上，分散的学术研究和非系统的学术成果还没有形成体系化的旅游发展理论；二是组织建设，旅游学者为了个人的功名利禄，旅游学术机构为了外在指标，而不是为了国民大众的旅游权利和旅游业高质量发展而做研究的倾向越来越明显。这两个问题不解决，既制约文化和旅游融合新时代的可持续发展，也影响研究院当下的理论建设、数据建设和队伍建设。

文之大者，为国为民。文化和旅游系统的专业技术人员，不管是文化创作者，文艺表演者，还是旅游理论工作者，都要自觉地把个人才情融入党和国家的文化建设中去，融入人民群众的文化需要中去。每个同志都要加强思想教育和文化修养，不断提高自己的综合素质。在强调人民群众是历史的创造者的同时，我们也要辩证地认识到文化创作者和理论工作者的主观能动性。文化是文化人说的话和做的事情，但是文化不能只为文化人服务。任何离开人民群众和人间烟火的所谓文化，终会陷入小圈子的自我欣赏和相互吹捧，而失去发展的动力和生命的源泉。旅游研究团队也有这种倾向，研究生毕业或博士后出站，总想沿着“论文—基金—职称—博导—长江 / 院士—院长、系主任—做规划、开公司—名利双收做学霸”这条精致利己主义的路子往下走，稍微有些资历或者声誉就想着立马变现，就想做什么自由学者，全然忘记了研究院是为党工作的中字头、国字号旅游专业智库，全然忘记了我们肩负着以人民为中心的旅游发展理论建设的时代责任，全然忘记了为国民旅游权利而奋斗、为旅游业高质量发展和讲中国旅游故事的历史使命。历史一再证明，并将继续证明：离开了党的领导，没有了人民的需要，过于强调小圈子的相互欣赏、个体自由和单纯为了名利而做学问，是做不好、走不远、做不大的。

希腊神话的大力士安泰不能离开大地，文学家、艺术家和理论家也不能离开时代和国家，古今中外皆是如此。受益于十四年抗日战争期间美国对中国的关注，诺贝尔文学奖获得者赛珍珠的文学作品得到了广泛传播，其编辑发行的《亚洲》杂志也在全球得到了瞩目和尊重。但是在“二战”之后，这种关注消失了。被看作“中国作家”的她，必须重新把自己改造成一位“美国作家”，尽管后来笔耕不辍，但是从未超过其“中国作家”所获得的辉煌成就。如同《灿若锦霞》作者魏时煜先生所慨叹的那样：战争有时候赋予女性政治家、领导人和文化英雄的角色，但是这些机会会随着战争的结束而迅速消失。不是你不努力，更不是你江郎才尽了，而是时代不需要你，或者你主动脱离了赖以生存的土壤和持续前行的轨道。“二战”领袖之一的丘吉尔，以如此之高的声望还是被英国人选下了首相之位，是时代的变化和人民的选择。令人欣慰的是，他很快调整心态，选择了向历史致敬的文学创作道路，获得诺贝尔文学奖而列于世界级文学家之位。改革开放以来，北岛、顾城和舒婷的朦胧诗，崔健和魔岩三杰的摇滚乐、琼瑶的言情、三毛的灵性、金庸和古龙的江湖、罗中立的油画，甚至聂卫平的围棋都曾经领一时风气之先。无论我们如何追忆和不舍，它们终是在文化迭代的进程中遁入历史的星空，有的成为经典记忆，有的则成为思想化石，更多掩埋在层层叠叠的文化层，留待后人的考古发现。

文化和旅游部部长雒树刚在今年的中国旅游科学年会上发表主旨讲话，在充分肯定四十年来旅游科学研究和理论建设成就的同时，也提出殷切希望。特别是希望广大旅游研究者走出书斋、走出象牙塔、走出小圈子，立足旅游业的生动实践，聚焦热点难点问题开展研究。他还连续提出了十四个现实问题。篇幅不长，让我们再逐字逐句地学习一下：文化和旅游的最大最佳连接点在哪里，融合发展的路径有哪些？如何更好发挥旅游在培育弘扬社会主义核心价值观方面的积极作用？如何提升旅游公共服务水平、增强旅游便利度？如何开发更好更多适应境内外游客需求的优质旅游产品？如何推动全域旅游？如何推动民宿发展？如何推动旅游与教育、体育等领域的跨界融合？如何更好发展冰雪经济、邮轮旅游、低空旅游等新兴业态？如何加强对文化和旅游市场的监管？如何防范化解、妥善应对各类旅游安全事件？如何做强国内旅游？如何提振入境旅游？如何引导出境游客成为中国故事的生动讲述者、自觉传播者？有人说，这些问题具有明显的行政视角和现实导向，不是学者要关心的科学问题。那么请问什么才是科学问题？是抽象的旅游定义，还是“凝视（Gaze）”之类的学术想象？是基金资助的课题，还是发表在外文C刊上的学术八股？无视大众旅游初级阶段的时代需要，无视文化和旅游融合发展的政府需求，只想着躲进象牙塔算计着自己的那点儿功名利禄，隔岸望着日新月异的旅游产业实践之火，却不愿、不敢、不能融入其中。这在指导思想上是错误的，在科研实践和理论建设中是有害的。

作为文化和旅游部直属的理论研究和数据中心，我们必须坚持问题导向，坚定不移地走理论和实践相结合的发展道路。必须举全院之力，团结和带领全国旅游学术共同体和数据中心合作网络，系统回答“旅游发展为什么？旅游发展依靠什么？旅游工作的可持续发展目标和阶段性工作重点是什么？等”事关当代旅游发展理论体系建设的重大课题和现实问题。今后要更加重视《旅游内参》（含特别报告）、《中国旅游大数据》、专题报告等智库平台建设，更加重视智库成果针对性、及时性、有效性和可读性，切实抓好党组和领导特别交办的事项。这些平台和成果可能不符合大家心目中的学术标准，不会公开发表也就没有人公开引用，甚至去了高校也没有办法评职称，但它们切切实实代表了我们资政建言、开启民智和引导舆论的真实水平。没有党组认可、系统采纳和产业认同，拿再高预算的规划合同，发表再多期刊论文又有什么用呢！商业机构也可以做规划，可能做得比我们还好，高校更是拿基金和发论文的主阵地，而且更懂得利用规则去发表，甚至是为发表而发表。我们不要去与他们比这些，而要做规划公司和高校不能做、不愿做、也做不好的事情。为此，我们在学术成果评价体系中既重视传统的基金项目、SSCI 论文、学术荣誉，更重视资政建言、服务产业和开启民智的内部报告、专题讲稿和党报党刊的文章等非传统学术成果。也只有把这些党组需要、产业需要和时代需要的实践项目做好了，把以人民为中心的旅游发展理论建设好了，中国旅游研究院这块牌子才算是立住了。

二、贯彻文化和旅游部党组要求，加强文化和旅游融合研究，既要有设计稿，也要有施工图

根据文化和旅游部的“三定”规定，转隶改冠后的中国旅游研究院（文化和旅游部数据中心）增加了两项职能，即文化和旅游融合研究、文化统计和数据分析。为此，我们新组建了统计调查所、数据分析所、政策和科教所，明确总规划师、总统计师的岗位设置。可是，同志们，从来都是庙好盖、和尚难请、

经文难念，更不要说香火能不能旺了。怎么办？只有在继续做好既有旅游研究、旅游统计与大数据分析的基础上，以“三次创业”的激情，明确指导思想、前行路径和研究方向，用五年左右的时间，再造一个文化研究院和文化大数据中心。

作为文化和旅游部直属的科研事业单位，我们要想党组之所想，急党组之所急，重点做好文化事业和文化产业的政策研究、工作研究和规律性问题研究。经过十年探索，研究院已经形成了一套理论和实践相结合的研究范式，有大数据做支撑，而且熟悉市场和产业。这些经验和优势要继续发挥，在探索的初期，可以先从现实热点问题着手，比如公共文化效能评价、文化遗产利用、《文物保护法》修订等。我们既要从高位看规律，也要从低位看现象。以《文物保护法》的修订为例，我们不是法律专家，也不是文物学者，但是我们可以像 2012 年配合起草《旅游法》那样，从人民群众对文物的需求出发，从国民文化权利出发做研究啊。过去是文物保护不足，国家要抢救性保护，现在是利用不足，是人民群众对文物事业的无感。从历史唯物主义的观点出发，我们已经走出了一条有别于资源导向的旅游研究之路，同样可以探索一条不同于本体依托的文化研究新模式。

在文化研究方面，我们要勇于面向新需求、发现新动能、开拓新领域，而不是在存量领域与既有学术机构去竞争那么一点话语权和影响力。问题不怕小，就怕空。我们与创作发行《洛宝贝》等现象级动漫作品的大业漫奇妙合作，共建亲子文旅实验室，共同开展学龄前儿童文化休闲研究。这个切入口看上去很小，但却是一个全新的，可以不断拓展和成长的学术领域。影响美国几代人的动画片《芝麻街》，就是由研究机构发起并长期跟踪观测的。还有和上海创图、良业照明、海淀北部文化中心等文化企事业单位的合作，正在开启公共文化、文化产业、夜间休闲等文化与旅游合作研究的新空间，这些都是传统文化机构和理论工作者没有碰过的领域。采取类似路径与文化事业机构、文化市场主体和文化研究机构的融合，既可以接地气，掌握一手数据和鲜活信息，又可以形成“强理论、重数据、出政策”的智库产品。我们完全有理由相信，一个综合旅游、休闲、文化产业和文化事业的新型智库很快就会成型，并将在国家文化和旅游融合发展的历史进程中写下浓墨重彩的一笔。在此过程中，每一位研究人员、行政人员、博士后、访问学者和学术共同体的每一位同志，都将是时代的见证者，也是历史的创造者。

我们还要有意识地将研究视野向大文化产业方向拓展，包括但不限于电影电视、新闻出版、图书发行、动漫电竞游戏等，甚至广场舞和卡拉 OK。电影是国家形象，也是旅游目的地形象建构的重要手段。数据表明，2001 年到 2017 年间，全球上映排名前 200 部电影中，有 34 部的故事或人物源于英国作家的作品，超过 120 部电影的主演或者配角是英国人。不计动画片的话，有英国演员的影片高达 80%。在为英国带来巨大的海外商业收入的同时，也在不断强化精致、优雅、勇气、时尚的“英伦范”。借助电影的魅力，旅游宣传推广可以起到事半功倍的效果。政策与科教所可以以“逆工程化”的思维方式，结合我国电影事业和电影产业现状，对旅游与电影的互动关系展开系统研究，从而形成全新的文化与旅游融合研究的理论增长点。1988 年，我国开始实施农村电影放映工程，村村看银幕、人人看电影，曾经为丰富农村文化生活做出巨大贡献。但是现在家家有电视了，智能手机也很普及，还是在露天的文化广场上放映那些老片子，就跟不上时代了。事实上，广大农村居民对电影的要求，早已经不限于“看到”，更希望“看好”。同志们如果能够沉下去，像费孝通先生写《江村经济》那样把基层的情况摸清楚，“勿以善小而不为，勿以恶小而为之”，积少成多，慢慢地就会在公共文化政策和文化产业研究方面有一定的发言权了。

除了物的文化和表演的文化本身，也可以从衍生的文化，以及文化的新空间和新载体着手。过去的艺术家以作品为中心，以舞台、剧院、报刊、博物馆为载体，通过创作演出和体制评定而成名成家。现在互联网原住民的一代成长起来了，他们通过线上打赏与众筹、线下包场与后援，形成了一套偶像养成和文化生产新模式。以前的角儿与座儿是给予和被给予、仰视与被仰视的关系，现在则是平视的关系，甚至有“你是我们养成的，别人不能批评你，你也要听我们的”群体心理。这就有话语权建构，甚至意识形态的问题了。为此，必须发现和培育文化领域志同道合的新型市场主体、企业家和创业创新者，完善学术研究合作网络、地方和企业发展案例库、数据库和文献中心，建构新型研究范式，不断丰富和完善我们在新领域的学术资源、人脉网络、平台基础。

文化统计方面，无论是人力资源，还是专业基础和研究范式方面，基本上还是空白。在统计工作和资源配置方面，在技术层面还没有清晰的界定和明确的说法，很多事情都需要我们自己边实践、边研究、边定型，从某种意义上说，就是个“三边工程”。这没什么，回顾研究院建院十年所走过的道路，也是这么过来的，就当是新建了个文化数据中心吧。在充分借鉴旅游数据中心建设经验和文化事业、文化产业的特点基础上，坚持问题导向，急用先建。大体上可以分三步走。第一步，需求侧着眼，小文化入手。需求侧就是国民大众对文化消费的需求，这方面完全可以借鉴旅游数据中心的建设经验；小文化是指文化和旅游部管的文化，包括音乐、戏剧、舞蹈等舞台艺术，文化馆、博物馆、美术馆、图书馆、非物质文化遗产等公共文化事业，以及对外演出、展览、交流等部分文化产业。把两者连接起来的是文化效能评价，特别是公共文化效能评价。第二步，供给侧着眼，大文化入手。党的十九大报告提出，满足人民过上美好生活的新期待，必须提供丰富的精神食粮。要将文化统计的范畴拓展至包括电影电视、新闻出版、图书发行、动漫电竞游戏等在内的大文化，这些都是和人民生活息息相关的精神食粮。通过对大文化的数据统计和分析，可以为文化领域的供给侧改革提供依据，进而促进文化事业和文化产业改革发展。第三步，国际化视野，泛文化拓展。优秀文化必然承载人类命运共同体的未来，因其体现的共同价值而对不同国家、不同地区、不同民族、不同文明的受众产生自然而然的吸引力，进而形塑国家和地区形象。迪斯尼、好莱坞、NBA、麦当劳、可口可乐，加上无所不在的军事存在，一并构成世人对于美国的想象。正是通过这些文化符号和日常消费，美国的价值观在不知不觉中得到了传播。日本漫画已从供少儿娱乐的“玩具时代”，发展到与国外游客互动交流的“记号时代”。随处可见的动漫海报、漫画展和 Cosplay，家喻户晓的漫画人物在润物细无声地教化下一代。我们的文化统计，从长远来看，还要考虑如何衡量中外文化的交互影响，如何对中国的文化软实力进行测度，甚至还可以考虑对世界各国的文化软实力进行排名。以此为文化交流互鉴提供参考，进一步坚定文化自信。在此过程中，尤其要加强文化统计和数据分析的理论研究，或者说理论先行。要将文化和旅游融合研究和文化统计工作有机结合起来，有意识地发表一批学术成果，经得起同行评价。要坚持务实的调查统计工作作风，不要高高在上，而要深入一线，特别是要加强随机的、互动的调查，以此形成直面事实的数据和样本。要参照旅游统计的“一体系、两手册”，分步骤完善文化统计工作成果体系，推进文化统计实践发展。

三、在文化和旅游融合理论建设中，坚守“一群人、一件事、一辈子”的组织文化

前不久，文化和旅游部党组书记、部长雒树刚到我院开展专题调研，亲切寄语：一群人，一件事，一辈子，努力把研究院打造成为具有国际国内广泛影响力、产业引领力、大家向往的学术重地和理论高地。领导是党内理论家，是知行合一的大知识分子，他的鼓励和期盼也是我们今后的努力方向。

从 2008 年 6 月 6 日揭牌到现在，研究院走过了十一个年头了。这些年来，我们一直围绕中心、服务大局，在促进国民旅游福祉提升和旅游业高质量发展方面做了系列工作。现在文化和旅游部党组要求我们继续开展旅游研究、旅游统计和数据分析工作的同时，又把文化和旅游融合研究、文化统计和数据分析这么重要的任务交给我们，这是对机构的肯定，对团队的信任。党支部和院班子在系统分析内部条件和外部环境的基础上，有信心谋划未来并全面完成党组交给的光荣任务。与此同时，也要正视风险和挑战，特别是组织文化和人力资源方面的挑战：部分积累了一定资历，却对建院理念和价值不能完全认同的研究人员离开后，如何为有才情、有能力、有认同的坚守者提供更加宽广的成长空间？新引进的旅游和文化研究人员如何培养？如何建设协同创新的学术团队和生生不息的学术梯队？在高层次人才竞争中，我们没有高校的博导位子和房子，没有企业的票子，也没有机关的位子，怎么办？这个问题我想了十年了，觉得还是得靠理想，寻找志同道合者，构建基于共同价值观的学术共同体。只有在这个前提下，才能谈纪律，否则留得住人，也留不住心，天天猫看老鼠似的管着、看着，组织和学者就会不可避免地油腻和猥琐起来，还哪里有什么心力去做经世济民的大学问。

我们在资政建言、科学研究、社会服务、文化创造和人才培养方面的一切努力，从来就不是，将来也不可能是为了个人的功名利禄，更不可能是把同志们培养成为精致的利己主义者，而是为了建设以人民为中心的旅游发展理论，为了探索有中国特色的中国旅游智库发展模式。这是一份具有历史意识的崇高

理想，也是需要我们用毕生才情和努力去印证的学术实践。在前行的道路上，有人跟不上时代和产业的发展而落后了，有人受不了清苦和约束而离开了，甚至有人为了个人的私利和外界的诱惑而背叛了最初的理想，对于我们的事业会造成暂时的和局部的冲击。但是放长历史的眼光，放在旅游产业发展和人类文明演化的进程中去看，这些暂时的困难和挫折实在是算不了什么。中国共产党一大 13 名代表，最终走上天安门城楼的也就只有 2 名同志，照样领导人民建立了社会主义新中国。在研究院主题教育部署动员会上，我向全体党员提出了“两个决不允许，三个自觉认同”；决不允许把博士、研究员或者其他什么身份凌驾于党员身份之上；决不允许以“工学矛盾”为借口影响主题教育活动的顺利开展；自觉认同不管是事业机构，还是科研机构，都是党的工作机构；自觉认同不管是研究员，还是管理员，都是党的办事员；自觉认同不管是博士，还是硕士，都是党的战士。这也是在新的历史时期对党员干部，也是全院同志的共同要求。

任何事业只要坚守理想和信念，我们的队伍就会有大浪淘沙的过程，也一定会有更多的志同道合者加入进来，这是不以人的意志为转移的。过去十年，同志们付出很多，也成长很快，未来十年，还会有更多的责任、付出、冲击，甚至是委屈在等待我们。有文化和旅游部的坚强领导，有旅游市场共同体和旅游学术共同体的广泛支持，我们的理想一定要实现，也一定能够实现！我没有自己找过工作，所有的工作岗位的变动，都是组织调动的。自从离开高校到研究院的那天起，我就定下了退休时要说的话：报告党组，所有任务都已经完成，现正式移交，请党和人民检阅！今天提前说出来，与同志们共勉。

习近平总书记指出：“历史是人民书写的，一切成就归功于人民。只要我们深深扎根于人民，紧紧依靠人民，就可以获得无穷的力量，风雨无阻，奋勇向前。”让我们时刻牢记以人民为中心的理念，不忘初心，砥砺前行，在文化和旅游研究道路上，不断取得新的成绩！

文化遗产和旅游发展

遗产认同与遗产旅游发展

屈　册[1]，张朝枝[2]，金钰涵[2]

（1. 宁波大学昂热大学联合学院，浙江　宁波 315211；
2. 中山大学旅游学院，广东　广州 510275）

［**摘　要**］社区的遗产认同对遗产旅游的可持续发展具有重要意义，但是遗产往往是在权威话语主导下不断建构与开发利用，社区居民的声音常常被忽视。本研究以云南元阳哈尼梯田为例，通过话语分析对收集的图片、文字和访谈记录进行分析，探讨外来旅游经营者与本地旅游经营者的遗产认同差异，以及不同角色的本地人的遗产认同差异，以研究多元的遗产认同和遗产旅游可持续发展的关系。研究发现，外地旅游经营者的中产阶级身份认同使其对遗产的展示与传播是多元、小资、跨文化的，他们重视对遗产景观的展示与传播，此时的遗产是"他们的"。相反，本地客栈经营者消极的农民身份认同导致其对遗产景观元素的藏匿甚至抛弃，后续由于旅游利益，部分本地人开始有了遗产景观展示意识。此外，本地人群体也是非均质如一，他们对遗产的认同因其身份不同也不尽相同，其遗产话语的多元性、现实性与权威话语的单一性、"科学性"形成鲜明对比。研究结果进一步阐释了遗产认同和旅游发展的关系，为遗产可持续提供借鉴。

［**关键词**］遗产；认同；旅游；社区

［**基金项目**］本研究受国家自然科学基金资助（批准号：41471122）。

［**作者简介**］屈册（1989—），女，河南南阳人，博士，宁波大学昂热大学联合学院讲师，研究方向为遗产旅游与旅游体验，E-mail：645395071@qq.com；张朝枝（1973—），男，湖南岳阳人，中山大学旅游学院教授、博导，研究方向为遗产旅游与国家公园管理、旅游发展与目的地管理，E-mail：zhchzhi@mail.sysu.edu.cn；金钰涵（1994—），女，汉族，云南腾冲人，中山大学旅游学院硕士，研究生，研究方向为旅游目的地发展，E-mail：837009206@qq.com。

1 引言

遗产是一个涉及地理位置、空间分布、尺度大小、地方意义、身份表征与身份认同的综合现象[1]。由于其具有身份传递作用，如何通过物质及非物质遗产形式表征人们的身份问题成为关注的焦点[2]。因此，要实现遗产的可持续发展，不能只关注遗产物质形态保存，更要注重其非物质形态的文化传承，如需要密切关注遗产所包含的价值观、规范及文化意义等与遗产身份相关话题[3]。

但是在现实中，旅游业可能会将遗产商品化[4]，忽视对遗产内涵的理解[5]，进而可能使得遗产的意义不断发生变化，甚至出现“去遗产化”的现象（disinheritage），即遗产失调（dissonant heritage）[6]。而遗产的失调性源于人类本身的多元性，如个体、集体、文化、民族、社会、政治意识形态、人文地理背景等的差异，不同的身份导致其对遗产不同的认识。政府、专家主导的权威遗产话语建立在专业价值判断、精英阶层和男性群体经验及审美价值判断的基础上[4]。但是，游客不是被动接受由权威主体阐释的遗产知识，而是积极调动其自身知识、情感、记忆，对遗产进行多元化体验和批判性参观，从而表征或重构游客的中产阶层身份认同[7-8]。同时，当地居民或社区也积极宣称其本地人身份，通过其先有的遗产知识，呈现动态过程的、具象的、富有情感和记忆的、多元复杂的遗产实践[9-14]。研究多元的遗产认同对理解遗产失调具有重要意义，进而促进遗产可持续发展。

虽然遗产旅游地的认同问题的研究与日俱增[15-21]，但相关研究仍处于起步阶段[22-24]，存在较多争议而没有达成共识。Laurajane Smith 认为遗产往往是被权威话语建构，其反映的是精英阶层的意志，所以遗产是精英阶层的遗产[7]。但是她忽视了非权威主体，如本地人、游客等对遗产建构的积极作用。因此，Emma Waterton 通过研究，提出遗产更应该是社区的遗产，因为社区知识对遗产鲜活和增值的社会过程起到关键作用[9-11]。尽管如此，有研究发现，中国的世界遗产地的当地居民没有遗产文化认同的内在需求，也缺乏必要的遗产知识，其一切目标在于摆脱贫困和发展经济[25]。

目前有研究对社区的遗产认同进行分析，但是更多的是将社区居民看作是一个同质的整体，并未讨论社区居民的内部差异。而且随着世界遗产地旅游发展加快，外地人进入，遗产地的社区居民结构日益多元化，他们的遗产认同正多元化，有必要对中国遗产地居民的遗产认同进行更深入的探索。因此，本研究以元阳梯田为例，首先通过对文献分析，梳理遗产认同的概念及其研究路径，然后通过话语分析的方法，分析外来旅游经营者与本地旅游经营者的遗产认同差异，以及不同角色的本地人的遗产认同差异，以探讨多元的遗产认同和遗产旅游可持续发展的关系。

2 文献综述

2.1 遗产与遗产认同

遗产本来是指“父辈传下的财富”，是个人、家庭或宗族的“遗产”。但是随着遗产运动的兴起，遗产开始被表述为“国家遗产”，其外延不断扩大。其早期主要指建筑、遗址遗迹等物质遗存，而到了 2003 年 UNESCO 颁布《保护非物质文化遗产公约》，非物质文化遗产正式被纳入世界遗产保护体系，包括了实践、表征、表达、知识、技术和与社区、族群及个体相关联的文化空间[26]。该概念不仅强调遗产的文化社区、社群和个体的核心作用，还指出无形遗产对身份及认同有着重要意义[27]。

认同（identity）一词有多重含义，一是认为与……一致，二是同一性，三是身份，四是身份认同。身份认同的含义是指个体对自我身份的确认和对所归属群体的认知，以及所伴随的情感体验和对行为模式进行整合的心理历程。影响身份认同的因素包括性别、年龄、受教育程度、记忆、社会文化背景、组织和职业特征等，且不同的身份和角色认同导致不同的行为取向[28]。身份认同可分为社会认同和自我认同。自我认同是指人对自己的本质、信仰和一生中的重要方面前后一致及较完善的意识，也即个人的内部状态与外部环境的整合和协调一致[29]。Tajfel 将社会认同与自我认同进行了区分，他认为社会认同是社会成员共同拥有的信仰、价值和行动取向，本质上是一种集体观念[30]。因此本文认为同样反映集体意识的文化认同、地方认同、民族认同、国家认同等群体认同概念都属于社会认同的范畴，它们亦是身份认同的反映。

遗产与认同紧密联系。就遗产的产生而言，早在 1994 年，Ashworth 在文章《From history to heritage–From heritage to identity》中[31]，首次阐述了遗产

产生与认同的关系，他认为遗产是对待过去（the past）的一种方式，是从保存（preservation）和保护（conservation）演变而来，只不过是通过有意控制和组织，生产出的供市场使用的产品。也就是说遗产的产生就意味着代表了某种身份的价值观。

就遗产的本质而言，认同与其紧密联系。失调性（dissonance）作为遗产的本质特征之一，是指人类和他们的遗产在时间或空间上不一致的状态以及由此引起的矛盾[6]。遗产失调性主要表现在三个方面，第一，遗产是以当下为中心对过去的选择，是用历史叙事对现代的阐释，它存在当代与过去的不一致[32]。第二，遗产归属具有非此即彼的排他性，一旦法律认定遗产属于某一些人，就必然不属于另外一些人。第三，遗产具有经济、政治、文化等多种用途，不同的用途产生不同的价值冲突，它贯穿于遗产的商品化及市场细分的整个过程。这种内生矛盾是遗产与生俱来的（intrinsic）[33]，哪些可被认定为遗产，是谁的遗产，解释或不解释哪部分遗产，这些具有包容性及排他性的叙事其实是身份认同建构的过程[32]。遗产失调性源自人们的不同视角，因为多数遗产本身并没有什么价值，往往是人们通过民族、宗教、国家、阶层、财富、性别、个人经历等不同视角赋予其不同的价值，而且这些视角还会依照其所在情境发生变化，所以利益相关者对遗产的理解冲突与失调在所难免[34, 35]。

2.2 遗产认同研究路径

2.2.1 时间过程与遗产认同

遗产是从普通事物向“认知遗产”[36]转变的“遗产化（heritagization）”过程[37]，关于这一过程有三种解释模型，分别体现了三种不同的遗产认同研究路径。

第一种是 Ashworth 提出的遗产产品生产模型[31]。他认为遗产是资源被挑选、阐释和包装并转化为遗产产品，再通过遗产消费推动遗产产业发展的过程（图 1）。这是一个产业类比模型，遵循资源—产品—消费的逻辑体系。在这个模型中，消费者的认同起着关键作用，因为消费者的遗产认同促使他们更多地访问遗产地，从而促进遗产产业的发展。

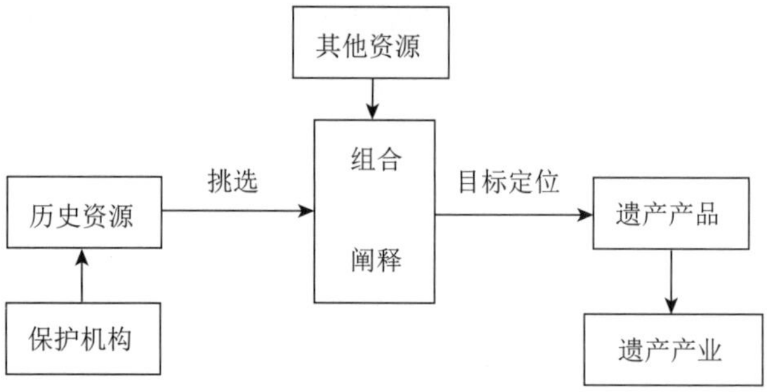

图 1　遗产产品生产过程

第二种是 Howard 提出的遗产化过程[38]。该过程可以分四个阶段，第一阶段是遗产的形成，主要有三种方式：天生就因为稀缺珍贵成为遗产、努力争取获得遗产地位、被动赋予遗产称号。第二阶段是学者、政府和遗产所有者通过编纂遗产名录、命名来保护遗产。第三阶段是对遗产进行修复、阐释、再现和商品化，主要考虑是否要鼓励游客参观，区分不同细分市场需求。第四阶段，指遗产可能面临的破坏甚至消亡阶段（图 2）。在这一模型中，如何区分遗产消费的细分市场，识别遗产身份，又如何限制遗产商品化步伐，调整遗产阐释的对象，转变遗产形象是其中重要的问题。

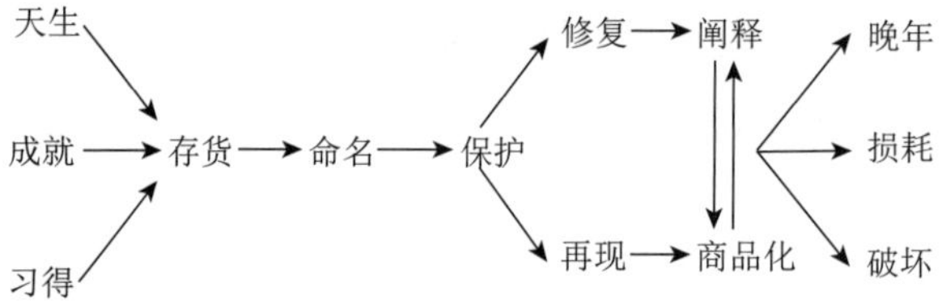

图 2　遗产化过程

第三种是李春霞、彭兆荣提出的遗产化与商业化循环模型，或者说遗产产业链模型[39]。该模型按产业链“生产—分配—消费—再生产”的逻辑，将遗产化理解为遗产资源认定、评估和管理。遗产化之后就是商品化，在商品化阶段的重点是根据消费者需求包装遗产，然后进入遗产消费阶段，通过市场消费对遗产注入新的价值与意义，遗产得以再生产。在整个过程中，消费者的需求或者说消费者的遗产认同不断诱发资源以合适的方式被认定、阐释和开发为遗产（图 3）。

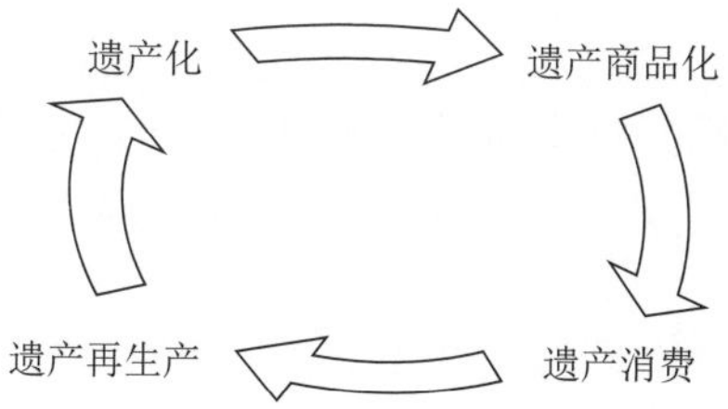

图 3 遗产化与商品化

2.2.2 尺度身份与遗产认同

遗产具有从地方到全球的多尺度身份特征，这种特性影响着其身份识别。不同尺度的遗产有不同的身份，但人们通常只能识别出其中一种或某几种尺度身份。这些身份可互相强化，也可能相互矛盾。很长时间以来，国家主导遗产创造和遗产的政治利用，国家身份认同构成遗产与国家最重要的关系。但随着“遗产运动”加快，遗产的全球尺度、地方、邻里、家庭甚至个体尺度诉求越发明显，凸显出遗产多尺度身份特征[1]。有研究表明，遗产会强化家庭、邻里、地方、国家乃至大洲、普世等多地理层次的认同[40]。

通常有两种政治尺度的遗产，一是公共遗产，也是目前的主导型遗产，其基本特征是有着地方边界，且受制于官方公共政策。另一种是个体和家庭私人领域的遗产，包括记忆、相册和家庭习俗等，它与个体复杂的情绪相关联，其空间边界并不明确。由于越来越多的超国家、跨区域性和世界性组织成为遗产认定的主体，人们开始强调遗产所具有的普适性价值[1]，不断推动私人领域遗产向公共领域转变。即便是私人遗产，一旦被列为世界遗产名录，它也就属于整个人类，形成 Kearns 所说的“离散性世界主义”[41]，同时也导致地方边界地区的民族主义竞争，其中体现的遗产身份尺度转换如图 4 所示。

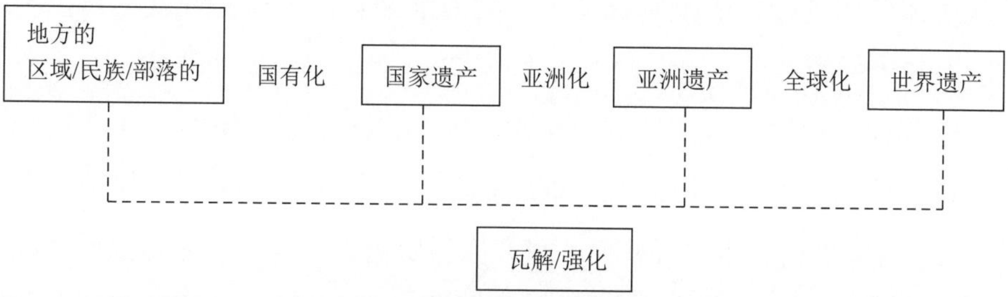

图 4 遗产空间尺度转换

2.2.3 文化身份与遗产认同

遗产是一种政治资源，标志着遗产相关者的文化意义和权力。遗产的文化身份与遗产认同嵌入在遗产生产和消费中。对于遗产生产，遗产通常是由精英阶层意识并有组织地进行保护而产生，是建立在专业判断和审美价值识别的基础上[7]，精英阶层通过遗产这种文化资本垄断来维持其精英阶层的控制权。比如，早期被列入遗产名录的多是象征民族国家或权贵阶层身份的遗产，体现权贵者的文化身份，那些非权贵、非精英群体的话语在遗产生产中往往被忽视。随着平民阶层的遗产越来越多地被列入世界遗产名录[1, 7]，原住民开始具有文化身份和遗产控制权意识。遗产消费往往被认为只是中产阶层的事，因为只有那些超过平均收入[42]，具有一定文化知识的人才能够更好地理解遗产的意义[7]，而更多的普通大众去遗产地不是为了体验遗产，只是把遗产地当作满足好奇心、娱乐休闲的场所[43]。在这种遗产旅游的消费过程中，游客也在建构差异性的身份认同，那些基于体验动机的游客形成防守型身份认同，而享乐动机的游客则会形成投射性身份认同[44]。

2.2.4 遗产实践与遗产认同

在遗产实践中，行动者常通过遗产信息传播、遗产命名、纪念遗址修建、纪念活动举办、建立博物馆、保护与修复、遗产旅游等实践活动建立其身份认同与遗产的联系[35]。

遗产传播实践通常包括三种策略：专家话语、平民话语和大众话语。其中电影、电视节目、广播、网络媒体等大众话语是遗产价值传播的最主要策略，同时受众对以上不同话语的接收和理解也是遗产实践之一[45]。给遗产命名的实践通常是文化精英和开发者实现其文化资本积累的手段，当然也可能成为其他群体借用进行话语抵制的途径。因为谁拥有命名权，谁就相对控制了遗产，阶层和族群的不平等也因此而再生产[46]。遗址修建的实践的核心是考虑对遗产的修复程度和遗产真实性的衡量，其中，由于专家、游客、遗产地居民对于真实性的认知有差异，因此对“谁的真实性”的讨论是修复、保护遗产的前提[47, 48]。为减少利益相关者冲突，遗产修复要更具兼容性，除了强调其经济价值，还要关注其政治、经济、文化、社会等多种价值[49]。博物馆式实践包含对文物编码、表征、解码三个层次。编码事关谁管制博物馆，谁创造展示品，其中，对文物的编码越来越体现对少数民族的关注，而对意义的表征，强调与原住民的联系，对遗产的解码则更强调社会责任，重视参观群体的多元化[49]，这三种层次的博物馆实践分别不同程度地关及主体身份认同间的协商[50]。

遗产旅游是遗产实践的最主要方式，其对经济发展有着重要意义[1]。但遗产旅游是一种较高水平的经济活动，因为它是形成个体、地方、民族、国家和世界主义身份认同的关键。甚至可被看作调整当代身份特征的一股强大文化力量。一方面，成为世界遗产可短期内显著促进旅游发展[51]，但从长期看，遗产促进旅游的效果并不显著[52]，因为成为世界遗产意味着对旅游的额外规制。另一方面，旅游发展在某种程度会增强公众的遗产保护意识，但也会因为旅游带来的个体消费主义和过度商业化导致遗产的普适价值消失。

总之，不同行动者基于民族国家、经济利益、怀旧、保护等需求将其身份认同投射至遗产旅游地。由于谁掌管遗产，谁就有了财产所有权，谁就拥有从遗产旅游获利的合法性。因此，如何建构世界主义的身份认同，采取多方合作治理，增加遗产旅游地的包容性成为未来研究的关键[53]。

2.3　遗产认同与遗产旅游

在 21 世纪遗产产业化背景下，虽然国际组织和国家是遗产认定及保护公约的制定者，但在遗产保护的实践中，地方政府的作用往往远大于前者。但地方政府通常更看重遗产的经济功能[54]，旨在借遗产资源发展旅游业。随着遗产地旅游的发展，遗产成了多尺度、多文化身份群体的聚集地，他们对遗产的诉求因身份与理解差异而导致冲突日益加剧，关于遗产与身份认同问题也因此得到进一步彰显。

当前，学界对遗产权威话语主导提出了种种质疑。是否全球社区都应该认同世界遗产的突出的普世价值，这样的价值标准究竟是破坏还是支撑了身份认同的表达？在全球化的背景下，什么样的方式才能更好地实现遗产与身份认同？对此，Smith 认为权威话语制定的普世价值标准，追求的只是有限的文化范围[7]。它无法处理遗产多元和复合性问题，尤其是今天呼吁的社区参与、多样组合价值和意义无法被很好地融入其中[55]。在遗产的生产过程中，开发企业与权威话语强势结合，进一步边缘重要开发主体社区居民[14]，致使真正鲜活的社区只成为制度化的产物[7]。

针对以上问题的解决，学术界从不同主体视角分析其对遗产的理解和实践。社区保护遗产的目的并不是保护它的“考古”性建筑，而是把它当作现代化过程的一部分。并且社区理解的遗产是发展并保持社区关系及共同身份的媒介，不是怀旧的影像[11]。同时，对社区多样性的理解进一步促进了遗产话语的多元化，如社区已不是没有差异的群体，它包含多元化体验、行为和关系[56]。游客定义的遗产也出现多样化，包括记忆、工作技术、家庭故事、口述历史等[57]。在实践领域，世界文化遗产菲律宾伊富高梯田给予很好的例证。当赖以生存的土地成为世界遗产之后，梯田就具有了双重属性。一方面它是祖辈传下来的土地，是家族财产和粮食来源，其价值在于能生产多的粮食，其使用和保护主要在于土地拥有者和本地社区，另一方面它是世界文化遗产，为全世界共有，拥有美学、人类学、生态学等诸多价值，其保护和发展需遵循国际准则和做法。成为世界遗产的梯田，知名度提高，使旅游业迅速发展，百姓观念发生改变。当梯田无法满足其生活需求时，他们就弃田打工或从事旅游业，尤其是年轻一代。久而久之，梯田变荒，传统价值和社会结构被瓦解，不符合国际标准，遗产濒危。因此有学者建议既要保护梯田有形遗产，又要关注其关联的传统价值观和意识形态，遗产保护除政府机构外，也要发挥专家、学者、当地社区、非政府机构和其他利益相关者的作用[38]。可见，无论在理论还是实践方面，遗产都成了不同群体赋予它意义的焦点[58]，遗产话语呈现多元化。基于社区在遗产保护和发展中的越发重要，本研究将集中于回答外地人旅游经营者和不同角色的本地人群体建构了怎样的遗产和自我认同、文化认同、国家认同等身份认同的关系，他们对遗产的认知、情感、评价和行为是怎样的。

3 研究设计

3.1 案例地介绍

本研究选择云南元阳哈尼梯田为研究案例地。哈尼梯田位于云南元阳县中部，范围包括坝达、多依树、老虎嘴三个片区，18 个行政村，村民以哈尼族、彝族为主，其中哈尼族约 3.78 万人，占人口总数 5.41 万人的 70%。这些村民大多居住在半山区，不同程度地经营梯田农业。2013 年 6 月哈尼梯田以独特、系统的耕作技术、稻作文化和哈尼族文化，代表人类与环境的和谐关系的遗产价值成功登录世界遗产名录。

申遗成功后，随着旅游的发展，利益相关者之间的矛盾不断复杂化。第一，村干部与居民的矛盾。遗产区内的村规民约要求村民“加强哈尼梯田保护，不准出现梯田弃耕、抛荒，严格按照梯田核心区农户宅基地审批程序进行建房，房屋设计要突出农村民居传统风貌”。但是，因为梯田盛产的红米产量不高、效益不好，多数居民把梯田转让给别人种，自己选择外出打工或者参与旅游业。第二，旅游公司与居民的矛盾。云南世博元阳哈尼梯田文化旅游开发有限责任公司对梯田景区进行经营管理，收取景区门票，垄断核心观景区域。然而，社区本地人因缺少经济、文化与政治等资本，只有很少数人可以通过开客栈等形式参与旅游业，大多数人只能从事小本买卖。第三，本地人与外地人的矛盾。由于梯田区域水资源有限，外地人经营的客栈导致用水量增多，水资源日趋紧张，当地居民自发向外地经营者收取水费，由于收费缺乏规范，引起了外地经营者的不满①。

由于多依树村具有观看与拍摄梯田的便利性，游客喜欢在此处过夜住宿，大部分新建客栈集聚在本片区。据当地经营者的估计，多依树村的新增客栈中约 70% 是由本地人经营，30% 是由外地人经营。本研究，选取多依树村的旅游经营者进行数据收集，探讨其遗产认同的差异。

3.2 数据收集

网络文本收集。2015 年 8 月 5—7 日，分别在到到网（www.tripadvisor.cn）、Booking（www.booking.com）、携程网（www.ctrip.com）、艺龙网（www.elong.com）等几个主要网络预订平台收集整理元阳多依树村各类客栈酒店的图片、游客评论等网络数据资料。2014 年元阳全县新增 100 多家餐馆和客栈中，数量最多的是在梯田景区的多依树村。因此，除却元阳县城、胜村、大鱼塘、箐口、老虎嘴、全福庄的客栈和没有在网络平台展示的客栈，作者此次在多依树村收集客栈总量是 35 家（表 1）。

① 本文中，本地旅游经营者是指世代居住在元阳梯田区域，并从事旅游经营的世居户，外地旅游经营者是指在遗产申报成功之后，进驻元阳梯田经营客栈的非元阳籍人士。

表 1　样本概况

经营者分类	开业情况	客栈总量（家）	网络平台	评论回复（条）	客栈介绍（字）	客栈图片（张）	访谈人数（人）
本地客栈经营者（遗产区世居户）	3 家（2012 年） 7 家（2013 年） 3 家（2014 年） 3 家（2015 年）	20	携程、艺龙、到到	96	1841	140	7
外地客栈经营者（户籍不在元阳县）	1 家（2012 年） 2 家（2013 年） 11 家（2014 年） 1 家（2015 年）	15	携程、艺龙、到到、Booking	916	4854	210	8

旅游经营者的深度访谈。2015 年 1 月 28 日—2 月 17 日，作者对元阳梯田景区进行实地观察，并访谈 7 位本地客栈业主、8 位外地客栈业主。根据资料补充需要，作者于 7 月 10 日、25 日、29 日对其中 4 位进行了电话补充访谈。访谈问题主要包括：您为什么来这个地方经营客栈？对“遗产”这个词怎样理解？您如何与本地人（外地人）相处？您觉得哪些事物对当地比较重要，为什么？您对这个地方的了解怎样，对这个地方的感情，您怎样在当地建立社交关系等（表 2）。

表 2　旅游经营者受访样本概况

本地客栈经营者（哈尼族）						外地客栈经营者（汉族）					
编号	性别	年龄	以往职业	教育	语言	编号	性别	年龄	以往职业	教育	语言
P1	男	25	农民	小学	哈尼语、中	P8	男	31	科研	硕士	英、日、中、哈尼语
P2	男	18	学生	高中	哈尼语、中	P9	男	34	导游	专科	英、中、哈尼语
P3	男	45	支书	初中	哈尼语、中	P10	男	30	IT	本科	中、英
P4	女	43	农民	小学	哈尼语、中	P11	男	35	职员	本科	英、中
P5	男	56	农民	小学	哈尼语、中	P12	女	38	职员	高中	中、哈尼语
P6	男	57	农民	小学	哈尼语、中	P13	女	32	设计	专科	中、英、哈尼语
P7	男	42	农民	小学	哈尼语、中	P14	女	38	职员	本科	英、中、哈尼语
						P15	男	37	经商	专科	中、英

不同角色的本地人深度访谈。2015 年 1 月 28 日—2 月 17 日，作者在元阳县多依树景区的普高老寨、黄草岭，爱春，坝达景区的全福庄 、箐口等地对本地人进行访谈，本次调研共访谈 31 人，包括客栈老板、旅游车司机等旅游个体商 10 人，村干部、元阳县政府、红河州政府等官员 6 人，在云南世博元阳哈尼梯田文化旅游开发有限责任公司工作的本地人 5 人，没有参与旅游的原住村民 11 人，年龄跨度从 18 岁到 70 岁不等。访谈以半结构式方式进行，在当地村民的帮助下，采用提前预约或随机到访。访谈一般在村民家中或者办公室中进行，时间 15 分钟到 1 个小时不等。访谈问题包括“您了解去年推倒在建房 / 收水费 / 环保车事件吗，您怎么看？”“您认为对哈尼族重要的事物有哪些，会把哪些传给下一代，为什么？”“您知道这个地方是世界遗产吗？”“对于官方评定的重要遗产要素梯田、蘑菇房、昂玛突、长街宴，您怎么看待和行动？”“请讲述个人的工作或生活经历”等。调研过程中有邀请同时会说普通话和哈尼语的年轻人帮助翻译。在征得访谈者同意后，作者对访谈录音，必要时录像，同时辅之以部分照片拍摄。

3.3 数据分析

本研究主要采用话语分析的方法。话语分析是对那些已经说出来的“话”究竟是以怎样的方式以及按照什么样的规则被说出和被传播的过程加以分析。“话语”则是指已经用声音说出来的、用符号写出来的话或“文本”[59]。话语分析法认为话语就是行动，它表征或重构行动者的意识形态、价值观和身份认同[60]。遗产是一种话语实践[7]，目前批判性话语分析已经广泛应用于遗产话语研究领域[10]。而且，遗产是一个文化过程，发生于遗产地的行为也是遗产的一部分[61]。本研究认为发生在元阳哈尼遗产地的客栈经营行为是梯田遗产的重要组成部分，因此，除了本地人访谈内容，其客栈经营者说出的言语，写出的文字、展示的图片也都是某种形式的遗产话语实践。

同时，在整个话语分析过程中，主要借鉴费尔克拉夫的话语观和话语分析方法，即话语为一个三维整体：①社会实践，即话语建构社会现实，规范社会秩序与行为；②话语实践，即语言符号的生产、流动和使用；③文本本身，即具体的语言运用。此三维框架既重视文本微观层面，如词汇、语义、文体类型、陈述方法等，又重视社会实践的宏观层面及话语实践的中观层面[61]。

具体的话语分析的过程分为两部分。第一部分是针对本地和外地的旅游经营者的遗产认同研究，作者将图片内容编码为文字，总结出 20 家本地客栈和 15 家外地客栈图片特征及其差异。对于网络游客评论，作者使用 Roster Mining 软件分析得出评论的语义网络图，并进行对比分析。语义网络是知识表示的一种形式，它是一个有向图，图的顶点代表概念，边表示这些概念之间的语义关系[62]。对访谈内容，作者通过理解受访者的话语及其意图，去理解他们对遗产认同的差异及其产生的原因。

第二部分是针对不同角色的本地人的遗产认同研究。为了使研究设计和结果阐释减少个人主观性，话语分析以软件 Roster Mining 作为辅助。该软件是一款知识处理与内容挖掘软件，它提供了对文本数据的定性和定量分析。词频分析其数据统计上的重要性，进而质性检验其词语搭配语境，描述潜在的语义模型，辨别话语功能。作者首先把不同访谈者的录音转译为 5 万字左右的 word 文本，然后分别将其整理为 .txt 格式，分词处理转化为小的语料库。最后进行词频统计分析和语义网络分析。统计得出各受访者话语中的前 80 个高频词，限于篇幅，文章只显示由高频词构成的语义网络图。结合现场观察及二手资料的阅读，回顾话语产生的语境、历史背景、政治等因素，挖掘话语的社会意义。

4 研究发现

4.1 本地人与外地人的多元遗产认同

4.1.1 本地经营与外地经营客栈展示所表征的身份与遗产认同差异

客栈名称所表征的身份与遗产认同差异。外地经营者的客栈名称基本形式为“名字 + 客栈”，或者就是直接用比较文艺的名字如“雕刻时光”“游人码头”等。本地经营者除了有“名字 + 客栈”这样的形式，还会用“名字 + 酒店、旅馆、旅店”的形式，强调客栈的现代化、功能性。两者的客栈命名都常用“云”“元阳”等地方性元素，但本地经营者更多地强调“摄影”“看日出”等功能，而外地经营者则更强调“久居”“漫步”“休闲”等氛围。可见，外地经营者的客栈名称更多地凸显其小资性情和对自由安静生活的向往，是对梯田文化景观的一种建构。而本地客栈名称更强调现代化功能，表征本地经营者对村外现代世界的渴望，是对权威话语中梯田文化景观的背离。

表 3　客栈名称对比

外地经营者客栈名称	本地经营者客栈名称
– 客栈、– 云 –、– 元阳、雕刻时光、花窝窝、花与马、游人码头、悬崖、漫步、水墨、久居、闲暇	– 酒店、– 旅馆 \ 旅店、– 客栈、– 客庄、– 云 –、– 星 –、– 晨 –、– 日 –、– 摄影 –、– 居、哈尼、元阳

图 5　外地经营者和本地经营者的客栈名称与外观对比

客栈展示图片所表征的身份与遗产认同差异。本地人和外地人经营的客栈在网络预订系统上展示的照片都集中展示客栈的门口、前台、大厅、客房，以及标志性的传统蘑菇房独特的“黄色”。但外地经营者展示的图片数量与质量明显优于本地经营者。从展示的视角来看，本地经营者强调客栈“高”，外面的太阳能、玻璃门，前台的电脑、饮料、标价牌，接待区锃亮的大理石地板、沙发等设施，客房内的电视、水壶、黄色木质床和地板，白色洗手间等设施；外地经营者则重视呈现客栈外面多色彩、多语言、自然木质的招牌，前台昏黄光亮的吊灯、绿植、书籍以及梯田图片装饰，个别客栈会营造一个具有当地特色的“火塘”，客房内除了一般的电视、木床与白色洗手间外，还会有多种壁画装饰、小品景观、强调现代风格与地方文化的结合。此外，本地经营者大多简单展示一下梯田与云雾风景，而外地经营者通常会展示院子内的石子路、木质躺椅、多季节色彩变化的梯田、哈尼服饰、老人与小孩、蘑菇房、中西早餐等元素。总之，外地人善长用摄影语言、多文字语言来表达中西交融、传统与现代融合等意境，折射其城市中产阶层身份，而本地客栈只能用简单的图片与文字来表达其生产简单的促销意识，折射出其向往现代城市生活的农村人身份。

表 4　客栈图片展示对比

外地经营者客栈	本地经营者客栈
门口：中英结合，多色彩、不同形状木质招牌 前台：昏黄吊灯、绿植、图框错落装饰、多种梯田图片 大厅：火塘、梯田墙画装饰 客房：落地大窗，可看到梯田、黄色木质地板和床、白色干净洗手间、喝咖啡的老外、欧式房间、顾客交流、曲线状阳台、多种墙贴、画、书（哈尼文化解读）、中式茶具、游览图 其他：石头路院子、木质躺椅、茅草顶、雪中蘑菇房、顶楼茶桌、不同季节、时刻色彩的梯田、云雾、中西爱心餐、哈尼服饰、老人背筐、狗、小孩、月亮	门口：三层高楼，黄色墙体或白色瓷砖装饰、玻璃门，红色胶贴：欢迎光临，长方形木质或纸质版白色、红色招牌 前台：摆放电脑、饮料、洗漱用品、现代菜柜 大厅：金黄色的城市常见的标价牌子、现代沙发、瓷地板走廊 客房：挂衣架、白色卫生间、小窗户、电视、水壶、太阳能、玻璃吊灯、豪华客厅、不锈钢栏杆、黄色木质地板和床、白色被 其他：地方菜、公路、梯田、云雾、墙贴、金黄色凳子、摩托车

图 6　外地经营者与本地经营者客栈大厅对比

客栈简介所表征的身份与遗产认同差异。本地客栈的简介大多包括元阳 + 客栈名字 + 地理位置（优越、极佳、观景便利）+ 老板热情周到、环境雅、设施全、干净卫生等，其数量基本上只有 1~4 句来简单介绍，其中只有 5 家客栈会加上“让游客感受温馨之家，享受美好假期”之类的描述，仅有 1 家客栈在描述中提到“世界文化遗产梯田核心区”，并对农耕文化做了简要介绍。总体上讲，20 家本地人经营的客栈总共只有 1841 个字简单、直接的介绍，强调客栈的交通、环境与设施，对遗产的介绍基本没有。可见，本地人对客栈的描述折射出其较低的教育水平和对自身文化不自信的农民身份。在外地人经营的客栈中，其中 10 家客栈用 3~5 句话对客栈进行简介，介绍内容虽然也是元阳 + 客栈名字 + 位置 + 设施服务的话语结构，但语言有感染力，且多以四字词语出现，如简约清雅、便捷舒适等。同时，会在简介中加入游客喜欢的梯田、咖啡等元素。另外有 4 家客栈简介是分段表述，除上述内容外，还增加了入店须知、强制条款和要求、温馨提示等内容，而且话语精致，呈现出诗意的画面，如农村生活意象：鸡鸣鸭叫、小溪、水牛等。同时，在描述中也使用了精确的数据，如多少公里，多少交通时间等表述方式。在15家外地人经营的客栈共有4854字的简介，复杂的句子结构，中英语言交替，重视遗产与现代元素的融合，城市与乡村元素的交织，表征出外地经营者的多元文化身份。

4.1.2　本地与外地经营者网络话语所表征的身份与遗产认同差异

通过对35家样本客栈的游客在网络预订系统上的留言及主人回复的分析来看，本地人经营的客栈游客评论较少，20家客栈总共只有96条留言和不到10句的主人回复。而外地人经营的15家客栈却有着916条留言和超过60%的主人回复率。进一步对游客留言的内容来看，外地人经营的客栈普遍较本地人经营的客栈更受欢迎。在二者的语义网络图分析中，“日出”一词在本地人经营客栈的网络留言中使用频率最高，且位于网络中心，其次才是“酒店”，这表明游客对本地人经营的客栈感受最深的是其观日出的便利性，其次才是酒店功能。在外地人经营客栈的网络留言语义网络中，“客栈”位居网络中心，其次是“梯田”“元阳”“哈尼”这些表征遗产地身份的高频词，这也表明游客对外地人经营的客栈本身感知程度高，而且客栈是游客联结遗产地“梯田”“哈尼”的重要媒介（图7、图8）。由此疑问，本地经营者世代居住在遗产地，远比外地经营者了解梯田和哈尼文化，但为什么却是外地客栈成了联结游客与遗产的媒介。

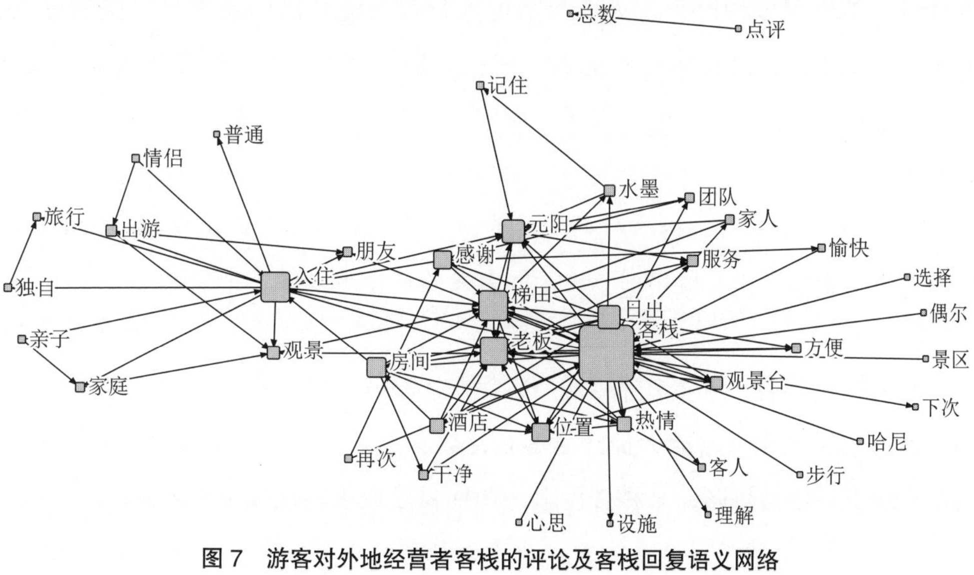

图7　游客对外地经营者客栈的评论及客栈回复语义网络

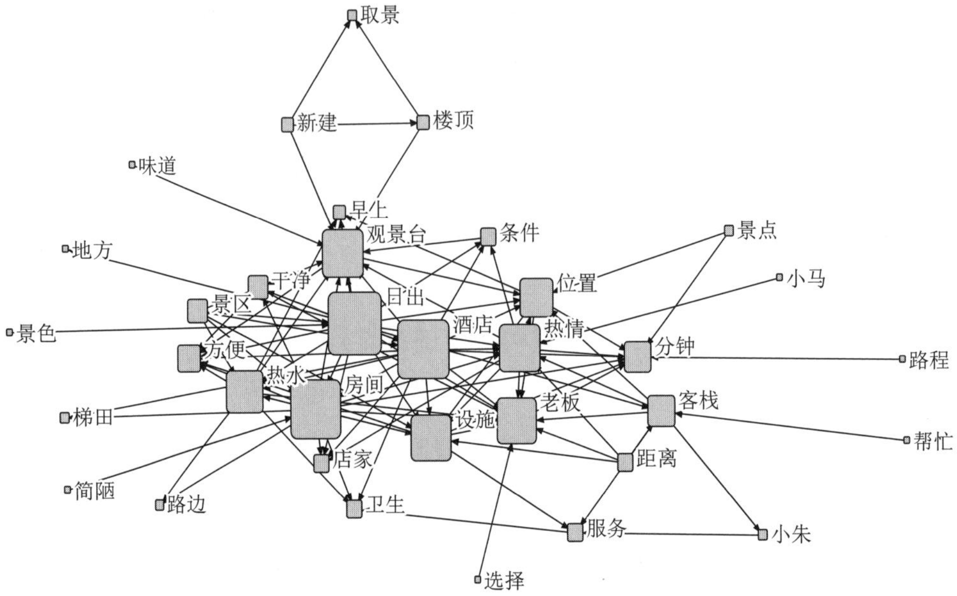

图 8　游客对本地经营者客栈的评论及客栈回复语义网络

4.1.3　本地与外地经营者受访话语所表征的身份与遗产认同差异

外地经营者大多是来自城市、受过良好教育、曾经是企业白领，走过国内外很多地方，他们经历过现代化洗礼，掌握相应的现代化技术，了解现代生活方式。他们不喜欢大城市的喧嚣与拥挤、环境上的污染，工作上的钩心斗角，喜欢元阳的安静、新鲜空气、慢生活。他们除了一口熟练的普通话，有的还会讲日语、英语等多种语言，为了与哈尼人日常交流，他们还学会一些哈尼语。但在他们眼中，自己仍然是外地人，这里只是一个工作地，过几年可能会离开这里。更有受访者认为自己只属于“城市”，到元阳梯田只是因为看好这里的商业前景。

“这里只是个农村，很落后，交通购物不便，缺乏休闲娱乐设施。城市、现代化才是社会的进步，所谓的‘遗产’只是给这个地方带了个‘光环’”。

——访谈对象 P9

但也有例外者，如受访者 P8，因为他对梯田文化的热爱和农学硕士背景，翻阅各种农耕文化书籍成为他经营客栈之余的必做事情。然后他积极把这些梯田遗产知识传播给游客，某种程度上，使他自己成了客栈吸引力来源之一。

“我希望以后的游客过来去关注一下哈尼族的生活方式，住的房子，生活习惯。我希望通过这种方式给游客留下不一样的东西，不单单是梯田”。

——访谈对象 P8

对本地经营者的访谈发现，他们都是哈尼族，种地出身，除个别人上过高中外，其他基本只上过小学甚至完全没有上过学。在多依树一带，由于交通闭塞，大家过着自给自足的农耕生活，50 岁以上百姓基本没走出过这个地方，30~40 岁的男性，由于村里修路之后方便外出打工，可能去过周边地区如蒙自、个旧、昆明等地，但再远就没去过。

“1992 年出去，在个旧矿山上打锡矿。刚出去的时候有点怕，第一次出去 8 个月就回来，回来过年之后再出去”。

——访谈对象 P7

随着近年来旅游业发展，部分本地人会选择在家开客栈或从事其他旅游相关工作。哈尼语是他们在家里交流的语言，对外会讲普通话，但大部分女性仍不会讲普通话。对于他们的传统民居蘑菇房，他们认为：

“但是那个蘑菇房不安全，经常会着火，着火后就是一大片，下雨还漏雨”。

——访谈对象 P3

如今谁家建的楼高大，意味着富裕，生活好。能够开客栈的本地人基本是属于本地相对富裕的家庭，他们在预订网络的图片中对“高楼”突出展示，以表现他们不再受农耕之苦，过上了城市人过的现代生活。但他们所用图片不是很清晰、客栈介绍粗略，且缺乏与游客互动的特点恰恰表征了其照相技术、计算机技术的生疏、受教育水平低、相对闭塞的农耕意识。同时，在不断地接待游客过程中，一些本地经营者意识到本地传统文化对于外界的吸引力，为了吸引游客，会刻意在客栈展示具有哈尼特色的元素，如梯田、哈尼服饰等。而且，生意好的本地经营者会把梯田交由亲戚耕种，自己全心经营客栈，从而使其由农民身份转为旅游经营者。另一方面，在旅游接待的“后台”[63]，他们会学习“他者”，做一名游客，体验现代城市人的生活方式。

“去年我刚从拉萨回来，17 天走川藏线，哇，太漂亮啦。还想走滇藏线。我们去的时候坐飞机到拉萨，一路都是美景”。

——访谈对象 P3

4.2 本地人内部的多元认同

4.2.1 经商的本地人：遗产是致富发展，实现自我的舞台

经商的本地人主要是指从事旅游相关生意的哈尼族本地人如开客栈、做包车司机、售卖手工艺品等本地人。因为从旅游中获益较快，他们对遗产呈现出的效率逻辑多于认同逻辑，目前已经完全或部分放弃种植梯田。高频词集中于旅游业词簇如“游客”“客栈”“生意”等，即体现出以上观点。“游客”比“政府”“世博公司”“当地人”更接近话语的中心，可见能否吸引更多游客才是参与旅游经商本地人的重要关心问题，而不是与其他利益主体的关系。“生意”“梯田”“地方”是该类群体更能接受的概念，而不是“遗产”“文化”等权威话语建构概念。较典型的例子是一位在黄草岭开客栈的哈尼村民，他 14 岁开始向游客卖鸡蛋，然后卖画册、做导游、组织舞蹈队，到最后 25 岁开客栈。10 多年旅游参与经历，他不断尝到旅游发展的甜头。话语中也可以折射出他发财之后的自豪及选择，通过遗产旅游实现了自我认同：今年，我又建了一家高档酒店，全家打理生意，没时间种田，交给亲戚种就行了。把孩子也送到蒙自好一点的城市读书，考大学，以后在外面发展。

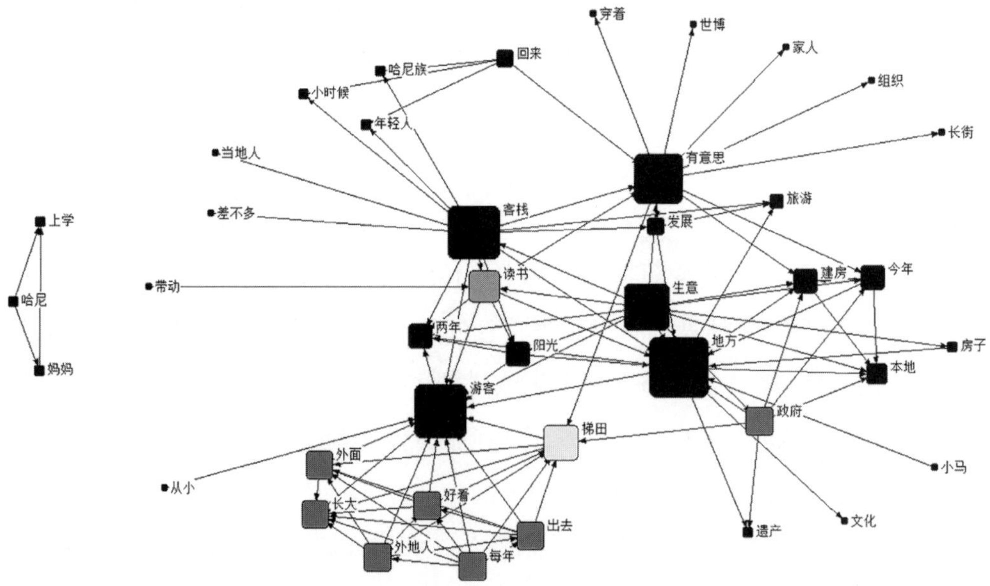

图 9 经商的本地人话语语义网络

其他参与旅游经营的本地人，如包车司机因从旅游中获利较少，选择弃田

出去打工，或跑车兼种田。“路边”摆摊本地人只是卖“鸡蛋”和手工艺品，多是老人和小孩，收入极少。因此相对于客栈老板、包车司机，他们对梯田有更强的依赖感。虽然旅游参与类型及程度显著影响了此类本地人内部的遗产认同差异，但整体上该类本地人为迎合游客需求，表演和售卖民族传统，重构着民族认同。

4.2.2 当“官”的本地人：遗产是国家和哈尼族扬名，需保护管理的博物馆

当“官”的本地人主要指参与遗产治理者包括村基层干部、元阳县梯田管理局、红河州梯田管理局等。他们实际上是权威的代表，遗产的代言，制定并执行遗产管理条例，因此此类本地人的遗产话语与权威遗产话语无异。高频词集中于词簇遗产治理，如“管理”“梯田”“文化”“保护”“规划”“宣传”等。“国家”比“游客”“地方”“村子”更接近话语中心，可见国家的遗产政策才是该类群体关注的重要问题，而不是百姓心声、游客需求。因此发展旅游业，获取门票收入也被置于话语的边缘。较典型案例是一位在红河州世界遗产管理局工作的官员，2000 年他牵头成立梯田管理局，13 年坚持不懈为哈尼梯田申报世界遗产努力。哈尼梯田是否是遗产，怎么成为遗产与他息息相关。正如他强调的：我们把梯田推向世界太艰辛，这只是一个开始，接下来我们着重强调遗产保护与管理，不能任由一些企业大肆发展旅游，把它破坏，好像我们为他们申了个遗产。此州一级梯田管理局对梯田项目规划拥有审批权，作为哈尼族一员，他会积极维护“梯田文化”。但终限于精英情怀，因为遗产治理的实施主要在县级政府和村基层。县级政府为增加地方财政收入，于 2008 年就引入世博公司开发旅游，收取门票。如某县级官员所讲：现在遗产治理最大的问题是缺钱，上级规定的接下来遗产核心区的乡村搬迁工作需要资金……我们现在每天的工作只是开车绕村巡逻，看到乱建房的就警告。他们更多建立的是遗产和国家及民族身份认同的关系，对遗产的认知与权威话语无太大差异，但对遗产的情感却比非本地人权威主体深刻。

而村基层政府本地人一方面为维持其工作，执行着遗产保护与管理工作，另一方面却借遗产发展旅游，实现致富脱贫，走向现代化，职业身份及行政级别显著影响到该类本地人的遗产认同。

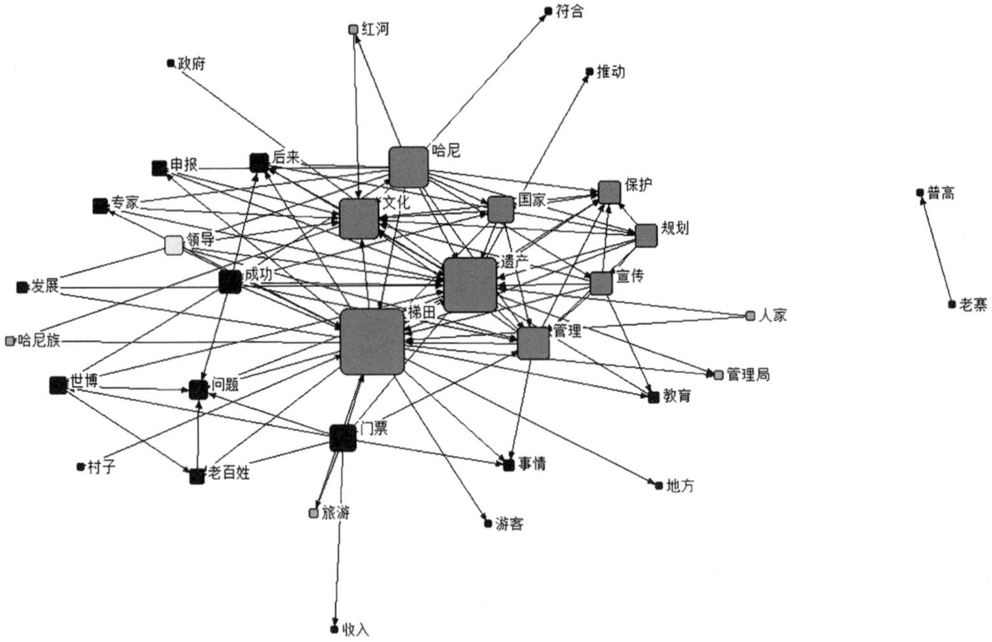

图 10　当“官”本地人话语语义网络

4.2.3　上班的本地人：遗产是哈尼族扬名、旅游发展，也令人担忧的文化过程

上班的本地人主要指在云南世博元阳哈尼梯田文化旅游开发有限责任公司从事导游、营销策划类等工作的本地人。该类群体原本是地方的文化或经济精英，在 2008 年云南世博集团入驻元阳时应聘进入企业。他们熟悉哈尼传统文化并对之富有情怀，同时也希望旅游发展能发扬与传承地方文化。高频词集中于词簇文化传承与交流，如“教育”“传统”等，“昆明”比“元阳”更接近话语中心，可见他们认为省会比县级地方的文化传承交流更成熟。“旅游”“发展”比“遗产”“保护”更接近话语中心，表明他们不刻守遗产传统，而是要不断实现文化的发展。较典型案例是一位出自哈尼文化之家的 30 多岁的导游，他父亲是老一辈哈尼文化研究者，熟知哈尼民俗。他代表哈尼族去各地表演，并积极给游客讲解哈尼文化，游刃于传统与旅游之间。哈尼梯田成为世界遗产，可以体会她话语中的自豪，但随着游客增多，旅游发展，她也表示出担忧：申遗之后是世界的，来元阳看梯田是游客的权利。我们要高品位，创 5A，与世界同步，越是民族的越是世界的。但也担心如果过于商业化，民族的灵魂不存在，就是失去了它的意义，与汉族就没什么两样了。年老员工认为真正的遗产是那些哈尼经典：现在旅

游公司开发的产品，太过低级，应该把哈尼哈巴四季生产调等哈尼族的经典传统演艺出来。但这些想法也只停留在想法，因为“只有竞选了村长，才好说话，带领百姓好好发展”“现在梯田没人种了，我都呼吁了多少次，说保护梯田必须是政府行为，也要加强人民自觉性，但政府官员听不进去”。可见是年龄及文化积累显著影响到该类本地人内部的遗产认同差异，他们一方面作为旅游公司员工，职业身份认同使他把遗产作为旅游发展的工具，但另一方面作为社区文化精英，对文化身份的认同使他把遗产作为民族情感的归属。

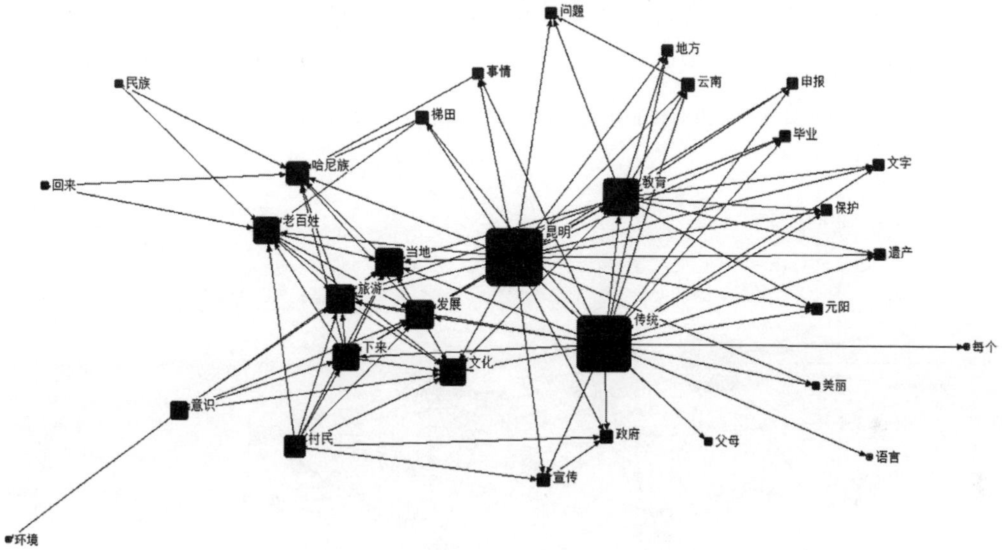

图 11　上班的本地人话语语义网络

4.2.4　普通本地人：遗产是对其生存依赖减少、存在“不公”，却难以割舍的家园

普通本地人主要指没有参与或极少参与旅游业的本地人。他们没有从旅游业中获取太多收益，主要依靠打工和种田营生。日渐感受到贫富不均的同时，自己的建房等行为也因遗产保护规定受到限制。他们一方面认为不公平，想逃离种田生活，另一方面又因习惯了传统，别无他路，依旧维持原样。高频词集中于词簇“广场”“外出”，体现出可以让其有心灵寄托的只剩记忆中村里举办传统节日的地方，他们每年不得不外出打工，补充生活费用。“种田”“旅游”比“政府”“遗产”更接近话语的中心，可见最基本的生存维持方式才是他们关注的重要问题，而不是政府提出的“遗产”。较为典型的案例是一位 42 岁的哈

尼村民，他从 18 岁开始，村里修路之后就出去打工，每年农忙时回来插秧、收割。只会说一些简单的普通话，且语法结构不完善。他不断强调政府的不公平，不愿种田，但又对传统习俗充满依恋：村委会不好，穷人看不上，有钱才看得上，不公平……昂玛突，苦扎扎很重要，要传给孩子，以前的传统，寨神可保佑我们平安。没有更多收入来源，遗产地依旧是他们的依赖和依恋。相比较于经商本地人，他们没能从遗产中获取太多收益，感觉不公平，因此对遗产地的归属感减弱。

对比其他未参与旅游的哈尼村民发现，50 多岁的老人遗产地有归属感，是出于传统惯习。20 岁以下的年轻人却是向往外面，对遗产的情感只是出自好奇和怀旧。可见，年龄显著影响到普通本地人的遗产认同情况。

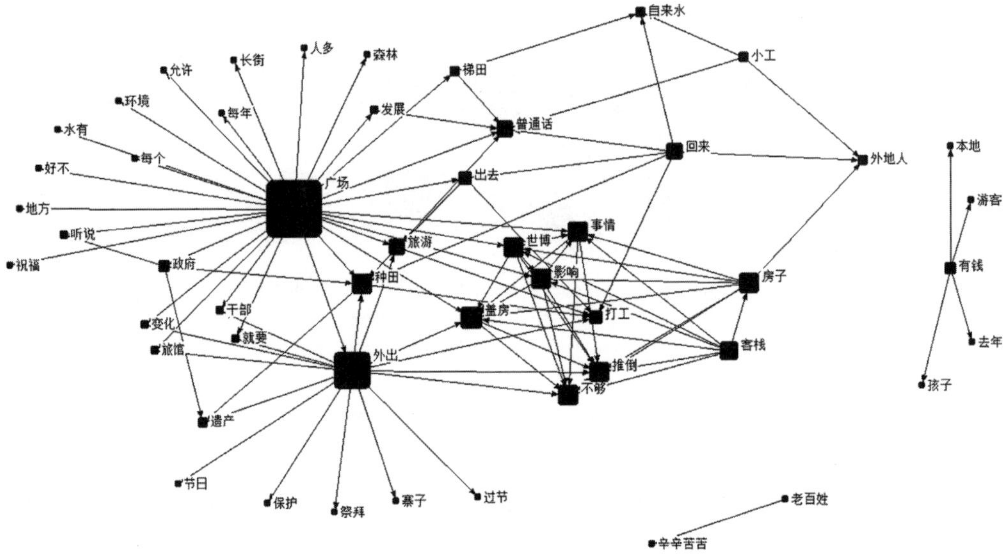

图 12　普通本地人话语语义网络

5　结论

5.1　本地人与外地人的遗产认同差异

外地客栈经营者与本地客栈经营者的遗产话语比较分析表明，在外地客栈经营者对遗产的展示与阐释中，遗产成了中产阶层进行消费，标榜其小资趣味的场所，此时的遗产是“他们的”。同时，按照“家”和“地方”的空间尺度看，他们认为遗产是本地居民的家，他们只是“外地人”，最终还会离开这个地方。从国家和世界尺度看，他们认为遗产是属于“我们”大家的。因此在市场需求面前，这些多重的认同不妨碍他们对遗产景观与文化展示的积极性。这种遗产认同可以从物质层面促使对遗产的保护，却并未对无形遗产价值的传承起太大作用。

相反，在本地客栈经营者对遗产的展示与阐释中，遗产成了农民阶层借以摆脱贫困的农耕生活，走上富裕现代化的工具。因此，他们对遗产消极认同，不展示遗产景观和文化。不过，有部分居民为了迎合游客需求，也开始出现展示遗产景观与文化的意识。从空间尺度看，遗产是本地经营者的家，他们以家乡成为世界遗产为荣，此时的遗产是“我们本地人的”遗产。另外，他们很少有国家和世界尺度的认知，因此无法确定本地经营者在该尺度层面认为的遗产归属。不过，也可能从侧面反映，本地经营者并不认为遗产是国家或世界的。这种遗产认同虽然并未很好实现对遗产物质形态的保护，但由于他们对遗产地“家”的依恋，再加上他们本身承载着遗产地的传统，后续可以成为激发其文化保护与传承的切入点。

可见，在旅游发展使社区居民结构多元化的背景下，并非所有社区居民都认为遗产是“我们的遗产”，但他们对遗产的认同并不直接影响其对遗产展示与传播的积极性，是游客需求影响他们对遗产景观与文化的展示与阐释，只是外地经营者能更好地抓住市场需求，更懂得如何去展示遗产景观与文化。也正是因为这种矛盾，使遗产的失调性特征更加明显。外地人对“他们的遗产”景观与文化热心传播，而本地经营者对“我们的遗产”最初却并不热心，改变这一局面的原因正是旅游发展的利益。

5.2 不同角色本地人的遗产认同差异

元阳梯田社区本地人的遗产认同并非均质如一，他们因角色不同而对遗产有不同的看法。那些经商的本地人认为遗产地是一个致富发展，实现自我的舞台，那些“当官”的本地人把遗产地看作是让国家和哈尼族扬名，需由他们主导保护管理的博物馆，那些在旅游企业上班的本地人认为遗产是让哈尼族扬名、村子旅游发展，也令人担忧的文化过程，那些普通本地人认为遗产是对其生存依赖减少、存在“不公平”，却又难以割舍的家园。同时，本地人的代际差异也会对他们的遗产认同产生影响，老年人有较深的遗产情感，传统生活已成惯习；中青年人处于传统和现代之间，有基于传统习惯的遗产认同，也有基于游客需求的遗产使用；而 20 岁以下的年轻人对传统认知已经很少，仅有的一点认同是出自好奇和怀旧。此外，普通哈尼村民对无形遗产的认同度高于对有形遗产的认同，政府和公司本地人对无形遗产虽有较高的认同态度，但其遗产保护管理行为多在有形遗产方面。

与权威遗产话语的单一性相比，本地人的遗产话语明显多元，并且与权威有着显著不同。对于“什么是遗产？”，权威话语认为传统民居“蘑菇房”是遗产，而本地人会把自家“高楼”作为遗产传给下一代，因为他们把摆脱贫穷，过上现代化的生活看作是“好的”。对“谁的遗产？”，本地人认为遗产是建构自我认同、族群认同、文化认同、地方认同等多元认同的媒介，权威话语只把遗产看作国家身份的象征，且具有普世价值。可见本地人赋予遗产的意义多是个体和地方层面，他们认为的遗产是家庭的或是族群的，较少意识到权威话语提的国家和世界层面意义。此外，与权威遗产话语强调科学性相比，本地人更强调民族情怀与情感，如即使当“官”的本地人希望把遗产建设成“博物馆”，也极富个人情感与民族情怀。

6 讨论

如何提高社区居民的文化自觉性。本研究发现，在各类原住民中，大部分人文化自觉性低[61]，普通本地人、旅游经商的本地人忙于生计，无暇关注文化，拥有较多行政权力资源的“当官的”本地人，他们重视对物质遗产的改造，忽视无形遗产的保护，而一少部分本地文化热爱者虽然较强的文化自觉性，但他们却没有行政权力，话语影响力小。怎么才能提高这些本地人的文化自觉性，增强文化遗产的自下而上的保护动力，是文化遗产保护需要思考的一个问题。

如何加强政府与普通本地人之间的对话。从各利益群体的共用高频词来看，“梯田”“旅游”“哈尼族 / 哈尼”“本地 / 地方”是共现词汇。这表明无论是基于生存发展需要，还是传统惯习的诉求，本地人对“梯田”的重要性及“旅游发展”利益已经形成共同关注，但相对而言，政府官员与普通本地人之间基本没有共现词汇，这也表明他们二者之间的共同话语较少，需要加强他们二者间的对话，增强文化遗产保护的共识。

当然，由于本研究中所关注的对象是一个刚刚成为世界遗产地，处于旅游发展初期的村寨，当地社区居民对遗产与身份的认同是否会随着旅游发展的深入而产生更多的变化，尚需要进一步探讨与更长时间的观察。另外，由于回答“谁的遗产”需要涉及不同利益相关者的遗产认同比较，文章从社区中的本地和外地旅游经营者两个群体做比较，只是期望引起对该基础问题的关注和重视，后续可以对政府、企业、游客、本地人等的遗产认同分别做比较，进而更好回答“谁的遗产”，以为遗产保护管理提供依据。

参考文献

[1] Ashworth G J，Graham B，Tunbridge J E. *A Geography of Heritage*：*Power*，*Culture and Economy* [M]. London：Arnold，2000：1-10.

[2] Ismail R，Ling O G，Shaw B J. Heritage，politics and identity in Southeast Asia：an introduction [J]. *GeoJournal*，2006，66（3）：161-163.

[3] Goulding C，Domic D. Heritage，identity and ideological manipulation：the case of Croatia [J]. *Annals of Tourism Research*，2009，36（1）：85-102.

[4] Smith L. *Uses of Heritage* [M]. London：Routledge，2006：59-99.

[5] Comer D C，Prescott C，Soderland H A. *Identity and Heritage*：*Contemporary Challenges in A Globalized World* [M]. New York：Springer，2014：27-36.

[6] Tunbridge J E，Ashworth G J. *Dissonant heritage*：*the management of the past as a resource in conflict* [M]. Chichester：John Wiley & Sons，1996：4-22.

[7] Smith L. Heritage，gender and identity [AJ] .// *The Ashgate Research Companion to Heritage and Identity* [M]. Aldershot：Ashgate Publishing，2008：159-178.

[8] Tucker H，Carnegie E. World heritage and the contradictions of ‘universal value’ [J]. *Annals of Tourism Research*，2014（47）：63-76.

[9] Waterton E. Whose sense of place? Reconciling archaeological perspectives with community values：cultural landscapes in England [J]. *International Journal of Heritage Studies*，2005，11（4）：309-325.

[10] Waterton E，Smith L，Campbell G. The utility of discourse analysis to heritage studies：The Burra Charter and social inclusion [J]. *International Journal of Heritage Studies*，2006，12（4）：339-355.

[11] Waterton E，Smith L. The recognition and misrecognition of community heritage [J]. *International Journal of Heritage Studies*，2010，16（1-2）：4-15.

[12] Watson S，Waterton E. Heritage and community engagement [J]. *International Journal of*

Heritage Studies，2010，16（1–2）：1–3.

［13］Crooke E. The politics of community heritage：motivations，authority and control［J］. *International Journal of Heritage Studies*，2010，16（1–2）：16–29.

［14］Mydland L，Grahn W. Identifying heritage values in local communities［J］. *International Journal of Heritage Studies*，2012，18（6）：564–587.

［15］万蕙，唐雪琼．中越边境乡村民居景观的符号象征与认同建构：广西龙州县边境乡村案例［J］．地理科学，2017，37（4）：595–602.

［16］胡宪洋，白凯．拉萨八廓街地方性的游客认同建构［J］．地理学报，2015，70（10）：1632–1649.

［17］钱俊希，杨槿，朱竑．现代性语境下地方性与身份认同的建构——以拉萨“藏漂”群体为例［J］．地理学报，2015，70（8）：1281–1295.

［18］余向洋，吴东方，朱国兴，等．旅游视域下的认同研究——基于文献综述的视角［J］．人文地理，2015，30（2）：15–22.

［19］杨立国，林琳，刘沛林，等．少数民族传统聚落景观基因的居民感知与认同特征：以通道芋头侗寨为例［J］．人文地理，2014，29（6）：60–66.

［20］路幸福，陆林．基于旅游者凝视的后发型旅游地文化认同与文化再现［J］．人文地理，2014，29（6）：117–124.

［21］郭文，王丽．文化遗产旅游地的空间生产与认同研究——以无锡惠山古镇为例［J］．地理科学，2015，35（6）：708–716.

［22］McLean F. Introduction：Heritage and identity［J］. *International Journal of Heritage Studies*，2006，12（1）：3–7.

［23］屈册，张朝枝．谁的遗产：元阳梯田旅游经营者遗产认同比较［J］．热带地理，2016，36（4）：524–531.

［24］屈册，张朝枝．元阳梯田原住民的遗产认同：基于话语分析的视角［J］．旅游学刊，2016，31（7）：43–51.

［25］季中扬．非物质文化遗产空间保护与文化认同困境［J］．江苏社会科学，2013（05）：197–201.

［26］Yahaya Ahmad .The Scope and Definitions of Heritage：From Tangible to Intangible［J］. *International Journal of Heritage Studies*，2006，12（3）：292–300.

［27］Smith L，Akagawa N. *Intangible Heritage*［M］. London：Routledge，2009：21–44.

［28］张淑华，李海莹，刘芳．身份认同研究综述［J］．心理研究，2012，5（1）：21–27.

［29］Ggyuov. 爱利克·埃里克森．百度百科［EB/OL］. http：//baike.haosou.com/doc/56142845826894. html，2013–06–10.

[30] Tajel H. *Differentiation between social groups: Studies in the social psychology of intergroup relations* [M]. London: Academic Press, 1978: 20.

[31] Ashworth G J, Ashworth G J, Larkham P J. From history to heritage– from heritage to identity: in search of concepts and models [M] // Asbworth G, Larkbam P. *Building a New Heritage: Tourism, Culture and Identity in the New Europe*. London: Routlerdge, 1994: 13–31.

[32] Šešić M D, Mijatović L R. Balkan dissonant heritage narratives (and their attractiveness) for tourism [J]. *American Journal of Tourism Management*, 2014, 3 (1B): 10–19.

[33] 胡志毅. 国外遗产旅游"内生矛盾论"研究述评 [J]. 旅游学刊, 2011, 26 (9): 90–96.

[34] Ashworth G J, Graham B, Tunbridge J E. *A Geography of Heritage: Power, Culture and Economy* [M]. London: Arnold, 2000: 1–10.

[35] Hall C M. The Ashgate research companion to heritage and identity [J]. *Journal of Sustainable Tourism*, 2008, 21 (8): 1244–1245.

[36] 燕海鸣. "遗产化"中的话语和记忆 [N]. 中国社会科学报, 2011–08–16 (012).

[37] David C. Harvey. Heritage pasts and heritage presents: temporality, meaning and the scope of heritage studies [J]. *International Journal of Heritage Studies*, 2001, 7 (4): 319–338.

[38] Graham B, Ashworth G J, Tunbridge J E. *A geography of heritage: Power, culture, and economy* [M]. Oxford: Oxford University Press, 2000: 201.

[39] 李春霞, 彭兆荣. 从滇越铁路看遗产的"遗产化" [J]. 云南民族大学学报: 哲学社会科学版, 2009, 26 (1): 29–34.

[40] Howard P. *Heritage: Management, Interpretation, Identity* [M]. London: Continuum, 2003: 158–196.

[41] Kearns G. The virtuous circle of facts and values in the New Western History [J]. *Annals of the Association of American Geographers*, 1998, 88 (3): 377–409.

[42] Merriman N. *Beyond the Glass Case: The Past, the Heritage and the Public in Britain* [M]. Leicester: Leicester University Press, 1991: 135–147.

[43] McKercher B, Du Cros H. *Cultural Tourism: The Partnership Between Tourism and Cultural Heritage Management* [M]. London: Routledge, 2002: 11–23.

[44] González M V. Intangible heritage tourism and identity [J]. *Tourism Management*, 2008, 29 (4): 807–810.

[45] Groote P, Haartsen T. The communication of heritage: Creating place identities [M] // Howard P J, Graham B. *The Ashgate Research Companion to Heritage and Identity*. Farnham: Ashgate, 2008: 181–194.

[46] Alderman D H. Place, naming, and the interpretation of cultural landscapes [M] // Howard P J,

Graham B. *The Ashgate Research Companion to Heritage and Identity*. 2008：195–213.

［47］王晓晓，张朝枝 . 遗产旅游真实性理解差异与遗产地管理［J］. 旅游科学，2007，21（1）：13–16.

［48］魏雷，钱俊希，朱竑 . 谁的真实性：泸沽湖的旅游凝视与本土认同［J］. 旅游学刊，2015，30（8）：66–76.

［49］Martínez A H. Conservation and restoration in built heritage: A Western European perspective［M］// Howard P J，Graham B. *The Ashgate Research Companion to Heritage and Identity*. Abingdon：Routledge，2008：245–266.

［50］Newman A，McLean F. Architectures of inclusion：Museums，galleries and inclusive communities［M］// Sandell R. *Museums*，*Society*，*Inequality*. London：Routledge，2002：56–68.

［51］吴必虎，李咪咪，黄国平 . 中国世界遗产地保护与旅游需求关系［J］. 地理研究，2002，21（5）：617–626.

［52］Huang C H，Tsaur J R，Yang C H. Does world heritage list really induce more tourists? Evidence from Macau［J］. *Tourism Management*，2012，33（6）：1450–1457.

［53］Porter B W，Salazar N B. Heritage tourism，conflict，and the public interest: An introduction［J］. *International journal of heritage studies*，2005，11（5）：361–370.

［54］Blumenfield T，Silverman H. *Cultural Heritage Politics in China*［M］. New York：Springer，2013：73–100.

［55］张朝枝 . 遗产责任：概念，特征与研究议题［J］. 旅游学刊，2014，29（11）：45–51.

［56］Ashton，P. *Contested pasts and controversial presents*［A］. Smith L. *Uses Of Heritage*［C］. London and New York：Routledge，2006：78.

［57］卢叶，景峰 . 困境中的菲律宾科迪勒拉水稻梯田［J］. 中国文化遗产，2009（1）：34–39.

［58］侯松，吴宗杰 . 遗产研究的话语视角：理论•方法•展望［J］. 东南文化，2013（3）：7–11.

［59］谢立中 . 多元话语分析：社会分析模式的新尝试［J］. 社会，2010（02）：1–19.

［60］詹姆斯·保罗·吉（著），杨炳钧（译）. 话语分析导论［M］. 重庆：重庆大学出版社，2011：3–21.

［61］Graham B，Howard P. *The Ashgate research companion to heritage and identity*［M］. NewYork：Routledge，2008：2–13.

［62］费孝通 . 关于“文化自觉”的一些自白［J］. 学术研究，2003（7）：5–8.

［63］麦肯奈尔（著），张晓萍（译）. 旅游者：休闲阶层新论［M］. 桂林：广西师范大学出版社，2008：101–122.

试论遗产旅游三个维度：思维差异、逻辑起点与未来趋向

张祖群

（北京理工大学设计与艺术学院文化遗产系，北京 100081）

［摘　要］在国际文化遗产运动外向影响与国内学者主动对接中，逐渐加强对遗产旅游的认知、重视和共识。进而概括出遗产旅游在中国语境下的三个维度：第一维度：中西方在文化遗产实体保护、艺术审美上呈现重要的思维分野；第二维度：遗产旅游的逻辑起点是形成、诠释、解决“保护—利用”的文化悖论；第三维度：遗产旅游的未来趋向是“文化记忆＋真实性表达＋旅游体验”三者的有效结合。文章认为：基于建设性破坏、保护性破坏、传统缺失等遗产旅游困境，要重视遗产立体展示，注意协调遗产保护—利用的矛盾。尤其要重视和反思非物质文化遗产的民间土壤基础、生活生产依附、民间乡土诗意和艺术心性表达。遗产旅游急切需要推进文化—旅游深度融合，解决保护与利用“两张皮”问题，推进文化—旅游深度融合。

［关键词］遗产旅游；思维差异；逻辑起点；未来趋向；真实性

一、当前遗产旅游的文化思潮

随着联合国大会先后通过《保护世界文化和自然遗产公约》《保护非物质文化遗产公约》，国际社会对“文化遗产”的普遍关注度显著提升，声势浩大的遗产保护、非物质文化遗产保护工作逐步展开。随着中国分别在 1985 年与

［基金项目］国家社会科学基金项目“遗产地铭刻时代痕迹与旅游发展研究”（编号 12CJY088）成果之一。该结题获得较好评价。

［作者简介］张祖群（1980—），汉，博士后，北京理工大学设计与艺术学院文化遗产系副教授、硕士生导师，主要研究：遗产旅游与创意产业、军事文化遗产。E-mail：zhangzuqun@126.com。

2004 年，先后加入《保护世界文化和自然遗产公约（Convention Concerning the Protection of the World Cultural and Natural Heritage）》与《保护非物质文化遗产公约（the Convention for the Safeguarding of Intangible Cultural Heritage）》，逐渐加强对“文化遗产”的认知、重视和共识。笔者课题组通过对多位专家的文献综述进行研究分析，梳理出他们对文化遗产某一方面或几方面的观点立场，归纳出近四十年大体的文化遗产运动思潮，概述中国旅游文化的理论成果与发展趋势（详见国家社会科学基金项目“遗产地铭刻时代痕迹与旅游发展研究”研究报告第一章）。

卢云亭（1996）[1]界定了生态旅游的完整定义，概括了生态旅游的四个基本特征。他提出了生态旅游管理相关对策，展示了我国生态旅游的良好前景。陈传康（1996）[2]表示：当今旅游开发的本质就是旅游文化开发，只有根植于广而深的文化功底和综合“组装”理念思维，才能做出成功创意的旅游开发与策划方案。郭来喜等（2000）[3]认为旅游资源是旅游业之所以能够可持续发展的物质基础，也是旅游生产力增长的关键潜力。喻学才（2004）[4]指出：20 世纪 80 年代是我国的旅游文化研究的早期基础阶段，20 世纪 90 年代则体现结合产业、结合旅游教育等新特征，显示旅游文化强大的应用图景。张朝枝（2008）[5]将旅游与遗产保护置于互动演进的视角，阐述了“原真性”概念的演变和发展，现今发展到旅游客体与主动的互动构建“原真性”阶段。巴莫曲布嫫（2008）[6]阐述三十多年来国际社会从“人类口头和非物质遗产”到“非物质文化遗产”的概念演变与形成过程。余悦（2010）[7]聚焦于近十年的文化遗产研究，厘清了非物质文化遗产概念内涵、特征、价值和功能，认为非物质文化遗产保护的核心是最大程度实现文化的传承。保继刚等（2011）[8]认为遗产旅游是 20 世纪 90 年代以来旅游地理学的重要研究内容之一，研究成果丰富，研究涉及农业文化遗产旅游、非物质文化遗产旅游、文化遗产解说、遗产治理与可持续性评估、遗产保护与开发等多个方面。吴必虎等（2012）[9]指出旅游综合体不仅是开发旅游片区的有效方式，也是一种新兴的城市土地发展手段，尤其对大型旅游地段、城市游憩空间开发具有较强的借鉴价值。张祖群（2013）[10]在关于文化遗产复原“原真性”的学理总结中借真实性评判的雷峰塔重建争论，对于幸存的、不可复制的旅游文化遗产的保护已经迫在眉睫，需要认真且严格地以原真性思想解决我国文化遗产保护的难题，并详细指出怎样的维修或者重建才是符合联合国教科文组织“原真性”的原则。刘艳，段清波（2016）认为文化遗产是一个具有价值多样性类型、有机性要素、层次性系统、阶段性发展、差异性主体、公平性利用等复杂特点的有机整体。只有厘清文化遗产的价值特征与复杂性，才能更好地进行文化遗产的保护、传承与利用[11]。袁靖（2017）认为以大型考古文化遗址和古墓葬为基本构成的大遗址是祖先留给当代中国人与全世界的宝贵财富。当代人要秉承“保护好＋展示好＋解读好”是崇高责任感，虔诚地将文化遗产传承给子孙后代[12]。唐璐璐，向勇（2018）[13]在翻译德瑞克·吉尔曼（Derek Gillman）的经典著作《文化遗产的观念》时候，针对文化遗产的复杂现实处境，多重角度拷问“遗产何为”这一核心命题，以及如何建构与理解文化遗产。吴必虎（2018）在《旅游学刊》（2018年第9期）专门组织了多学者多学科多维度的“文化遗产与旅游”笔谈。尽管文化遗产出于多种活化、多种利用方式的争论中，但是旅游领域的活化是多种活化途径谱系中最为直接、最值得研究的一个方面[14]。诚如杭侃（2018）教授[15]认为的那样：文化遗产资源的旅游活化不是小事，实际上事关中国文化复兴这一重要政治命题。纵观1918—2008年的中国文化遗产保护三十年，即使拉长到2018年来看，在这40年发展中：在三峡水利工程的建设、南水北调中线与东线工程、青藏铁路工程以及北京、西安、广州、成都等大城市的地铁建设中伴随着的文物抢救发掘、文化遗产抢救工程等，形成基础设施建设（国民经济重大工程实践）与文化遗产保护相得益彰、协调发展的中国经验。国家重视、高度投入本国文化遗产保护，向第三世界国家（发展中国家）输出与援助文化遗产保护（例如中国援助柬埔寨、蒙古国等），全面参与轰轰烈烈的国际文化遗产保护运动[16]。

根植于国际上文化遗产公约与文化遗产，国际文化遗产运动对于国内遗产旅游研究注入概念、思想等外向影响；自20世纪80年代以来，一批国内旅游地理学者自发形成与文化遗产主动对接。在国际文化遗产运动外向影响与国内学者主动对接中，逐渐加强对遗产旅游的认知、重视和共识。

二、第一维度：遗产旅游的思维差异

（一）意大利罗马

表 1　19 世纪中后期欧洲建筑遗产保护学派

学派	代表人物	理论	表现
法国派	维奥 勒・勒・杜克	风格修复	以整体修复为主，使之在建筑物整体上具有一致性风格。新建筑与残存建筑遗址共同构成完整的（文化空间）建筑场所
英国派	W. 莫里斯	反修复运动	根本无法修复文物，建筑的自然坍塌是必然，任何新技术与新材料在文物修复中应用都是对历史的亵渎，会擦除历史有效信息
意大利派	贝尔特拉米， C. 博伊托	新保护观	文物建筑具有多方面的价值，要清晰可读地保存它所携带的全部历史信息；补足部分体现差异性和可逆性；反对片面追求恢复文物建筑的初始风格；保持文物建筑的原有环境

（资料来源：根据相关材料整理制表）

罗马作为一座世界著名的历史文化名城，辉煌历史和丰厚的文化交相辉映，现代化城市气息与多样化的城市风貌相得益彰。在公元 270 年，马可・奥雷利奥 Marco Aurelio（Marco Aurelio）大帝花费 5 年的时间建设了举世闻名的罗马城墙，这座城墙之内的历史老城区作为“罗马中心”在 1980 年登录成功联合国教科文组织《世界遗产名录》。在罗马的国会山，至今矗立着大帝的雕像。对于罗马文物古迹的保护，以及新的城市体系的建立，建设方案的实施改进等都可圈可点。维持罗马古城风貌的经验有以下几点：

第一，不拆旧、不建新、慎修复，实际上就是保护罗马。

自中世纪到文艺复兴时期，经历了社会急剧变化的罗马古城的诸多文物古迹已遭到严重破坏，而这同时也促使人们的保护意识自发增强，在保护实践中逐渐形成文化自觉运动。在破坏与保护的惨烈博弈与具体实践中，人们逐渐认识到：保护罗马中心原貌必须做到不拆旧、不建新、慎修复。阐释如下，1.“不建新”：多少年来，罗马中心区、中心外围城区没有建过新建筑。政府对任何公用或是民用建筑的兴建都提前进行严格审查，使得新建筑务必与周围已有建筑保持协调。新的建设以不破坏城市原有风貌[17]为主要前提。2.“不拆旧”：在“不建新”的同时，坚决地执行“不拆旧”。罗马市政立法规定不能随意拆除历史中心的原有建筑。历史建筑在若干年限之后务必进行有限度的维修：外观与颜色不得随意改动，内部可进行合理改造、装饰。3.“慎修复”：大斗兽场在19世纪曾经有过三次谨慎的修复，放眼整个修复过程其实就是一部浓缩的建筑保护与修复史[18]。每一个修复都是吸取上一次修复的教训，推广值得肯定的经验。

第二，新罗马、老罗马的二元并置。

在一座城市社会发展和人口增长的前提下，不建造新建筑是绝不可能的，而罗马人创造性地提出了“搬到郊区”的方案。在罗马中心区的西南郊另外建成了“新罗马”，承载罗马新的办公、商业、居住功能等。新罗马和老罗马之间通过便利的道路得以连接。“二战”之后，在罗马的西、北郊又建设了新中心（卫星城），东、南郊则建设新罗马的工业和服务业区。而老城区因为人口疏散与经济外迁等原因，自然也就得到了很好的保护。罗马不是一日建成的，也非一日能保护好的，关键在于：（1）自下而上的基层民主对古城风貌保护强烈的保护意识；（2）自上而下的政府立法保护制度形成强烈的法规约束。

（二）法国巴黎

法国是一个拥有浓郁的历史文化气息和丰富的遗产足迹的国家，对于法国的文化遗产保护核心思想，初步概括如下。

第一，法国文化遗产大师的思想贡献。以维奥列特·勒杜克（Violet-le-Duc）为首的学者提出“风格修复（整体修复）”理论，强调建筑物整体上的风格一致，从而确立“法国学派”（French school）关于城市建设与保护的基本原则。法国20世纪最伟大的建筑师勒·柯布西耶（Le Corbusier）提出巴黎城市改革方案：尊重巴黎过去，根植于巴黎当前，考虑巴黎的未来。这一改革方案对巴黎城市发展具有决定性影响[19]。

第二，制定完备的综合性保护体系。19世纪开始，经过百年的发展和完善，法国已经建立了一套涵盖建筑单体、建筑群、历史城区以及自然风景区各方面文化遗产保护内容的综合性保护体系。比如法国政府于1887年颁布了《历史建筑法》。1962年后，随着《马尔罗法（Malraux Law）》历史保护区制度在法国开始推行，文化遗产保护得以严格执行，符合要求的修整才可以得到国家的资助并享受若干减免税的优惠。与此同时，市民们的整体保护意识、公众的强烈参与意识显著增强，良性的文化传承循环和集体意识，使得政府的政策措施、法律法规得到顺利贯彻执行[20]。巴黎的马雷保护区（Le Marais）是继《马尔罗法》推行之后在法国建立的第一个地区。马雷保护区在18世纪以前是巴黎贵族的居住地，在18世纪之后吸引了众多的手工业者。诸多独特的建筑遗产和城市空间特征皆记录了该地区复杂的工业遗产的变迁，阐述了丰富的产业结构，揭示了交错混杂的社会阶层分布。1962年法国颁布的《马尔罗法令》是欧洲历史文化遗产运动中最具影响力的一个法案之一。其主要经验体现在：完善的立法、严格规划管理以及保护程序、文化遗产积极再利用、良好的配套设施、妥善处理保护与现代化建设关系，尤其是民间组织起到巨大作用（见表2）。

表2　巴黎马雷区的保护区规划内容

方面	具体措施
关于建筑	以历史建筑的名义保护的建筑（建筑或建筑立面）
	保留和维修的建筑（被保护区规划保护的建筑或建筑立面）
	有特殊的建筑规定（如柱廊）
	有特殊规定的建筑（M：改动，E：减低高度）
	不受保护，可以被取代的或改建的建筑
	必须被拆除的建筑
	当其中的工业，手工业或商业活动结束后必须被拆除的建筑
关于不同地区	将建筑的体量控制在一层的建筑（以石板铺砌花园）
	整体规划的区域
	可以建设的区域
关于场地、绿化和树木	属于历史建筑的地面
	现有的公共绿化空间
	现有的庭院绿化空间
	将被种植绿化的建筑庭院
	现有的树木
	预留作为公共绿化空间的场地
	预留作为公共设施的场地
关于通道	将被开通的通道
	必须保留或将被留作步行的通道

（根据文献[21]制表）

第三，设立城市副中心，老城与新城并立。“二战”后，欧亚战场诸多古城被炸成一片废墟，百废待兴，诸多遭到破坏了的古城面临战后修复重建、城市空间的恶化、人口过于拥挤、城市功能过重、交通阻塞、环境污染等问题。面对这些问题，法国于1965年公布了巴黎大区规划，改变了原来聚焦式大中心模式，建设五个副中心缓解中心城区的矛盾，老城与新城之间以地铁与高速公路相通。

第四，城市用地的精细化管控。对于巴黎这样拥有1150万人口的大城市（2017年底统计数据），其历史遗产的复杂程度决定了管理制度的多样性，因此需要建立适合于城市自身情况的地方制度。巴黎地方性保护制度分为两类："特殊用地类型的地区"（适用于规模较小、功能简单的历史街区）以及"制定特殊规划规定的地区"（适用于规模较大、功能综合的历史地区）。两者目标都是对城市土地利用进行精细化管理与局部调整，使之更利于历史风貌的延续和发展。

（三）中西方遗产思维差异

中西方的思维与意识差异在文化遗产保护方面有潜在影响。主要有以下几点阐释：①文化遗产保护应有三层含义：最低层次——人类应尽可能减少对历史遗产的干预影响；中间层次——应保护遗产免受自然或人为外力的损害；最高层次——人类应在明确时代、工艺、材料、人员、位置等基础上，最大程度修复已受损害的历史遗产，新修复的部分与原有部分要明显区别[22]。②西方在艺术审美上强调以真实性作为衡量文化遗产的价值尺度，文化遗产的价值在于真实传达历史的全部信息。西方文物建筑保护起步较早，更加凸显理性、科学、客观。为了呈现更加真实的历史现状，他们在文物修复、加固等方面通常用明显的特征来区别于历史遗留部分。如罗马斗兽场的两次加固都采用区别于原建筑灰白色的红砖，呈现灰白—红色对比，断壁残垣—铜的对比。③中国在艺术审美方面往往把文化遗产作为一种传达的媒介，表达"道"与"天"之理念，表达人们对于地方的思想传承、精神寄托等。长久以来，基于土木结构材质，中国的文物建筑的持续维修、整旧如新、重建（屡建屡毁、屡毁屡建）都是被认可为延续一种地方文脉的有效方式。中国文物建筑为的是表达人们的思想传承、精神寄托等[23]。

三、第二维度：遗产旅游的逻辑起点是保护—利用

（一）遗产旅游困境

当前我国处于城市化高速发展的阶段，具有明显的地域差异，由此遗产旅

游带来的问题也具有普遍性，具体体现在：

一是建设性破坏。城市化进程的加快，必然带来高速增长的建设工程，一些大型工程因此对文物遗址造成了毁灭性的破坏。我国的城市化发展还处在聚集阶段，城市人口规模急剧扩张，人地矛盾突出，经济活动对遗址的影响逐渐加大，再加之人们对遗址保护意识总体不强，导致经济发展与遗址保护成为矛盾的两个极端。京杭大运河、殷墟和丝绸之路大遗址保护均受到这一问题困扰，不合理的城市化发展模式成为制约区域发展与遗产综合保护困境之一。

二是保护性破坏。随着人们遗产保护意识的增强，对文化遗产的保护工作也逐渐展开。但由于缺乏正确的保护意识，对遗址拆旧建新，不尊重历史的原真性，极大降低了文化遗产的历史价值和文化价值，在大运河和丝绸之路等诸多申遗成功后，这种做法更是违背了世界遗产保护的规定。

三是传统的缺失。当前欧陆风情住宅、商业街、步行街、饮食一条街、仿古一条街、日本时尚小区、美国小镇、英国乡村庄园、德国“童话世界”等在中国大地上涌现。在复古主义思潮影响下，中国仿古一条街、重建古城不断涌现，例如开封、大同等重建古城、赣州打造郁孤台历史文化街区等。所谓打造经典：最后千城一面，千城一体，实际上魂不附体、形神皆散，往往饱受公众与舆论的批评[24]。传统的历史“缺席”了，民族文化的本底不自信了。难怪有人偏激地指出：一些文化遗产建设就像被无情阉割了历史脉络的“睾丸”，传统的“雄性”特征在遗产地缺失了！抹杀传统神韵之后，剩余一座座受伤的城市在悲惨的哭泣。

以上归结为一点，是遗产旅游严重人—地矛盾（冲突），活人—死人矛盾（冲突），经济发展与遗址保护矛盾（冲突）。两者形成了零和博弈（zero-sum game）与二元对立的思维。

（二）遗产展示

旅游是“旅且游”，以旅游需求和旅游活动为原点的核心系统，核心系统与旅游供给构成旅游产业系统，并且受到旅游社会系统的影响，也影响了旅游社会系统。旅游作为人们利用闲暇时间对“非惯常环境”（Unusual Environment）的一种体验，是一种短暂的特殊生活方式和生存状态[25]。基于遗产地的 OUV 组织规划内容，基于中国现实国情和遗产地实地情况，需要在诸多遗产旅游理论与实践中创造性地解决遗产地社区、遗产旅游等尖锐问题，体现世界遗产地“OUV”（Outstanding Universal Value，突出的普遍价值）[26]。权标、白童、王希等（2011）将遗址文化旅游划分为文化至上型、家庭同乐型、沟通交际型、休闲健身型、互动娱乐型、自我浪漫型六种消费者群体，不同的群体应该采取不同的遗址文化产业的策略[27]。朱海霞、权东计、权标等（2013）[28]以实验观察、聚类分析和控制变量分析等方法，实行不同的旅游消费客户需求，选择不同的遗址展示设计匹配策略。

鉴于我国现行遗产保护和管理法规，均未达到联合国教科文组织对世界遗产评判的广度和深度。徐嵩龄（2008）认为遗产保护方法有重建（reconstruction）、保护（conservation）、保存（preservation）、再利用（re-use）等“伞形术语”（umbrellaterm）或篮形术语（basket term）的内在差异，包含一系列子术语[29]。徐嵩龄（2009）认为需要制定《世界遗产管理条例》，着重关注世界遗产地权属（的）应当统一，遗产的原真性和原整性，遗产档案资料的收集整理，遗产监测，遗产地的环境保护，遗产地保护中的维护、修复、重建、改建、新建，遗产研究，遗产展示，遗产地的旅游经营，遗产地社区，遗产地投入，志愿者等12个问题[30]。当下我国大遗址保护规划和大遗址本体研究之间、大遗址保护规划标准体系与专项规范之间缺乏有机联系。鉴于大遗址规划与管理“遗址信息不确定性”，陈稳亮（2012）建议在学术界通行的重点保护区——一般保护区—建设控制区基础上，应该增加考古未探明地带，以适应动态保护与管理[31]。邵培仁，林群（2012）提出在保护文化遗产中要充分利用数字（信息）化贮存技术，可以利用文化基因组学（culturomics）数据库等方法重构中华文化系统基因库。他们以民间文化、考古文化与历史文献古史传说三方印证确认中华文化系统的核心文化基因，利用网络技术在线传播，形成基因抽取和特征建模的基本路径[32]。

（三）遗产保护—利用的矛盾与协调

2008年3月24日，在安徽省黄山市由联合国世界旅游组织、教科文组织、国家旅游局和省政府共同主办的“世界遗产地旅游管理与可持续发展国际会议”提出“经济影响最大化”与“环境负面影响最小化”主题研讨。对此徐嵩龄（2008）进行了概念辨析与辩驳，他认为：必须坚持绝对保护世界遗产及其环境的大前提，世界遗产地与遗产地社区双方需要共同携手努力，力争综合效益的最大化[33]。虽然“保护第一，开发第二”在理论与实践界都得以承认，如何在保护的基础上进行适度、合理的开发利用？在各个遗产旅游地的管理实操中仍然引发出巨大的争议，其背后是遗产旅游理论（例如真实性与原真性、文化传承与商业化、承载力与容量、展示与解说）二元结构冲突、矛盾等现实折射。张朝枝（2010）对文化遗产保护—旅游开发、理论世界—现实世界二元结构，以及如何实现遗产旅游协调发展提出深入思考[34]。刘以慧、王京传（2011）认为以相容性为特质的调和论意在调整世界遗产保护与利用关系，化解其矛盾。科学、理性思考世界遗产与旅游发展的悖论，遗产保护已经不是单纯的被动的静止保护，而是动态性的文化遗产传承、自然遗产的自我更新。世界遗产从单向性的认为保护是目的，或利用是目的，向两者互为手段、目的转变；它不是针对少数科学家和工作人员孤芳自赏的园地，而是应该满足公众需求，追求经济利益化、大众娱乐化和生态效益有效结合的理性场所[35]。刘宁、张广海（2011）认为只有保持遗产保护与旅游开发管理体制的协调、遗产分类保护与旅游整合开发机制、原真性保护与遗产旅游开发模式的创新，才能实现遗产保护与旅游开发利用的和谐共生[36]。张晓（2012）认为世界遗产与旅游活动本质上并不矛盾。问题的关键在于旅游活动能否带来可观的经济收益，而在利益驱动下，旅游经营极有可能突破或背离遗产资源保护初衷，甚至损害遗产资源本体。因此，基于国家宏观资源管理的常识逻辑，遗产旅游经营活动需要相应的法律法规的约束和规范[37]。彭华（2012）认为遗产保护的目标有不改变现状与培育良心遗产地环境的底线、标尺。只有在这个底线之上的旅游活动，才是被允许的[38]。保护与利用作为中国语境下一个重要的“遗产旅游”文化命题，各种不同化解矛盾途径往往呈现多学科、多部门的差异。遗产旅游急切需要推进文化—旅游深度融合，解决保护与利用“两张皮”问题。推进文化—旅游深度融合。

四、第三维度：遗产旅游的未来趋向

（一）文化记忆

法国国家科学研究中心荣誉教授、博士生导师 Nicole Lapierre 认为记忆的研究一直是文化人类学的空缺。在当下，对于全球化的时空集体记忆、文化认同影响的研究、原型记忆如何被再次创造等是文化人类学研究的崭新命题。他提出了遗产化程序（例如后殖民时代作为文化中心的博物馆）、去地域化模式（例如移民重组为文化共同体）、冲突记忆（例如广大亚非拉国家独立运动的民族文学）以及集体悲剧记忆（例如种族屠杀、种族歧视、黑色遗址和奴隶贩卖的受害者）四种集体记忆模式[39]。

19世纪末至20世纪上半叶，西方列强就是用锋利的刀子将我国西北边疆地区诸多石窟寺遗址中大量壁画（连地仗层）分割成适合装箱的小块，从墙壁或岩壁上剥离下来以达到掠夺出境的目的，到了欧美列强所在国的博物馆，例如美国纽约大都会艺术博物馆馆藏的山西省洪洞县广胜寺的巨型佛教元代壁画《东方净琉璃药师净土图》、五台山寺庙的壁画等；大英博物馆馆藏的五台山清凉寺明代壁画和数尊彩瓷罗汉造像等；美国宾夕法尼亚州立大学博物馆馆藏的中国唐代昭陵六骏之二骏……于文化遗产而言，福兮祸兮？如果不是晚清民国中国战乱、日本侵华战争、国共内战等，如果不是中华人民共和国成立后的一切服从于经济建设以及“破四旧”的“文化大革命”，这些精美的文化遗产又怎么会流落异国他乡？！即使诸多文化遗产有幸留在中国，在时代浪潮中或许也逃脱不了“文革”破四旧以及其他政治运动等毁坏。那些以残忍粗暴方式掠夺出境，留在异国他乡的文化遗产却在后来得到精心修缮、维护、研究、展示陈列等，供全世界人民欣赏，客观上也起到了宣传中华文明的作用。这是列强掠夺中国文化遗产，实行文化侵略的罪证。每个中国人在欧美博物馆看到馆藏某件镇馆之宝是来自中国的文化遗产时候，无不怀有愤慨之心与奋发之心，一半是惊叹和自豪，一半是屈辱和愤慨。这是一种特殊的“遗产化程序”文化记忆 。

在中国语境下，以古建筑、陵墓、遗址等为代表的物质文化遗产，往往凭借得天独厚的山川地理、生态水系等，文化生态在此生生不息得以传承。例如晋祠从肇始之初作为唐氏宗祠，发展为儒、释、道共存的祠庙、寺观园林典范，从独享的皇家御苑属性，演变成公共园林与公共文化空间的典范，阐释了文化遗产在历史长河中“历史稳定性 + 历史流变性”的辩证法统一。以文化遗产为物质基础，其未来重要是诠释其本身存在的文化意义和内在价值，彰显文化记忆存史、证史、补史、纠史、正史等功能。

（二）非物质文化遗产是否有真实性

物质文化遗产具有真实性，已经形成共识。那么非物质文化遗产是否有真实性呢？

生活是一首歌，生活更是一首信天游。2001 年左右，以乔晓光先生等为代表的美术学者、艺术工作者最早倡导中国新时代语境下的非遗研究。尔后，民俗学民族学人类学中文等背景学者全面介入非遗领域，历史学地理学旅游管理影视戏曲等背景学者也各自找到与非遗有效交叉的途径。根植于西方石质文化遗产修复理论、演化的遗产真实性理论，更多的学者认为：遗产真实性应该限定于物质文化遗产领域，它只是表现在东方、西方之间遗产语境不同而已。遗产真实性不宜过多扩展到非物质文化遗产领域。巴莫曲布嫫（2008）[40] 从国际社会对口头的、无形的、非物质文化遗产的概念认知与演进脉络进行梳理；巴莫曲布嫫（2015）[41] 对 2003 年《保护非物质文化遗产公约》2 个现存中文版本进行比对，梳理社区、保护、人群、创新等诸多关键词。从国际公约文本原点出发，非物质文化遗产都没有真实性或原真性等作为核心概念产出。与之需要重点注意的是，国际公约确认相关社区、群体和个人等不同层级在保护非物质文化遗产过程中具有不同的地位[42]。为此，她大声疾呼：在非遗传承重注重社区参与、过程性保护，青少年在非遗传承与保护中扮演了重要的作用，要给青少年赋权，提倡参与式发展。相当一部分学者认为：非物质文化遗产是发展的、动态的、传承创新的，世界上根本没有狭义的“真实性”。

但是也有部分学者认为，非物质文化遗产依托一定的物质基础，也有文化场域，也可以将物质文化遗产的真实性扩展到广义的理解，非遗也有真实性。例如曾国军（2014）提出在饮食文化中，食物、环境与服务构成饮食类非遗的三个关键因子，其中服务对跨越地方饮食文化的原真性重塑起到了关键作性用。他也同意，原真性更多是一种符号化与塑造（解构）的原真，是各种争论的杂糅和融合[43]。文化部主导的国家级非物质文化遗产生产性保护示范基地申报中，推荐条件之一是“在生产性保护活动中坚持非物质文化遗产的本真性、完整性及核心技艺的保护与传承”。重新审视最近二十年文化遗产运动与文化思潮，尤其要重视和反思非物质文化遗产的民间土壤基础、生活生产依附、民间乡土诗意和艺术心性表达。

（三）旅游体验的“虚拟真实”

原真性、场所精神与游憩体系三个完全不同的关键词之间具有内在的逻辑关系，三者耦合的实质是对文化遗产内在价值的共同共识与高度契合，由内到外依次为四个层次：遗产保护空间、游憩空间、商业空间、外在文化空间。文化遗产保护与游憩体系的耦合式发展是有效传承地域文化，并延伸文化产业链条的路径。这样依据旅游地文化含量高低，形成遗产旅游体验的“虚拟真实”的三层次：第一层次——旅游地文化的客观真实、第二层次——象征真实、第三层次——旅游活动的“过程真实”[44]；笔者认为还应该有第四个层次——文化遗产的制度原真（后续讲袁崇焕墓与祠时候会详细阐述）。通过深入挖掘历史文化遗产场所蕴含的文化精神，可以阐释和解译无形的文化资源，转化为可以被广大游客识别、理解、传播的有用信息，活化为可参与、可理解、可传播的旅游项目[45]。

致谢：

感谢国家社科基金匿名评委的给予批评与指导意见。感谢张朝枝教授组稿与给予批评与指导意见。

参考文献

[1] 卢云亭．生态旅游与可持续旅游发展［J］．经济地理，1996（1）：106-112.
[2] 陈传康．城市旅游开发规划研究提纲［J］．旅游学刊，1996（5）：31-34.
[3] 郭来喜，吴必虎，刘锋，范业正．中国旅游资源分类系统与类型评价［J］．地理学报，2000（3）：294-301.
[4] 喻学才．旅游文化研究二十年［J］．东南大学学报（哲学社会科学版），2004（1）：63-70+124.
[5] 张朝枝．原真性理解：旅游与遗产保护视角的演变与差异［J］．旅游科学，2008（1）：1-8+28.
[6] 巴莫曲布嫫．非物质文化遗产：从概念到实践［J］．民族艺术，2008（1）：6-17.
[7] 余悦．非物质文化遗产研究的十年回顾与理性思考［J］．江西社会科学，2010（9）：7-20.
[8] 保继刚，尹寿兵，梁增贤，等．中国旅游地理学研究进展与展望［J］．地理科学进展，2011，30（12）：1506-1512.
[9] 吴必虎，徐婉倩，徐小波．旅游综合体探索性研究［J］．地理与地理信息科学，2012，28（6）：

96–100+111.

[10] 张祖群.基于真实性评判的雷峰塔重建争论[J].江苏师范大学学报（哲学社会科学版），2013，39（3）：98–103.

[11] 刘艳，段清波.文化遗产价值体系研究[J].西北大学学报（哲学社会科学版），2016（1）：23–27.

[12] 袁靖.设置国家文化遗产保护用地[N].中国文物报，2017–03–14（3）.

[13] 唐璐璐，向勇.文化遗产属于“我们”还是全世界？——《文化遗产的观念》译者谈[N].中国艺术报，2018–09–05（8）.

[14] 吴必虎.中国旅游发展笔谈——文化遗产旅游活化与传统文化复兴[J].旅游学刊，2018（9）：1.

[15] 杭侃.文化遗产资源旅游活化与中国文化复兴[J].旅游学刊，2018（9）：5–6.

[16] 吕舟.中国文化遗产保护三十年[J].建筑学报，2008（12）：1–5.

[17] 刘儒庭.罗马的古都保护[N].光明日报，2012–09–08（9）.

[18] 陆地.罗马大斗兽场——一个建筑，一部浓缩的建筑保护与修复史[J].建筑师，2006（4）：29–33.

[19] 邹耀勇.巴黎城市发展与保护史论[D].华东师范大学世界史专业博士学位论文，导师：王斯德，2007：1–177.

[20] 房硕.法国巴黎旧城保护与文化传承[D].湖南大学建筑设计及其理论专业硕士学位论文，导师：陈飞虎，2010：1–92.

[21] 奚文沁，周俭.巴黎历史城区保护的类型与方式[J].国外城市规划，2004（5）：62–67+61.

[22] 吴兰友.历史遗产保护应破除地方利益[N].中国文物报，2011–7–15（5）.

[23] 张祖群.国内外经典古城保护：基于比较经验的视角[J].上海城市管理，2019（1）.

[24] 倪邦文.城市化与受伤的城市文化[J].读书，2009（5）：51–55.

[25] 王玉海.“旅游”概念新探——兼与谢彦君、张凌云两位教授商榷[J].旅游学刊，2010，25（12）：12–17.

[26] 庄优波，杜婉秋.世界遗产的发展脉络和趋势——访清华大学建筑学院景观学系主任杨锐教授[J].风景园林，2012（1）：56–57.

[27] 权标，白童，王希，等.遗址文化旅游消费者群体细分与文化产业发展策略建议[J].西北工业大学学报（社会科学版）2011，31（3）：14–18.

[28] 朱海霞，权东计，权标，等.大遗址互动性体验展示方式选择策略[J].西北大学学报（自然科学版），2013，43（2）：281–286.

[29] 徐嵩龄.文化遗产科学的概念性术语翻译与阐释[J].中国科技术语，2008（3）：54–59.

［30］徐嵩龄．我国需要《世界遗产管理条例》：理由与建议［A］．第三届世界遗产论坛——全球化背景下的中国世界遗产事业［C］.2009：1–10.
［31］陈稳亮．基于特性分析的大遗址保护规划策略研究［J］．城市问题，2012（6）：41–46.
［32］邵培仁，林群．中华文化基因抽取与特征建模探索［J］．徐州师范大学学报（哲学社会科学版），2012，38（2）：107–111.
［33］徐嵩龄．评关于“可持续遗产旅游管理”的一对提法［J］．旅游学刊，2008，23（12）：11–12.
［34］张朝枝．文化遗产与旅游开发：在二元冲突中前行［J］．旅游学刊，2010，25（4）：7–8.
［35］刘以慧，王京传．世界遗产与旅游发展关系的嬗变：冲突、调和、协同［N］．中国文物报，2012–4–20（6）.
［36］刘宁，张广海．遗产保护与旅游开发利用的协调共生机制研究［J］．青岛酒店管理职业技术学院学报，2011，3（4）：6–9，19.
［37］张晓．特许经营还是垄断经营——我国世界遗产地旅游经营透视之一［J］．旅游学刊，2012，27（5）：6–7.
［38］彭华．世界遗产的保护与旅游发展［J］．旅游学刊，2012，27（4）：3–4.
［39］王玥玮．“二十一世纪社会科学前沿理论与方法”国际研讨会会议综述［EB/OL］. http：//mzx.muc.edu.cn/a/xueshukeyan/keyanxiangmu/2013/0404/798.html，2013 年 3 月 30 日至 31 日．
［40］巴莫曲布嫫．非物质文化遗产：从概念到实践［J］．民族艺术，2008（1）：6–17.
［41］巴莫曲布嫫．从语词层面理解非物质文化遗产——基于《公约》“两个中文本”的分析［J］．民族艺术，2015（6）：63–71.
［42］巴莫曲布嫫，张玲．联合国教科文组织：《保护非物质文化遗产伦理原则》［J］．民族文学研究，2016（3）：5–6.
［43］曾国军，李凌，刘博，等．跨地方饮食文化生产中的原真性重塑——西贝西北菜在广州的案例研究［J］．地理学报，2014（12）：1871–1886.
［44］陈兴．“虚拟真实”原则指导下的旅游体验塑造研究——基于人类学视角［J］．旅游学刊，2010，25（11）：13–19.
［45］席岳婷，赵荣．场所精神下文化遗产保护与游憩体系耦合研究［J］．西北大学学报（自然科学版），2013，43（2）：314–318.

世界文化遗产地游客与居民的旅游共享研究
——以颐和园和天坛世界遗产地为例

苏明明

（中国人民大学环境学院，北京 100872）

[摘　要] 旅游发展过程中，遗产资源不仅吸引大量旅游者，也成为当地居民社交休闲的重要空间。不同使用者对同一遗产的价值和内涵认知和使用模式都存在差异。遗产资源的共享也对不同使用者的遗产体验产生影响。较少研究试图区分居民和游客在遗产旅游地的参与动机、感知和行为并分析其互动。本研究选取北京世界遗产地颐和园和天坛进行对比研究，探究北京居民和国内外旅游者的使用模式、动机、认知及体验的差异。研究结果有助于全面了解居民和旅游者在遗产地的互动关系，并协助遗产地更好地满足当地用户和旅游者的多重需求，构建积极主客关系，提升休闲旅游体验。

[关键词] 世界遗产；旅游共享；认知；居民；游客

一、遗产与旅游

随着世界经济和技术的持续发展、教育的普及以及旅游者对目的地自然文化价值的重视，遗产旅游作为一项重要的休闲活动和学术研究领域，在国际范围内迅速发展[1, 2]。旅游的发展和遗产资源的保护既互相促进，也存在着矛盾[1, 3]。一方面，遗产源于过去，用在当代，寄予未来，其价值可以超越时间和空间尺度[2, 3]，具有稀缺性和不可替代性的特点，是旅游发展必不可少的旅游吸

[作者简介] 苏明明（1980—），女，汉族，北京人，中国人民大学环境学院副教授，加拿大滑铁卢大学环境学院地理与环境管理系博士，主要研究方向包括遗产保护与旅游发展、旅游与社区发展、社区可持续生计。E-mail：smm52@hotmail.com。

引物和发展基础。这使得遗产地通常具有很高的旅游发展潜力和旅游需求，尤其是在拥有较高知名度和影响力的世界遗产地[4, 5]。另一方面，遗产资源的保护是旅游可持续发展的基础，对旅游发展的规模和方式有更严格的要求，过度旅游开发对遗产资源会造成巨大的威胁，因此，遗产资源的保护和可持续利用成为遗产旅游发展的必要前提。随着遗产旅游的发展和旅游研究的加强，旅游学界普遍认识到通过合理规划和管理，旅游可以为遗产资源的保护提供有力的资金支持和公众社会支持，有效带动当地社区，并促进区域经济的整体可持续发展[2, 3]。

联合国教育、科学及文化组织于 1972 年 11 月 第 17 届会议通过《保护世界文化和自然遗产公 约》，旨在针对具有突出普遍价值的文化和自然遗产提供紧急和长期的保护。至此，在世界范围内掀起了对遗产资源保护与利用的持续关注。世界遗产地的提出和认定旨在倡导全世界人民对那些对全人类有高度价值的遗产资源的认识、保护和管理。世界遗产地的申报促使人们对遗产资源价值与内涵的思索与发掘。世界遗产地的评定为遗产地带来了国际知名度，提升了遗产地旅游的发展潜力和市场需求[7]。因此，被评为世界遗产地很大程度上意味着更高的旅游吸引力、更多的游客，以及更被游客认可的旅游体验。因此，旅游开发也就成为目前绝大多数世界遗产地发展的选择[3, 7]。另一方面，世界遗产地的评定将国际相关标准和要求融入地方发展。在世界遗产地，旅游发展、遗产保护和对遗产价值的理解和解说，不再是地区性事务，而成为国际、国家和地方众多利益主体的价值和利益的综合体现[7]。

我国拥有悠久的历史和丰富多样的文化，自 1985 年加入《保护世界文化和自然遗产公约》以来，通过不断加强遗产挖掘、保护和申报工作，我国先后被批准列入联合国教科文组织世界遗产名录的遗产地已达 55 处，总数量与意大利并列世界第一位，体现了我国遗产资源价值的国际认知度和影响力，彰显了中华民族的文化自觉和文化自信。随着遗产资源公众认知度的提高，国内经济的迅猛发展和居民休闲旅游需求增加，我国遗产旅游需求也日益增加，尤其是具有国际知名度和影响力的世界遗产地，这也对我国遗产旅游发展提出了更高的要求[4, 5]。

二、遗产资源的多重利用

遗产资源在当代社会拥有一系列复杂的用途[2, 6, 8]。首先，遗产具有重要的社会政治功能，涉及地方身份和权力结构等问题[8]。作为文化资本的一种形式，遗产往往代表着不同时空尺度的文化综合体，具有多种文化含义[8]，其文化内涵也随着时空变化，不断被解释和重塑，具有动态的特征[9]。同时，遗产的政治和文化属性往往反映了社会的权力结构，因为主流群体往往通过遗产认定和解说传递其价值观[8]。遗产也具有经济属性，是国内和国际旅游业的重要资源[8]。尽管旅游业对遗产的利用可能与其文化内涵相左，但旅游仍然作为一种重要的遗产利用方式对其产生重大影响[8]。基于其不同用途，遗产的概念和内涵被认为存在“内在的冲突”[8]。因此，只有在更广泛的框架内，结合遗产的文化、经济、政治和社会用途，才能全面认识到遗产的重要价值[10]。

基于遗产的多重用途[8]，大多数遗产资源由当地人和具有不同地域背景的旅游者共享。尽管世界遗产强调全球普遍价值，事实上，不同使用者对同一遗产价值和内涵的认知往往不同[8]，其使用方式和使用模式也不尽相同[11]。较少研究试图区分居民和游客在遗产旅游地的参与动机、感知和行为，当地居民对遗产资源的休闲利用研究尚不充分[12]。

三、旅游休闲目的的遗产使用者：旅游者与社区居民

旅游者和目的地社区都是遗产旅游的主要利益相关者，两者都会对遗产旅游的发展产生影响。游客利用遗产资源以满足他们的多种需求，并给目的地带来经济、社会和环境影响。研究者对旅游者遗产认知和使用进行了广泛的研究，包括其社会经济属性、动机、偏好、期望、使用模式和满意度[13-18]。引起文化、历史和政治背景不同，国内和国际游客在使用同一遗产资源时的动机、认知、使用模式和获得的体验往往不同[19-20]。这些因素对旅游学者和旅游行业了解遗产资源需求和提高旅游产品和服务质量至关重要[13, 16, 21, 22]。因此，将旅游者的观点纳入遗产旅游规划和运营中对遗产地可持续发展至关重要[23]。

社区居民在遗产旅游发展过程中通常扮演服务提供者、销售商、手工艺者等多种角色，甚至当地居民的生产生活也成为重要的旅游吸引物[24]。遗产地居民对当地的环境、文化和传统具有丰富的知识和经验[25, 26]，也代表着遗产地的社会文化价值，是遗产旅游发展大环境的重要组成部分。这些都是确保遗产旅游发展符合当地的自然和社会人文环境的关键因素[25, 26]。

由于生产生活和遗产地发展紧密相连，社区居民在遗产旅游发展过程中不可避免地受到经济、社会文化和环境等方面的综合影响[19，27]。当地居民也基于影响的程度对旅游发展进行反馈，进而影响游客的目的地体验和当地旅游发展[28，29]。基于社区的异质性特点，社区成员可能以不同的方式和不同程度参与旅游业，受到不同的影响，因此产生不同的反馈[30-32]。尽管社区居民对遗产旅游发展的重要性毋庸置疑，但是他们在遗产旅游规划和管理的过程中却很少有真正的决策权，他们的意见和建议也难以得到有效的表达[24]。因此，许多学者呼吁社区参与遗产规划和管理，参与决策和利益分享[1，2，28，33，34]，从而将潜在的负面影响最小化，增强当地获益，促进社区与旅游的互惠关系[1，24，27，33，34]

很多遗产旅游地存在居民和旅游者以休闲为目的共同使用遗产资源的情况。旅游者和居民共享遗产资源以满足其休闲和社会交往需求时，通常表现出不同的使用模式，对相关设施的需求程度也各不相同[23]，这些差异可能会导致冲突，并影响他们的现场体验[35，36]。旅游者和当地居民在遗产地的互动也影响双方的态度、行为、认知和遗产体验[37-39]。前期研究表明，建立积极的主客互动有助于提升目的地和形象，从而构建积极的旅游体验[37-39]。由于其空间邻近性、文化亲和力和对遗产资源当地含义的深入理解，当地居民因具有更高社会福祉、审美与精神需求，被视为是更合理的遗产使用者[11]。然而，以往关注旅游情境下主客关系的研究通常将社区视为服务者或旅游影响的受体，而不是同一遗产资源以休闲和社交为目的的使用者[40-43]。对遗产规划和管理者而言，了解居民和旅游者在行为模式、偏好和认知上的差异，以及主客双方如何在现场进行互动是至关重要，有助于遗产地根据不同类型使用者的需求确定适当的服务类型、服务水平和设施布局，提高管理效率，建立积极的主客关系，减少负面影响[40-43]。

颐和园和天坛是位于北京市中心区域的世界遗产地，不仅是北京重要的遗产旅游目的地，也是北京居民社交休闲活动的重要场所。颐和园和天坛是位于北京市中心区域的世界遗产地，不仅是北京重要的遗产旅游目的地，也是北京居民社交休闲活动的重要场所。两个世界遗产地密集的旅游者和北京居民的休闲旅游共享增加了主客交互的界面，对双方的遗产利用和遗产体验都产生影响[40-43]。

因此，本研究以颐和园和天坛为例，融合北京居民和旅游者视角，探索不同类型使用者在遗产地的休闲行为、使用模式、动机、认知和体验。研究结果有助于进一步理解不同类型使用者对遗产资源的利用模式，居民和旅游者在遗产地的互动关系，并为共享型遗产旅游地提供规划和管理依据和经验，以更好地满足旅游者和社区居民的多重使用需求，构建积极主客关系，提升休闲旅游体验。

四、颐和园和天坛的案例研究

研究以针对北京居民和旅游者的问卷调查作为主要数据收集方法，分别收集受访者基本信息，遗产地使用模式，通过五点李克特量表测量受访者的动机、认知和体验，及通过问卷开放式问题获取受访者建议。调研团队也对不同类型遗产使用者的行为特征和使用模式进行了便捷访谈、现场观察和记录。调研团队 2013 年 7 月在颐和园共收集了 104 份居民问卷和 246 份国内旅游者问卷；2014 年 7 月在天坛共收集了 286 份居民问卷和 406 份国内旅游者问卷，93 份国际旅游者问卷。

研究发现两个遗产地使用者具有相似特征（表 1）。其中，本地用户以老年居民为主，绝大多数是居住在遗产地附近的退休人员，经常来遗产地进行休闲、体育和社交活动。相比之下，国内游客更年轻，受教育程度更高，地理背景也更为多样化。天坛的国际游客主要由受过良好教育的年轻人组成，大部分来自西方国家。

表 1　颐和园和天坛受访者基本信息

	颐和园				天坛					
	北京居民		国内游客		北京居民		国内游客		国际游客	
	人数	有效 %	人数	有效 %	人数	有效 %	人数	有效 %	人数	有效 %
17 岁及以下	4	4.3	50	21.4	0	0	18	4.4	0	0.0
18–24	2	2.2	80	34.2	12	4.2	178	43.8	27	30.0
25–34	10	10.9	52	22.2	12	4.2	106	26.1	39	43.3
35–44	12	13.0	32	13.7	12	4.2	46	11.3	18	20.0
45–54	20	21.7	12	5.1	32	11.2	24	5.9	6	6.7
55–64	26	28.3	6	2.6	148	51.7	18	4.4	0	0.0
65 岁及以上	18	19.6	2	0.9	70	24.5	12	3.0	0	0.0

续表

	颐和园				天坛					
	北京居民		国内游客		北京居民		国内游客		国际游客	
	人数	有效%	人数	有效%	人数	有效%	人数	有效%	人数	有效%
男	36	48.6	66	28	130	47.1	208	53.1	51	60.7
女	37	51.4	170	72	146	52.9	184	46.9	33	39.3
小学以下	2	2.1	12	5.2	12	4.2	16	4.0	0	0.0
初中	10	10.6	36	15.5	40	14.6	32	8.0	0	0.0
高中	16	17.0	44	19.0	98	35.8	36	9.0	3	3.4
大专	28	29.8	48	20.7	122	45.5	284	71.0	66	75.8
大学	30	31.9	78	33.6	2	0.7	32	8	18	19.4
硕士以上	8	8.5	14	6.0						
低于 2,000 元	8	9.8	54	33.3	6	3.4	112	27.6	N/A	N/A
2,000–3,999 元	32	39.0	56	34.6	126	71.6	68	16.7		
4,000–5,999 元	20	24.4	34	21.0	26	14.8	60	14.8		
高于 6,000 元	22	26.8	18	11.1	18	10.2	68	16.8		
公司职员	10	10.9	32	14.5	24	8.5	62	15.3	30	34.5
政府职员	10	10.9	8	3.6	10	3.5	24	5.9	3	3.4
专业人士（如医生、律师）	10	10.9	18	8.2	6	2.1	24	5.9	0	0.0
自由职业	8	8.7	22	10.0	10	3.5	24	5.9	6	6.9
学生	6	6.5	92	41.8	4	1.4	178	43.8	33	37.9
教师	2	2.2	20	9.1	4	1.4	8	2.0	9	10.3
自营	2	2.2	8	3.6	4	1.4	32	7.9	3	3.4
退休	34	37.0	6	2.7	218	77.3	20	4.9	0	0.0
其他	10	11.1	14	6.3	2	0.7	16	4	3	3.4

如下图所示，颐和园和天坛使用者的使用时间模式不同，北京居民倾向于在清晨和傍晚进入遗产地进行休闲活动，而国内外游客更倾向于日间入园。这种使用时间模式上的差异，缩短了居民与游客共享遗产的时间，减少了潜在的使用冲突。研究显示，入园时间模式差异一方面和居民的时间灵活性相关，一方面也基于居民对拥挤的有意避让。居民调研中，有一些受访居民提出早晚入园活动是为了避免日间游客过多出现拥挤，也会选择遗产地利用率较低的空间进行活动。因此，相较旅游者，居民与遗产资源的空间紧密性和便捷性和对遗产资源较高的熟悉程度，使得居民在遗产资源利用上具有较高的时间和空间的灵活性，在协调主客共享关系时具有较高的主动性。

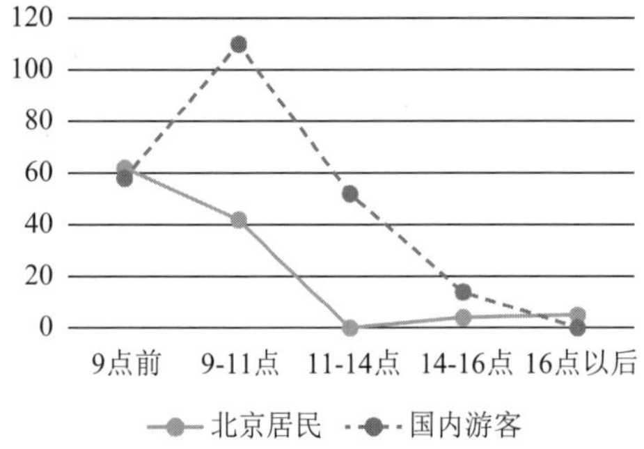

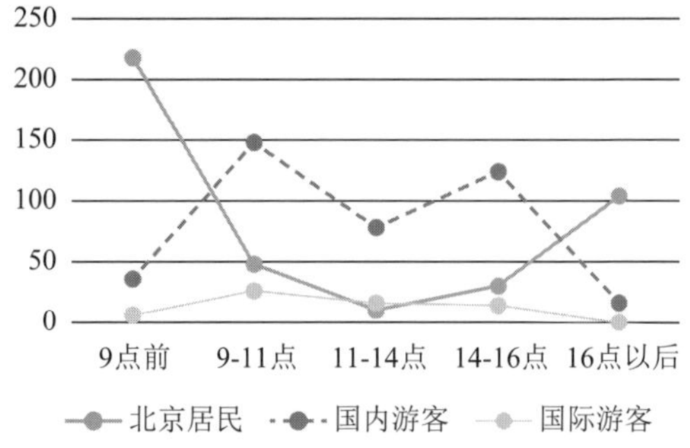

图　颐和园（左）和天坛（右）不同类型使用者的入园时间比较

颐和园和天坛作为知名的世界遗产地，其文化和历史价值得到了各类使用者的高度认可，也成为各类使用者共同的访问动机，这些有利于他们构建满意的遗产体验。然而，如表 2、3、4 所示，居民、国内外游客在动机、认知和满意度方面存在显著差异。国内外旅游者喜欢名望较高、历史文化审美价值较高的景点，都认为丰富阅历，增长见识是游览颐和园和天坛的另一个重要动机。游客主要从事观光、参观展览和欣赏皇家建筑等活动。与国内游客相比，国际游客对交通便利性和休闲放松的重视程度较低，因为他们都是长途旅行来体验这两个遗产地及其历史文化价值的。因此，国际游客对解说设施和服务的需求和兴趣更大。

与游客不同，居民更认同颐和园和天坛在构建社交、休闲和健身空间的作用，对受访者的现场观察也发现居民更喜欢有树荫的开放空间，尤其是那些配备有椅子、桌子和运动设施的开放空间。他们使用空间的选择主要考虑便利性和是否适合集体休闲活动和运动，而不是标志性建筑的遗产和旅游价值，尽管他们享受颐和园和天坛的历史文化氛围，并充分了解遗产价值。

表 2　颐和园北京居民和国内旅游者动机、认知和满意度比较

	北京居民		国内游客		卡方检验		
	均值	人数	均值	人数	Value	df	Sig
动机（5= 非常重要，1= 非常不重要）							
颐和园旅游的国际知名度	4.10	98	4.03	234	2.463	4	0.651
颐和园被评为世界遗产地	4.27	101	4.16	232	4.738	4	0.315
颐和园的文化氛围	4.42	100	4.39	234	1.523	3	0.677

续表

	北京居民		国内游客		卡方检验		
	均值	人数	均值	人数	Value	df	Sig
颐和园的皇家园林景观	4.44	100	4.36	234	3.490	3	0.322
颐和园交通便利	4.26	100	4.23	234	3.250	4	0.517
休闲放松	4.22	102	4.14	236	5.406	4	0.248
缓解日常生活和工作的压力	4.24	100	4.08	230	3.536	4	0.472
享受家人或朋友的陪伴	4.16	98	4.13	234	4.720	4	0.317
丰富阅历，增长见识	4.20	100	4.38	236	3.961	3	0.266
认知（5= 非常赞同，1= 非常不赞同）							
颐和园是我和家人休闲娱乐的场所	3.90	100	3.49	240	13.840	4	0.008*
颐和园是我和朋友社交活动的场所	3.71	102	3.4	236	13.808	4	0.008*
颐和园是我锻炼身体的场所	3.88	100	3.33	236	30.259	5	0.000*
游览颐和园加深了我对中国文化的了解	4.25	96	4.29	240	0.175	2	0.916
游览颐和园让我想了解更多颐和园的历史	4.31	98	4.32	234	3.992	2	0.136
游览颐和园增强了我的民族自豪感	4.27	98	4.13	230	6.574	4	0.160
颐和园是中国传统园林设计和建造的典范	4.35	98	4.25	234	6.914	4	0.140
颐和园代表了北京的历史文化	4.41	98	4.13	238	12.799	5	0.025*
颐和园是来北京一定要去的景点	4.33	96	4.25	236	6.770	3	0.080
颐和园值得各地游客参观游览	4.38	100	4.34	238	2.106	2	0.349
满意度（5= 非常满意，1= 非常不满意）							
颐和园的皇家园林景观	4.17	94	4.14	236	3.677	4	0.451
颐和园的古代建筑	4.13	96	4.27	238	3.209	3	0.360
颐和园的文物保护状况	3.94	96	4.18	234	3.405	4	0.493
颐和园的卫生状况	3.67	98	3.74	230	5.780	4	0.216
颐和园的旅游服务设施（如小卖部、卫生间等）	3.87	96	3.61	232	4.574	4	0.334
颐和园内的餐饮服务	3.23	88	3.31	228	5.071	5	0.407
颐和园门票价格（1= 很低；5= 很高）	3.05	88	3.56	230	10.597	5	0.060
颐和园的拥挤程度（1= 根本不拥挤；5= 非常拥挤）	3.67	90	3.67	232	2.038	4	0.710

表 3　天坛北京居民、国内和国际旅游者动机、认知和满意度

	北京居民		国内游客		国际游客	
	均值	人数	均值	人数	均值	人数
动机（5= 非常重要，1= 非常不重要）						
天坛旅游的国际知名度	3.75	284	3.77	402	3.97	93
天坛被评为世界遗产地	3.77	284	3.74	402	3.94	93
天坛代表的传统祭祀文化	3.84	282	3.99	400	3.93	93
天坛的皇家建筑	3.84	282	4.07	402	3.90	93
天坛交通便利	4.07	286	3.85	402	3.48	93
休闲放松	4.16	284	3.88	404	3.67	90
缓解日常生活和工作的压力	3.91	282	3.84	404	3.84	93
享受家人或朋友的陪伴	3.79	282	3.94	404	3.90	93
丰富阅历，增长见识	3.60	282	4.04	402	4.19	93
认知（5= 非常赞同，1= 非常不赞同）						
天坛是我和家人休闲娱乐的场所	3.81	286	3.49	400	3.24	87
天坛是我和朋友社交活动的场所	3.64	286	3.32	398	3.07	87
天坛是我锻炼身体的场所	4.06	286	3.28	398	2.79	87
游览天坛加深了我对中国传统文化的了解	4.06	286	4.16	398	4.20	90
游览天坛让我想了解更多天坛的历史	4.06	286	4.05	398	4.20	90
游览天坛增强了我的民族自豪感	4.06	284	4.06	398		
天坛是中国建筑设计和建造的典范	4.13	284	4.11	398	4.13	90
天坛代表了北京的历史文化	4.01	284	4.08	400	4.20	90
天坛是来北京一定要去的景点	3.95	286	3.96	400	3.93	90
天坛值得各地游客参观游览	3.92	286	4.05	402	4.03	90
满意度（5= 非常满意，1= 非常不满意）						
天坛的皇家建筑	4.06	286	3.97	400	4.04	84
天坛代表的传统祭祀文化	3.94	286	3.99	400	3.90	87
天坛的文物保护状况	3.92	286	3.82	402	3.86	87
天坛的卫生状况	3.14	286	3.69	402	3.66	87
天坛的旅游服务设施（如售票处，小卖部、卫生间等）	3.13	286	3.48	402	3.46	84
天坛内的餐饮服务	2.93	284	3.33	402	3.19	81
天坛门票价格（1= 很低；5= 很高）	3.41	286	3.03	402	2.67	81
天坛的拥挤程度（1= 根本不拥挤；5= 非常拥挤）	3.29	284	3.36	400	3.07	81
您是否会再来（1= 是；2= 否，3= 不知道）	1.27	286	1.74	402	2.00	87
您是否会推荐他人来天坛（1= 是；2= 否，3= 不知道）	1.34	286	1.41	402	1.29	84

表 4　天坛北京居民、国内和国际旅游者动机、认知和满意度的两两比较

卡方检验	北京居民和国内游客			北京居民和国际游客			国内游客和国际游客		
	Value	df	Sig	Value	df	Sig	Value	df	Sig
动机（5= 非常重要，1= 非常不重要）									
天坛旅游的国际知名度	10.021	4	0.040*	5.724	4	0.221	2.149	4	0.708
天坛被评为世界遗产地	6.768	4	0.149	3.551	4	0.470	3.051	4	0.549
天坛代表的传统祭祀文化	21.078	4	0.000*	4.090	4	0.394	2.272	4	0.686
天坛的皇家建筑	27.758	4	0.000*	5.727	4	0.221	11.749	4	0.019*
天坛交通便利	21.388	4	0.000*	21.621	4	0.000*	9.680	4	0.046*
休闲放松	11.148	4	0.025*	21.441	4	0.000*	15.492	4	0.004*
缓解日常生活和工作的压力	8.785	4	0.067	23.670	4	0.000*	12.977	4	0.011*
享受家人或朋友的陪伴	13.944	4	0.007*	12.830	3	0.005*	3.933	4	0.415
丰富阅历，增长见识	34.676	4	0.000*	25.044	4	0.000*	2.918	4	0.572.
认知（5= 非常赞同，1= 非常不赞同）									
天坛是我和家人休闲娱乐的场所	36.390	4	0.000*	12.219	4	0.016*	5.814	4	0.213
天坛是我和朋友社交活动的场所	26.137	4	0.000*	14.033	4	0.007*	3.548	4	0.471
天坛是我锻炼身体的场所	62.103	4	0.000*	46.081	4	0.000*	7.031	4	0.134
游览天坛加深了我对中国传统文化的了解	13.361	4	0.001*	8.903	3	0.031*	8.496	3	0.037*
游览天坛让我想了解更多天坛的历史	3.791	4	0.435	2.383	3	0.497	1.317	4	0.859
游览天坛增强了我的民族自豪感	4.180	4	0.382						
天坛是中国建筑设计和建造的典范	1.989	4	0.738	6.305	3	0.098	3.722	4	0.445
天坛代表了北京的历史文化	5.939	3	0.115	7.892	3		1.985	3	0.576
天坛是来北京一定要去的景点	2.630	4	0.621	8.355	4	0.079	4.797	4	0.309
天坛值得各地游客参观游览	8.771	3	0.032*	3.549	3	0.314	15.919	3	0.001*
满意度（5= 非常满意，1= 非常不满意）									
天坛的皇家建筑	4.004	4	0.405	6.600	4	0.159	6.012	4	0.198
天坛代表的传统祭祀文化	4.318	4	0.365	2.143	3	0.543	4.045	4	0.400
天坛的文物保护状况	1.999	4	0.736	3.500	4	0.478	4.031	4	0.402
天坛的卫生状况	35.285	4	0.000*	9.559	4	0.049*	2.690	4	0.611
天坛的旅游服务设施（如售票处，小卖部、卫生间等）	23.601	4	0.000*	8.234	3	0.041*	0.317	4	0.989
天坛内的餐饮服务	24.682	5	0.000*	8.544	3	0.036*	1.436	5	0.920

续表

卡方检验	北京居民和国内游客			北京居民和国际游客			国内游客和国际游客		
	Value	df	Sig	Value	df	Sig	Value	df	Sig
天坛门票价格（1= 很低；5= 很高）	25.450	4	0.000*	5.440	4	0.245	4.901	4	0.298
天坛的拥挤程度（1= 根本不拥挤；5= 非常拥挤）	23.823	5	0.000*	6.142	3	0.105	2.113	4	0.715
您是否会再来（1= 是；2= 否，3= 不知道）	34.937	3	0.000*	38.047	2	0.000*	5.133	3	0.162
您是否会推荐他人来天坛（1= 是；2= 否，3= 不知道）	1.419	3	0.701	1.868	2	0.393	2.736	3	0.434

注释：* 在 0.05 水平发现统计学上的显著差异。

五、研究结论与探讨

作为皇家遗产，颐和园和天坛曾经仅限于皇家使用，因此其遗产旅游开发与平遥古城[44]或丽江古城[45]为代表的古镇村落类型遗产不同，遗产资源和社区居民的关系也存在较大差异。对于颐和园和天坛来说，周边居民在不牺牲个人生产生活空间和社区联系的情况下，获得遗产资源的当代使用权，也赋予了遗产资源新的内涵和价值。研究表明，北京居民利用颐和园和天坛的遗产资源进行各种个人或团体的休闲娱乐和体育锻炼活动，如唱歌、跳舞、散步、练太极、下棋、打牌、聊天等。北京居民的这些日常使用赋予了两个遗产地，在国际普遍价值之外，较高的休闲和社会交往价值。两个遗产地被居民们认为是逃避城市生活压力、构建和谐社会关系，进行休闲和锻炼的理想空间。

不同类型的遗产用户往往对同一遗产有不同的内涵和价值感知，也在此基础上产生不同的使用模式。前期研究指出不同类型的用户对同一休闲资源的共享，就像独木舟驾驶者与摩托艇驾驶者[46]、摩托雪橇驾驶者和越野滑雪者[47]、徒步旅行者和猎人[48]，可能因其需求不同而导致相互干扰与冲突[49, 50]。本研究对北京居民、国际游客和国内游客的时空利用模式进行了识别和比较。研究发现，居民主要选择在清晨和傍晚使用，而游客集中在日间使用。游客更喜欢知名度和历史文化审美价值较高的景点，而居民更偏爱舒适和适合休闲活动的开放空间。因此，居民与游客的使用形成了时间和空间自然分隔，有利于减少潜在的冲突和相互干扰。

同时，研究发现部分国内或国际游客认为当地居民的休闲和社交活动是当地文化和生活方式的体现，也成为遗产体验的组成部分；而受访北京居民普遍表示不介意甚至愿意和游客进行交流和互动。因此，居民和游客作为遗产资源的共享者，由于主客身份的文化分异和带来的文化吸引，也使得这种遗产共享反而具有增强双方遗产体验的潜力。

作为北京最受欢迎的旅游景点，颐和园和天坛的使用预计将一直保持在较高水平。尽管，现阶段使用冲突和拥挤状况并不突出，但随着旅游发展和游客人数持续增加，当前由居民和游客使用行为造成的时间和空间的自然分隔可能会失效。因此，两个遗产地仍有必要针对居民、国内游客和国际游客三个用户群体的不同期望和看法，制定多维管理战略来反映和满足其不同需求。如针对老年本地居民休闲需求的设施改善和区位调整，和针对游客需求的旅游解说和服务改善。同时，针对主客互动增强遗产体验的潜力，通过设计如游客参与居民典型休闲活动、居民休闲日等参与性互动活动，改善不同用户的共享界面，促进积极主客互动，增强不同类型用户的良好体验。

致谢

感谢参与调研的所有项目团队成员。本成果得到中国人民大学科学研究基金项目支持（项目号：19XNI004）。

参考文献

[1] Aas，C，Ladkin，A and Fletcher，J.（2005）. Stakeholder Collaboration and Heritage Management，*Annuals of Tourism Research*，32，1，28–48.

[2] Nuryanti W.（1996）.Heritage and postmodern tourism.*Annals of Tourism Research*，1996，23（2）：249–260.

[3] Timothy D and Boyd S.（2003）. *Heritage Tourism*.England：Pearson Education Limited，2003. 181–184.

[4] Li MM，Wu BH and Cai LP.（2008）. Tourism development of world heritage sites in China：A geographic perspective. *Tourism Management*，29（2）：308–319.

[5] 苏明明，Geoffrey Wall.（2012）. 遗产旅游与社区参与—以北京慕田峪长城为例［J］. 旅游学

刊，27（7）：19–27.

［6］Tunbridge J.（2007）. From heritage to tourism：a personal Odyssey. In Wall，G（Ed.）*Approaching Tourism*，Waterloo，Canada：University of Waterloo（pp143–154）.

［7］苏明明 .（2012）. 世界遗产地旅游发展与社区参与［J］. 旅游学刊，27（5）：9–10.

［8］Graham，B，Ashworth，G and Tunbridge，J.（2000）. *Geography of Heritage*：*Power*，*Culture and Economy.* London，UK：Arnold.

［9］Harrison，D（2005）. Contested narratives in the domain of World Heritage. In D. Harrison and M. Hitchcock（Eds.）. *The Politics of World Heritage*：*Negotiating Tourism and Conservation*，Toronto，Canada：Channel View Publications.

［10］Henderson，J.（2002）. Heritage attractions and tourism development in Asia：A comparative study of Hong Kong and Singapore. *International Journal of Tourism Research*，4，337–344.

［11］Ashworth，G.（2012）. Do tourists destroy the heritage they have come to experience? In Singh T.V.（Ed.）*Critical debates in tourism*，Bristol，UK：Channel View Publications（pp278–286）.

［12］Chang，S，Gibson，H and Sisson，L.（2014）. The loyalty process of residents and tourists in the festival context. *Current Issues in Tourism*，17（9），783–799.

［13］Poria，Y，Butler，R and Airey，D.（2004）. Links between tourists，heritage，and reasons for visiting heritage sites. *Journal of Travel Research*，*43*（1），19–28.

［14］Poria Y，Reichel A and Brian A.（2006）. Heritage Site Perceptions and Motivations to Visit. *Journal of Travel Research*，44：318–325.

［15］Kaufman T and Weaver P.（2006）Heritage tourism：A question of age，*Asia Pacific Journal of Tourism Research*，11：2，135–146.

［16］Su，MM and Wall，G.（2009）. The Qinghai–Tibet Railway and Tibetan Tourism：Travelers' Perspectives. *Tourism Management*，30，650–657.

［17］Ung，A and Vong，T.（2010）. Tourist experience of heritage tourism in Macau SAR，China，*Journal of Heritage Tourism*，5（2），157–168.

［18］Chen，C and Chen，F.（2010）. Experience quality，perceived value，satisfaction and behavioral intentions for heritage tourists. *Tourism Management*，31（1），29–35.

［19］Wall，G and Mathieson，A.（2006）. *Tourism*：*Change*，*Impacts and Opportunities.* New York：Pearson & Prentice Hall.

［20］Ballantyne，R，Hughes，K，Ding，P and Liu，D.（2014）. Chinese and international visitor perceptions of interpretation at Beijing built heritage sites. *Journal of Sustainable Tourism*，22（5），720–725.

［21］Pearce，P.（1993）. Fundamentals of Tourist Motivation. In Pearce，D and Butler，R（Eds）.

Tourism Research: *Critiques and Challenges*. London and New York. Routledge: 113–134.

[22] Snepenger, D, King, J, Marshall, E and Uysal, M. (2006). Modeling Isao–Ahola's Motivation Theory in the Tourism Context. *Journal of Travel Research*, *45*, 140–149.

[23] Oh, C, Draper J and Dixon A. (2010). Comparing resident and tourist preferences for public beach access and related amenities. *Ocean & Coastal Management*, 53, 245–251.

[24] Scheyvens, R (2003). Local involvement in managing tourism. In S. Singh, D.J. Timothy and R.K. Dowling, *Tourism in Destination Communities*, Wallingford, UK: CABI Publishing (pp229–252).

[25] Bramwell, B and Lane, B. (1999). Collaboration and partnerships for sustainable tourism. *Journal of Sustainable Tourism*, 7, 179–181.

[26] Yuksel F, Bramwell, B and Yuksel, A. (1999). Stakeholder interviews and tourism planning at Pamukkale. *Turkey Tourism Management*, 20 (3), 351–360.

[27] Singh, S, Timothy, D and Dowling, R. (2003). Tourism and destination communities. In S. Singh, D.J. Timothy and R.K. Dowling, *Tourism in Destination Communities*, Wallingford, UK: CABI Publishing, 3–18.

[28] Su, MM and Wall, G. (2012). Global–local relationships and governance issues at the Great Wall World Heritage Site, China. *Journal of Sustainable Tourism*, 20 (8), 1067–1086.

[29] Su, MM and Wall, G. (2014). Community Participation in Tourism at a World Heritage Site: Mutianyu Great Wall, Beijing, China. *International Journal of Tourism Research*, 16(2): 146–156.

[30] Andriotis, K and Vaughn, R. (2003). Urban Residents' Attitudes Toward Tourism Development: The case of Crete. *Journal of Travel Research*, 42 (2), 172–185.

[31] Mason, P. and Cheyne, J. (2000). Residents' attitudes to proposed development. *Annals of Tourism Research*, 27 (2): 391–411.

[32] Nicholas, L, Thapa, B and Ko Y. (2009) Residents' perspectives of a World Heritage Site: The Pitons Management Area, St. Lucia. *Annals of Tourism Research*, 36 (3), 390–412.

[33] Timothy, D and Boyd, S. (2003). *Heritage Tourism*. Edinburgh Gate, England: Pearson Education Limited.

[34] Timothy, D and Tosun, C. (2003). Appropriate planning for tourism in destination communities: participation, incremental growth and collaboration. In S. Singh, D.J. Timothy and R.K. Dowling, *Tourism in Destination Communities*, Wallingford, UK: CABI Publishing, 181–204.

[35] Mann, C and Absher, J. (2008). Recreation conflict potential and management implications in the northern/central Black Forest Nature Park. *Environmental Planning and Management*, 51(3), 363–380.

[36] Reis, A and Higham, J. (2009). Recreation Conflict and Sport Hunting: Moving beyond Goal Interference towards Social Sustainability. *Journal of Sport & Tourism*, 14 (2–3), 83–107.

[37] Oppermann, M. (1999). Predicting destination choice–a discussion of destination loyalty. *Journal of Vacation Marketing*, 5 (1), 51–65.

[38] Pizam, A, Uriely, N, and Reichel, A. (2000). The intensity of tourist–host social relationship and its effects on satisfaction and change of attitudes: The case of working tourists in Israel. *Tourism Management*, 21 (4), 395–406.

[39] Su, MM and Wall, G. (2010). Impacts of Host–guest Interactions on Tourists' Travel Behavior and Experiences. *Tourism*, 58 (1), 37–50.

[40] Su, MM and Wall, G. (2014). Residents' use and perceptions of the Summer Palace World Heritage Site in Beijing, China. *International Journal of Tourism Anthropology*, 3 (4): 357 – 369.

[41] Su, MM and Wall, G. (2015). Exploring the shared use of World Heritage Sites: Residents' and Domestic Tourists' Use and Perceptions of the Summer Palace in Beijing. *International Journal of Tourism Research*, 17: 591–601.

[42] Su, MM and Wall, G. (2016). A comparison of tourists' and residents' uses of the Temple of Heaven World Heritage Site, China. *Asia Pacific Journal of Tourism Research*, 21 (8): 905–93.

[43] Su, MM and Wall, G. (2017). Residents' use of and perspectives on a World Heritage Site: Temple of Heaven, Beijing, China. *Journal of Tourism and Cultural Change*, 15 (1): 15–36.

[44] Wang, S. (2012), From a living city to a World Heritage city: authorized heritage conservation and development and its impact on the local community, *International Development Planning Review*, 34 (1), 1–18.

[45] Su, X. (2011), Heritage production and urban locational policy in Lijiang, China, *International Journal of Urban and Regional Research*, 35 (6), 1118–1132.

[46] Lucas, R. (1964). Wilderness perception and use: The example of the Boundary Waters Canoe Area. *Natural Resources Journal*, 3 (3), 394–411.

[47] Jackson, E and Wong, R. (1982) Perceived conflict between urban cross–country skiers and snowmobilers in Alberta. *Journal of Leisure Research*, 14 (1), 47–62.

[48] Reis, A and Higham, J. (2009). Recreation Conflict and Sport Hunting: Moving beyond Goal Interference towards Social Sustainability. *Journal of Sport & Tourism*, 14 (2–3), 83–107.

[49] Shelby, B and Heberlein, TA. (1986). Carrying Capacity in Recreation Settings. Corvallis, Oregon: Oregon State University Press.

[50] Mason, P and Cheyne, J. (2000). Residents' attitudes to proposed development. *Annals of Tourism Research*, 27 (2): 391–411.

书法景观遗产概念类型、赋存分布、保护发掘与旅游融合及活化利用刍议

颜丙金[1]，张　捷[2,3]

（1. 南京财经大学工商管理学院，江苏 南京 210046；
2. 南京大学地理与海洋科学学院，江苏 南京 210023；
3. 宁波大学昂热大学联合学院，浙江 宁波 315211）

［摘　要］ 书法景观遗产是中国传统文化景观的代表。书法景观遗产作为一种旅游资源在文化旅游地、城市休闲空间的社会构建、审美体验以及文化认同等方面起到了积极的促进作用。本文在总结梳理书法景观遗产的概念、类型，分析其赋存特征的同时，通过案例阐述了书法景观遗产与旅游融合的必要性和价值，并依据不同书法景观遗产的类型提出活化利用的一些方式和途径，以期对书法景观遗产乃至文化遗产的相关理论和实践研究提供思路和方向。

［关键词］ 书法景观遗产；文化遗产；文旅融合；活化利用；文化景观

书法景观遗产的学术关注始于21世纪左右，主要从地理学、心理学、景观学等多学科出发进行交叉的、系统的理论和实证研究。宏观研究大都集中在书法文化与文化区划、书法文化与自然环境之间的关系等方面[1,2]，也有学者从历史文献视角探索书法景观遗产时空特征[3]。而微观方面研究较多，相关文献多从书法景观的视觉受众——个体角度出发，将书法景观作为一种文化符号、旅游意象的特殊载体，研究个体在于书法景观的交互作用过程中产生的感知或

［基金项目］ 国家自然科学基金资助项目（41801136）、江苏省高等学校自然科学研究面上项目（17KJB170007）和江苏高校哲学社会科学研究基金项目（2018SJA0257）。

［作者简介］ 颜丙金（1985—），河北邯郸人，博士，讲师，硕士生导师。主要从事书法文化遗产、旅游管理、文化旅游等方面研究。E-mail：xhxh_0101226@163.com。

［通讯作者］ 张捷（1960—），江苏泰兴人，博士，南京大学教授，博士生导师，宁波大学昂热大学联合学院特聘院长。近期主要从事旅游地理、书法景观和自然声景观研究。E-mail：jiezhang@nju.edu.cn。

知觉特征[4]。同样地，也有相关文献以书法景观本身的属性为切入点研究其空间分异规律以及由此产生的地方意义[5]。书法地理研究宏观的书法现象分布和发展规律，不同的地理环境造就了不同的书法风格和审美观点，而书法审美中的自然景观描述功能也会因地而异。在文化地理解析的基础之上，张捷探讨和重新定义了书法景观的概念，并以书法景观为例讨论建立书法地理学研究体系的必要性[6]，同时尝试构建系统的书法文化链和大书法文化发展战略[7]。随着文化旅游的兴起，书法景观遗产作为一种旅游资源在文化旅游地、城市休闲空间的社会构建、审美体验以及地方（文化）认同等方面起到了积极的促进作用。同时，随着书法文化链、文化令的不断强化，作为重要组成部分的书法景观遗产如何有效地保护和开发越来越受到人们的关注。然而，对于书法景观遗产的概念体系构建、赋存分布规律的探究以及如何在文化与旅游融合的大时代背景下更好地活化利用书法景观遗产却有待进一步深入研究。本研究系统梳理书法景观遗产的概念、类型，并对其赋存特征进行分析。同时，通过案例阐述了书法景观遗产与旅游融合的必要性和价值。最后，依据不同书法景观遗产的类型来简要陈述其活化利用的一些方式和途径。

1　书法景观遗产概念类型

1.1　不同观点和视角下的书法景观遗产概念

（1）景观视角

借鉴文化景观的相关定义，书法景观也被认为是书法家将自己的有意识活动通过改造自然环境表现出来而形成的一种既包括物质文化特征又包括非物质文化特征的文化形态地理复合体[8]。书法景观不仅反映了人类活动的物质文化特征，也反映了其非物质文化特征。书法景观作为一个整体存在和发展，它是一个区域内众多影响因素之间相互关系和相互作用的结果，如当地的政治、经济、文化、宗教、自然等因素，都能对书法景观产生深刻的影响[9]。该观点在解释书法景观遗产的内涵方面有未考虑之处，忽略了书法景观遗产的社会特征，即书法景观遗产是可以被建构的，不仅仅是地理 / 景观的排列组合。

（2）空间视角

快速城镇化背后正是传统文化景观存在空间被压缩的不争事实。于是，诸多学者开始思考中国文化符号在城镇景观和空间中的作用，并结合批判主义视角的空间生产及后现代主义的空间符号化等研究范式，对具有中国传统空间特色的书法空间和景观进行了研究[10, 11]。此处所谓的书法空间和景观，主要指以一定规模的书法作品或类书法作品等文字景观为载体，塑造的具有一定外在视觉特征和地方感的特定空间。同时，将书法景观遗产视为象征性的文化符号，通过个体的特殊情感认同以及区域文脉等构建起来的在一定程度上反映个体历史文化偏好和精神诉求的物质空间、地理空间抑或精神文化空间[11]。

在中国传统的象征空间中，书法的象征作用通过社会建构起一种带有文化内涵和历史文脉的民族情愫空间[12]。在这个过程中，建立客观原真性和主观原真性均受到重视的双重标准，方能避免快速发展的现代科技文化对中国传统文化空间载体的空间挤压，摒弃单纯的缺乏创造性的复古情怀或重现被扭曲了的传统文化的景观。这种文化空间传统意义的象征性的表达正如哈维的后现代主义空间观所认为的那样，空间是意义的体现，应关注空间的意义、意味，强调对空间的个性化阐释和深层阐释[12]。同时，这种个性化的和深层的阐释需要有具体的景观为载体，在不同尺度的空间上需要以不同的形式呈现[13, 14]。从城市休闲场所到景区旅游空间，从市井小店的“幌子”到国际商业实体的招牌，都可以发现书法的踪迹。其他如南京、桂林、临沂、桂林、厦门等城市书法空间的“制造”，西安碑林、焦山碑林和摩崖石刻、泰山摩崖石刻、七星岩和龙门十三品等旅游书法空间的“营造”。这些存在于不同区位和社区的书法文化空间，恰恰体现了后现代主义空间研究对差异化和多样化意义的阐释。

（3）人地关系视角

书法景观其本质是一种传统特色文化景观[15]，因此，其具有文化的非物质性与景观的物质性，是拥有双重价值内涵的地理学传统人地关系的物质表现形式。书法景观作为文化景观的代表代表了个体通过对书法文化的了解、感知、审美等活动与景观产生的作用关系。以笔者为代表的地理学者，通过长期的书法景观相关研究实践，认为书法景观是一种视觉特征和环境行为的审美集合体，是人地关系的具体实践和体现。书法景观（Calligraphic Landscape）是指“由成批书法作品在特定地理空间范围内集体展现而形成的具有特殊外部视觉特征和特殊地方感的场所环境”[6]。书法景观作为文化的标志，是地方景观感知的重要元素，是一种多重信息景观元素，对人类景观场所感知、行为模式等具有一定的影响，可以作为地物元素中的标志景观，作为组成空间的重要元素，作为空间象征的重要标志，作为空间检索工具，作为地方文化及地方感的标志和象征[16]。在当今文化互动融合的时代，书法元素与城市景观设计理念的结合，通过对书法艺术的“再生”，为创造出富有中国文化意蕴的城市景观增添无尽的魅力。

书法景观的产生同样也具有其特殊的地理环境特征和人文因素，其展现的独特地方感[6]是对书法或者其所在地方背后隐形文化价值的一种认同过程，同时也是书法景观对“人—环境”关系作用的一种反映。在这个过程中，人类学的因素起到了关键的作用，如个体特征的差异性以及对文化景观的喜恶、美丑判断，也就是说个体对书法文化的认同或是审美评价都将在这个过程中起到举足轻重的作用。

（4）符号互动视角

近些年，随着书法景观遗产研究方向微观转变，相关学者将书法景观作为具有中国特色的特殊文化符号，借助社会学和心理学的研究方法广泛研究其与个体的相互作用结果。在中国传统书法文化熏陶下，人们在书法景观空间中能产生一种特殊的体验和行为反应模式，这就是书法景观的符号效应，这种效应是书法景观与旅游者符号互动的产物[17]。特定场所的书法景观遗产可以从自然环境、人文环境和书法外部特征等要素进行理解。游览过程中，游客习惯根据已有经验、书法熟悉程度等个体属性对书法景观遗产的内容和表现形式等做出一定的鉴赏和评价行为。同时，书法景观遗产隐喻的文化信息能够使形成一定的文化内涵和氛围。这种文化内涵和氛围通过人与书法景观遗产的符号互动而使游客产生不同程度的认知。此外，书法景观遗产的独特美学特征能够提示、引导游客进行审美行为，尤其是书法景观遗产与其所在的环境、其他景观等形成一定协调作用的时候，此时的书法景观遗产是作为一种环境友好型的景观存在。基于上述考虑，有学者构建了书法景观遗产符号效应概念模型，其符号效应包括书法鉴赏、文化象征和审美引导等内容[17]。因此，书法景观遗产的符号学解释可以认为是在一定的地理空间 / 环境内集中展示的具有书法符号特征并能够呈现一系列符号效应的物质和非物质的存在。这种符号效应能够进一步形成个体对书法景观特殊的地方感。

表 1　不同视角下的书法景观遗产概念（根据相关文献整理）

尺度	概念视角	概念内容	理论范式
宏观	文化景观	书法家将自己的有意识活动通过改造自然环境表现出来而形成的一种既包括物质文化特征又包括非物质文化特征的文化形态地理复合体	经验主义、实证主义等
宏观、微观	人地关系	由成批书法作品在特定地理空间范围内集体展现而形成的具有特殊外部视觉特征和特殊地方感的场所环境	人本主义、实证主义
宏观、中观	空间生产	通过个体的特殊情感认同以及区域文脉等构建起来的在一定程度上反映个体历史文化偏好和精神诉求的物质空间、地理空间抑或精神文化空间	马克思主义、后现代主义等
微观	符号互动	在一定的地理空间 / 环境内集中展示的具有书法符号特征并能够呈现一系列符号效应的物质和非物质的存在	后现代主义等

1.2　书法景观遗产的类型

根据上述书法景观遗产的概念解析可知，书法景观遗产是物质载体与非物质内涵的集合。在最初的研究中，笔者曾通过二分法将书法文化遗产划分为物质遗产类和非物质遗产类（表 2）。物质载体的材质、形制、可移动性、组合方式、所占地理空间大小等都是决定书法景观遗产视觉特征划分的重要内容。非物质内涵主要涉及以文化属性的分类方式，例如民俗类、神圣类等。

表 2　遗产视角的书法景观类型划分

遗产类型	遗产亚类	书法文化案例
物质类	硬质景观遗产	摩崖石刻、碑林、园林碑帖楹联匾额、牌坊书法
	可移动性物质遗产	珍贵的各种历代传世书法作品
非物质类	民俗类	书法传说、书法民间文学、书法信仰、书法工艺
	非民俗类	历史记载书法史、事迹、书法文学、书法理论

首先，根据载体形制的差异，书法景观遗产具体包括摩崖石刻、楹联、碑林、牌坊、招牌等多种形式。也有学者将常见的室内书法装饰物和书法相关物质实体纳入书法景观之列，如中堂、条幅、屏条、对联、横幅、斗方、手卷、册页、扇面等[3]。此外，书法景观遗产空间形式上分为平面和立体，表现方式又可涵盖具象、意象和抽象。笔者从地理思维出发，根据具体的视觉特征认为书法景观遗产在尺度上、所处环境、主导程度上进行划分（表 3）。

其次，文化属性是书法景观遗产的重要属性。书法景观遗产所体现的中国书法文化的艺术价值，在一定程度上决定了书法艺术的生命力。诸多的书法文化功能实际上正是书法景观对于书法文化价值的展现和实现[10]。实际上，全球化背景下导致景观符号贫困也可以理解为景观的文化功能缺失所致。书法景观遗产的类型多样性、历史文化和艺术价值恰恰是解决城镇景观符号贫困的重要途径之一。根据书法景观的文化属性可以将其划分为多种类型，每种类型又具有不同的特征[6, 10]（表 3）。

表 3 书法景观遗产的分类原则及类型划分

分类原则	书法景观类型	案例和特征
尺度	书法景观（狭义）	尺度大于建筑单体，由建筑群体组合、街区乃至整个区域组成
	书法场景（微观）	通常是建筑单体尺度以内的小环境，如室内书法形成的环境
	书法景观（广义）	各类石刻、碑文及碑帖拓片等，与已有研究中的书法景观等共同构成了广义上的书法文化景观，如青铜器铭文
所处的环境	风景类	作为风景的标志，如自然风景点的摩崖石刻、园林匾额等
	装潢类	作为室内及室外装潢元素，如室内书法对联、室外牌匾等
	展览类	作为群体短时段展示的环境，如展览馆内的书法展览
	电子类	以电子产品为载体类书法，例如博物馆体验式书法投屏、影视剧中的书法标题、字幕等
书法在环境中的主导程度	全景型	书法处景观中绝对决定地位，为景观组成主体；如碑林、碑廊
	主题型	书法处于景观系列或组合的主导核心地位，对景观组织起领导作用，如纪念广场环境中的书法纪念碑
	点缀型	作为景观系列中辅助地位，如园林匾额、现代环境书法碑刻
	功能型	具有解说和指示作用的书法景观，如指示牌
	消费型	各类商品包装、书籍类等所用的书法艺术表达形式
文化属性	神圣类	作为神圣空间的标志，如胜地碑刻、纪念碑等
	民俗类	作为民俗世俗空间的标志，春联、民间对联
	经济类	作为商业空间的标志，如商业招牌及作为商品的书法作品
	生活类	作为生活空间的美化工具，如家庭装潢
	文化类	作为文化空间的标志：文化学习内容
	审美类	作为环境审美的引导及标志，如风景点点景书法碑刻
书法作品的赋存形式	硬质景观	书法作品以固形硬质状态存在于景观中：如石刻、碑刻等
	游移景观	书法作品以可移动的软质卷轴、镜框、幡的形式存在于景观中

资料来源：《基于人地关系的书法地理学研究》[6]。

最后，根据符号学的有关概念，书法景观遗产又可以划分为能指和所指两种大类。其中前者涉及解说类（展示说明类书法载体、设施及建筑名称、商业招牌等）、行为类等（如限制、指引等书法载体），后者则涉及烘托类（如室内装饰、民俗展示类）、象形类（如依据书法形态设计的景观小品）、审美类（如摩崖石刻、楹联、碑林）。该分类虽然在具体小类别上与表1中涉及类型有部分重合，但是主要是从符号功能视角出发，尽量涵盖了几乎所有的视觉特征分类和文化功能分类的所有类型，是对书法景观遗产符号分类的初步尝试。在中国传统的象征空间中，书法往往起到重要的象征作用，换句话说，通过书法的象征作用，可以构建一种新的富于文化内涵和历史文脉的空间[10, 11]，这种现象在历史上可以说不胜枚举。例如，牌坊作为中国传统象征空间界定的地标建筑，其基本作用就是展示牌坊上面的书写内容或者是一个宗教场所地名、一个家族祠堂标志、一个特色街区的标志等。在很多中国风景名胜区中，有许多名人题词摩崖，说明书法可以通过对审美体验的提炼和提示，构成一定的风景审美空间[10, 18]。这种审美空间被个体感知的过程就是人与景观符号互动的过程，并且能够形成一定的符号效应（图1）。

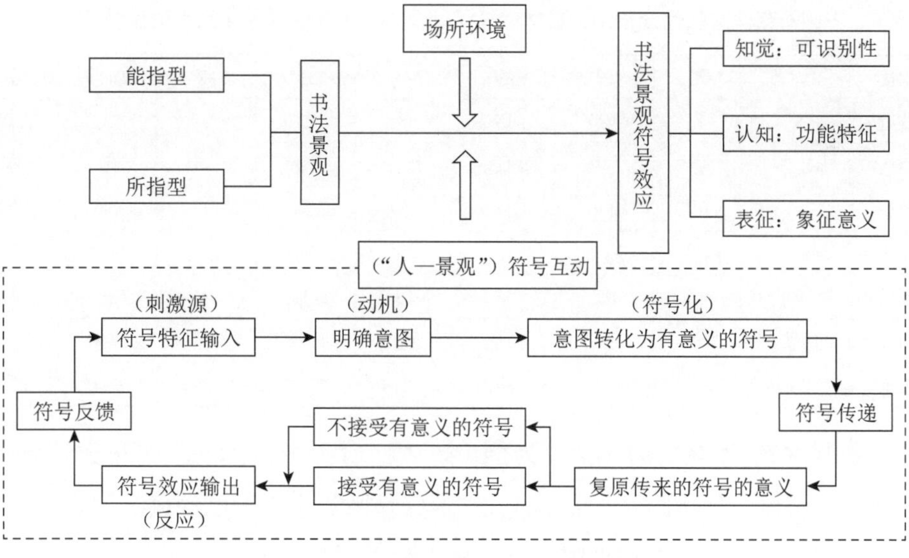

图1　个体与书法景观的符号互动过程

资料来源：根据相关文献[19, 20]自绘。

2　书法景观遗产的赋存分布

2.1　历史文献中的书法景观遗产赋存特征

历史文献以清代孙星衍、邢澍整理编写的《寰宇访碑录》及赵之谦《补寰宇访碑录》为依据建立数据库。共整理全国石刻碑铭9000余条，时间跨度之大，收录条款之多，是研究中国书法景观文化遗产的重要史料。两书所记载碑刻成批地分布在中国这样一个特定的地理空间之中，能给人视觉审美和精神享受，更具有展现地方文化、记载历史事件等功能，且许多名碑为后世书法家所推崇和临摹，是研究书法景观遗产较为全面的历史文献。

根据所建数据库中书法景观遗产的数量分析其时间特征（表4），结果显示：①时间上呈现明显的“极化”特征，注明朝代的条录（共8849条）有95.40%且仅集中在10个朝代（共36个朝代）；②六个峰值出现在汉朝（190处）、南北朝（712处）、唐朝（1935处）、北宋（2218处）、南宋（993处）和元朝（2223处）。究其原因，经济发展水平、宗教兴盛等因素影响较大。另外，朝代自身属性（战乱、动荡等）和更替速度对于书法景观乃至是整个文化遗产保留具有决定性作用[3]。

表4　中国石刻碑文朝代分布（引自文献《元朝及以前书法景观文化遗产时空特征》[3]）

朝代	周	秦	汉	魏	吴	晋	燕	前秦	后魏
数量	5	4	190	19	7	23	1	3	201
朝代	南齐	梁	东魏	西魏	北齐	北周	南陈	隋	唐
数量	1	10	246	11	167	72	1	190	1935
朝代	南诏	南吴	后梁	辽	吴越	闽	南汉	后唐	后蜀
数量	9	3	23	47	13	1	4	38	12
朝代	后晋	南唐	后汉	后周	北汉	北宋	金	南宋	元
数量	66	7	9	34	1	2218	479	993	2223

根据排名前50名的府（县）为例（图2），条录隶属府（县）可大致分为三种类型：首都型（如洛阳、长安）或全国/区域政治中心（如历城）、祭祀地（如曲阜、泰安及华阴等）和后期经济发达区（钱塘、吴县及宁绍平原）。除此之外，统计结果还能反映一些新的书法景观集聚区，如曲阳、济源、孟县、偃师、临桂、等。其中，曲阳在清顺治之前一直为历代帝王遥祭北岳恒山之地，后改在山西浑源；济源、孟县、偃师①等均属中原文化核心区域②，地理上属洛阳外围地区，文化上隶属“河洛文化”[3]；临桂则为唐宋重要麻纺织区、云贵交通枢纽。

① 偃师先后有夏、商、东周、东汉、曹魏、西晋及北魏在此建都。
② 中原文化以河南省为核心，以广大的黄河中下游地区为腹地，长期占据古代中国的政治经济文化中心。

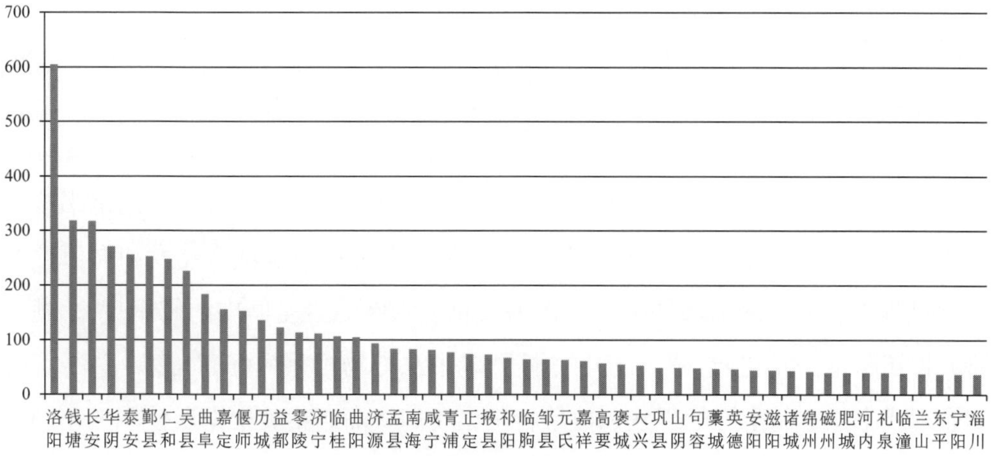

图 2　中国石刻碑文空间特征（前 50）

资料来源:《元朝及以前书法景观文化遗产时空特征》[3]。

2.2　现代城市书法景观遗产赋存特征

现代城市书法景观遗产赋存大致可以从中观层次和微观层次来理解。中观层次上，城市各区域之间书法景观遗产在类型、总体特征上表现出一定的分异规律[5]。例如，以南京狮子桥现代风貌旅游区和夫子庙历史文化街区对比不难发现，前者虽然大型传统餐馆为书法景观标志，但是其他多为仿书法、非书法，并且存在较多的英文招牌景观，具有现代城市空间氛围；后者则存在较多有名家书法牌匾，仿书法类招牌较多，非书法类招牌和英文招牌景观很少，传统文化氛围浓厚（表 5）。

表 5　中观层次书法景观分异特点①

城市	街区类型	景观风貌、旅游和商业功能	书法景观特征	整体风貌氛围
北京	琉璃厂传统风貌旅游街区	著名传统风貌旅游街区，以经营古玩字画为主，有荣宝斋、中国书店等老字号	传统书法景观独特明显，有精品名家书法牌匾，英文多	传统氛围
	王府井商业街区	著名百货和旅游购物街区，现代风貌，经营百货、特色餐饮、纪念品、书店、电子产品等	书法景观、仿书法景观、非书法景观混杂，少数英文	现代氛围
南京	狮子桥现代风貌旅游区	现代风貌为主的仿古都市休闲旅游区，夜市为特色，餐饮为特色经营	大型传统餐馆为书法景观标志，仿书法非书法英文混杂	现代氛围
	夫子庙历史文化街区	著名观光旅游仿古街区，含南京多个景点。旅游餐饮、纪念品、古玩、百货。范围较大	书法景观较多，有名家书法牌匾，仿书法、非书法类招牌，英文少	传统氛围

① 引自:《中国城镇书法景观空间分异及其地方意义——以城镇商业街区为例》。

续表

城市	街区类型	景观风貌、旅游和商业功能	书法景观特征	整体风貌氛围
香港	时代广场现代风貌商业街区	现代风貌旅游购物街区，时装电子、百货、珠宝黄金、药材、餐饮等	有特色书法景观，数量不多，英文招牌极多	国际都市氛围

微观层次主要是指同一街道、景区及休闲空间等较小的地理单元内部书法景观遗产的主导类型的微观层面差异[10]。例如，在现代南京城市建设和城市商业建设过程中，人们逐渐增加了书法作为文化元素在景观空间中的使用[20]，湖南路、长江路书法文化街、夫子庙、金陵四老书法博物馆是最好的案例。为了了解南京现代书法空间生产的现状和数量特征，我们将商店招牌根据所使用的不同书体划分为书法、仿书法（如电脑书法字体）、非书法（美术字）、西文外文（英文、日韩文等）四种类型，统计出用以表述书法景观的主导程度。南京湖南路的统计结果表明，即便是非常现代的城市旅游餐饮休闲空间，书法仍然起到了重要的作用（图 3），但书法景观主要与有传统文化特色的商店发生联系，如传统中餐等。

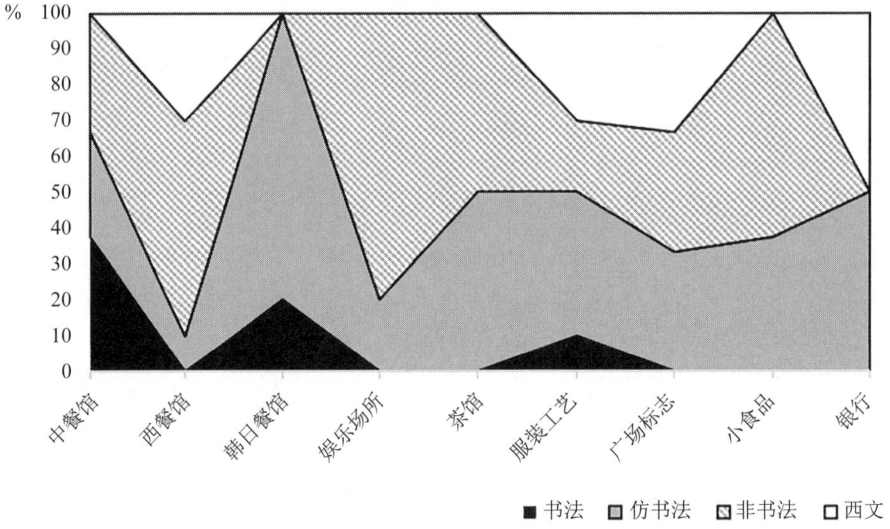

图 3　南京湖南路书法景观主导程度统计（2004 年调查所得）

3　书法景观遗产的保护发掘与旅游融合

3.1　书法景观遗产保护的必要性

全球化背景下，传统文化空间被不断侵蚀，西方主流文化对传统文化景观的冲击导致了城市景观“符号贫困”以及区域特色文化地方性的缺失等现象。文化景观尤其是特色文化景观具有营造特殊空间的功能，具有解决上述问题的潜力。特色文化景观在快速城市化道路上面临前所未有的破坏，而非物质文化遗产也面临着传承与活化的双重紧迫任务。关于文化遗产或是文化景观，开发与保护是永恒的学术和实践主题。2009 年，书法被联合国教科文组织纳入《世界非物质文化遗产名录》，作为中国传统文化的代表和象征符号，其传承和保护成为关系千秋万代的一项文化工程。书法景观作为以书法文化为主题的文化遗产对传承和保护书法文化具有重要作用，例如，古代石刻碑文能够让世人更好地欣赏和临摹古代名家名书。

书法景观的特殊性和典型性以及其人本主义解读都对特色景观的设计及场所精神的表达具有实践意义。景观设计主要是针对其功能而言，成功的案例应该是集观赏、休憩和交流需求与一身，其包含的要素主要分为自然和人工景观两种，一定程度上也能反映某一地域性特征。一方面，书法元素与景观、园林设计相结合表现了优秀的传统文化在该领域的重要作用，另一方面，景观设计也为民俗文化、民族精神等传统文化的展示和再现提供了良好平台。随着社会的进步和科技的日新月异，书法元素与景观设计相结合的形式越来越多元化[21, 23]。例如，书法景观的存在形式有平面的、立体的甚至是抽象的。由于书法艺术本身的文化属性，书法元素的加入就赋予了景观作品更深层次的内涵和意境，使景观设计具有浓郁的传统中国文化特色。以作为世界三大园林体系之一的中国古代园林为例，其可以说是中国传统文化景观的集中展示，具有相当丰富的文化内涵。中国古代园林的设计除了将中国传统的文化思想纳入自己的设计理念以外，那些书法相关的园林要素也占据了相当重要的一席之地。例如，苏州园林中诸多书法元素等在渲染气氛、凸显景观之美方面也功不可没，其主要表现形式有题咏、题景、匾额、楹联、斗方、条屏、碑刻等，这些景观往往集诗词、书法、篆刻等诸多形式的艺术于一身，是园林景观设计的重要内容。

3.2 书法景观遗产旅游开发的价值

近年在城市景观建设中书法元素逐渐增多。广州、南京、成都、西安、厦门、常德、徐州、北京、无锡等地出现了以书法景观为特征的街区、广场、现代商贸或旅游景观一些旅游目的地，并出现了以书法文化为基本景观和产品的

“中国书法公园”。书法已经被作为景观元素运用于旅游景区或城市街区的文脉展示并有相应研究。

众所周知，在书法的景观化过程中，汉字符号、书法艺术的存在形式和书法环境氛围的影响范围，均发生了相应的变化。这种变化的属性可以为城市旅游景观建设服务[16]。从书法的景观属性及其开发价值来看，中国书法文化具有多种景观文化的历史内涵[24]。后现代性研究对于地理空间和城市景观及其美学问题十分关注，人们注意到了现代城市的所谓“符号贫困”，而事实上这种贫困实际上也是一种源于对文脉敌视或无知的必然结果，书法景观恰恰是预防和挽救这种“贫困”的良药。从人地关系角度出发，书法可以形成特殊景观并对人们的行为产生影响[6]。而作为日常社会生活组成部分的书法，在 21 世纪闲暇社会中也具有特定的作用，事实上，日益蓬勃发展的书法休闲、书法养生、书法理疗、书法治疗等新生事物就是最好的说明[7]。从上述可知，中国书法文化产品，已经突破了传统的狭隘书法艺术品概念，应该是建立在书法文化链和书法产业链基础之上的具有辐射功能和互动属性的广义书法产品概念。书法景观遗产在旅游开发中的应用，尤其是书法景观遗产与旅游融合，可以视为大书法产业链中重要的环节之一[7]。

概括来讲，书法景观遗产与旅游的融合主要可以从旅游规划和城市旅游休闲空间营造过程中对书法景观遗产的应用等方面进行解读。

（1）书法景观与旅游发展规划

笔者曾经将吴江诗词用书法景观意象进行了意象导向型的吴江旅游规划。同时，将书法景观遗产与地方文脉挖掘、古代景观复原与设计密切联系起来，是对书法景观遗产与旅游规划设计的初步研究和尝试[25, 26]。在吴江旅游规划中，笔者认为景观建设过程中必须把握景观地方特征或文脉，可以策划系列展示吟咏地方风景名胜古诗词内容的旅游景点或展示空间，如古诗词碑廊碑林等。基于此，通过实地调查在旅游规划中建议对该旅游景点的景区环境进行整改，并将历代古诗词镌刻碑林碑廊，形成新的城市文化休闲空间和旅游景点。同时着手并实践了对颜真卿古诗①采用计算机技术复原颜书古诗碑刻（图 4），并使

① 《登平望桥下作》是颜真卿任湖州刺史时游吴江平望镇所作。

之成为吴江古诗词旅游的形象标志工程。吴江旅游规划中对书法景观的规划和设计建议使得部分景区的整体文化氛围不明显，空间及景观均有较大限制等实际情况得到很大改观。

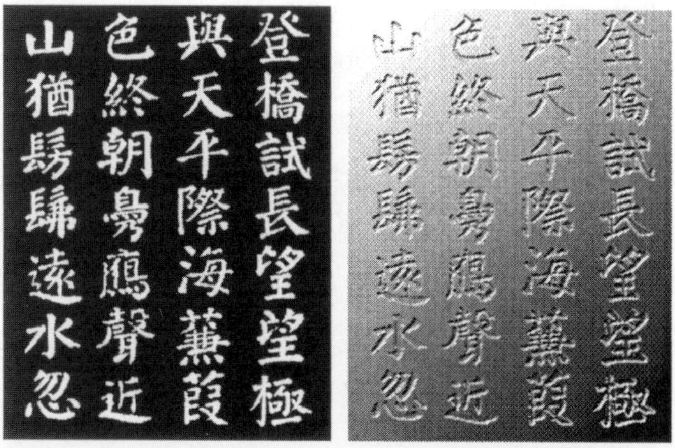

图 4　颜真卿《登平望桥下作》诗碑及拓片的模拟重建（部分）

（2）书法景观与旅游 / 休闲空间设计

书法（景观）作为文化的标志，是一种多重信息景观元素，是作为地方文化及地方感的标志和象征。书法景观在诸多城市建设、休闲场所或旅游场所方兴未艾。例如，张捷等通过书法景观在南京旅游资源概念规划中的应用，分析了构成书法景观的基本要素及其在城市景观规划中的重要性[16]。与此同时，书法元素或景观小品在现代城市新兴城市休闲广场中往往扮演者重要角色，如厦门书法广场以及临沂书法广场。而关于城市休闲场所中以书法元素为主题的景观设计和建设的相关研究也有出现，如张捷等运用景观知觉理论调查了大学生群体对城市中书法景观的知觉维度，他们发现个体的书法景观知觉维度可以从书法特征、物质载体、表现形式、知觉发生的时间、所在场所环境及个体的价值判断及心理反应等六个方面理解，并根据被试者的视觉频次客观地将城市书法景观分为“景点、与人们生活息息相关的场所、新闻媒体和广场”三种类型。随后，其还通过跨文化区域对比进行了北京琉璃厂、南京夫子庙与日本银座三种不同场所类型的城市书法景观认同研究[26]。此外，一些其他领域的学者也对城市书法景观产生了一定的兴趣，如于晓等以临沂市书法广场为例探讨了书法与园林艺术的关系并对书法在临沂市书法广场的应用形式进行了详细的分析，而李雪耀则以厦门书法广场为例，分析了书法艺术在景观设计中的应用[27, 28]。

旅游休闲空间设计案例上，南京大学曾受委托编制《南京书法景观及书法旅游产品概念规划》，是对书法景观与城市休闲 / 旅游空间设计的重要实践[16]。从南京市实际出发，规划建议南京市内选取局部地段建设书法景观加以展现，建设内容包括书法景观小品、书法景观系列、书法景观街、文化旅游街、市内市民广场等。此外，南京市长江路地理位置的特殊性，是连接总统府与新街口中心商贸区的重要道路，也是民国文化特色街区，并分布有南京文化艺术中心、江苏省美术馆、南京图书馆及江苏省现代美术馆等文化设施，但缺乏空间联系文化媒介和符号，因此规划建议配置书法景观以提升各景点的联动性，同时营造适应于文化设施的文化街氛围，形成独特的书法景观街。具体方式是沿街墙面、地面及书法雕塑结合的方式。建设部门采纳建成后，受到了公众和媒体及地方政府的褒奖和表彰。

4　书法景观遗产的活化利用

遗产活化形式丰富多样，旅游是其中最重要的利用形式之一[29]。书法遗产及书法景观遗产的活化利用是文化与旅游融合大背景的具体体现，其不同的类型决定了活化利用的方式、措施等不尽相同（表 6）。提升大众对书法文化遗产和书法景观遗产的文化认知和审美鉴赏能力是当前全球化、技术化时代的当务之急。同时，深入梳理、理性建构和依赖创新书法文化链的大书法文化发展战略，是书法文化遗产活化利用的有效途径，也是书法文化产业发展的重要战略。随着大数据时代以及信息技术的不断发展，新手段、新技术的运用也应受到关注。同时，如何提高书法景观遗产的公众感知及其美育功能同样应该受到关注[30, 31]。

表 6　书法景观遗产分类活化利用方式简述

书法景观遗产类型	不可移动	可移动遗产	非物质遗产
总体策略	四大措施： 普查建档登记 自然风化机制研究 防人为破坏 保护措施和科学解说	四大方式： 保护馆藏环境保障政策支持 提高传播研制复制水平 提升公众认知	五大工程： 普查 抢救和传承 宣传 创新 可持续
重点策略和工程	防自然风化机制	陈列更新模式	文化生态区建设

（1）基于文化产业的书法景观发展战略

书法及书法景观作为文化符号和文化遗产类型，其活化利用过程是文化创意产业的特殊类型。从国家统计局国民经济统计口径下的产业分类出发进行书法文化产业分类[32]梳理（表7），有利于系统规范书法景观遗产的产业定位确认和理性发展。

表7 书法文化产业一般性类别与行业（按国家统计局分类）案例

	一般类别名称	一般文化产业的具体类别名称与行业	书法文化产业案例
第一部分 文化产品的生产	一、新闻出版发行服务	（一）新闻服务（二）出版服务（三）发行服务	书法新闻、书法作品著作出版发行
	二、广播电视电影服务	（一）广播电视服务（二）电影和影视录音服务	书法作品、书法教育等广电视频
	三、文化艺术服务	（一）文艺创作与表演服务（二）图书馆与档案馆服务（三）文化遗产保护服务（四）群众文化服务（五）文化研究和社团服务（六）文化艺术培训服务（七）其他文化艺术服务	书法创作、档案、保护、群众服务、研究培训等
	四、文化信息传输服务	（一）互联网信息服务（二）增值电信服务（文化部分）（三）广播电视传输服务	书法文化专用空间及服务
	五、文化创意和设计服务	（一）广告服务（二）文化软件服务（三）建筑设计服务（四）专业设计服务	书法字体设计、书法景观场景设计、书法创意产业
	六、文化休闲娱乐服务	（一）景区游览服务（二）娱乐休闲服务（三）摄影扩印服务	书法旅游书法休闲
	七、工艺美术品的生产	（一）工艺美术品的制造（二）园林、陈设艺术及其他陶瓷制品的制造（三）工艺美术品的销售	书法相关工艺品、旅游景区销售等
第二部分 文化相关产品生产	八、文化产品生产的辅助生产	（一）版权服务（二）印刷复制服务（三）文化经纪代理服务（四）文化贸易代理与拍卖服务（五）文化出租服务（六）会展服务（七）其他文化辅助生产	书法版权服务、书家经纪代理、书法会展、拍卖代理等
	九、文化用品的生产	（一）办公用品的制造（二）乐器的制造（三）玩具的制造（四）游艺器材及娱乐用品的制造（五）视听设备的制造（六）焰火、鞭炮产品的制造（七）文化用纸的制造（八）文化用油墨颜料的制造（九）文化用化学品的制造（十）其他文化用品的制造（十一）文具乐器照相器材的销售（十二）文化用家电的销售（十三）其他文化用品的销售	书法文化用品文房四宝印泥等生产、对联春联、书法相关创意渗透其他文化用品
	十、文化专用设备的生产	（一）印刷专用设备制造（二）广播电视电影专用设备的制造（三）其他文化专用设备的制造（四）广播电视电影专用设备的批发（五）舞台照明设备的批发	书法装裱设备、书法灯具、书法制版印刷专用设备

资料来源：引自文献32[32]。

（2）基于空间生产理论的书法景观遗产活化途径

空间、地方是历史文化遗产的重要载体，从空间延伸、空间有机更新角度出发，在保护书法景观遗产及其环境的基础上，充分利用外围空间，进行功能和形式更新，满足新时期公众对文化空间新需求的同时，为书法文化空间注入新活力。积极探索书法景观遗产所在历史文化街区、一般街区及旅游景区等空间合理的商业化改造，注重工业文化空间向商业空间化转变，废弃历史遗存空间向艺术空间、消费空间的更新等过程中书法元素的呈现类型、方式。

（3）基于公众感知与体验角度的书法景观遗产活化途径

个体是书法景观遗产重要的受益群体和的消费群体。从公众感知角度，调查其对书法景观遗产的集体记忆、文化感知与偏好，寻找可能存在的遗产本真性与群体感知异同。从公众体验的角度，采用现代“高科技”“多媒体”“新技术”“新材料”方式，构建感知主体多维度即视觉、听觉、触觉、味觉等全方位、立体、动态的书法景观遗产及其文化生态环境。

（4）基于产品化、品牌化理念书法景观遗产活化途径

文化遗产产品化、形象化、市场化、品牌化是面向受益和消费群体，再生产、再包装，使其能广泛接受的重要途径。深入挖掘书法景观遗产活化途径的区域特色、基因、普世价值，抽象、物化能代表地方的书法景观遗产符号元素和形象等，将其融入现代社会产品生产、销售、消费中，在城市风貌、空间景观、日常生活中在彰显与传递。如建设书法景观遗产城市景观小品，反映地方特色的相关产品、旅游纪念品及与其相关的影视作品、舞台表演等。

（5）基于大数据、5G 背景下馆藏书法景观遗产活化途径

针对普遍存在馆藏文物展示规模、形式、内容的局限性，宜加大馆藏书法景观遗产信息化、新型展示方式及传播方式的探索。运用多媒体技术（如 VR 技术）提高陈列展览质量和水平，探索书法景观遗产传统展示空间向虚拟化、网络空间的延伸，构建书法景观遗产“数字化博物馆”“虚拟现实博物馆”；提高馆藏文物的科研与教育功能，强化文物及其传承文化的交流。

参考文献

［1］冯健，胡牧．书法文化的区域初步研究［J］．云南地理环境研究，1999，11（2）：89–95.

［2］冯健，张小林．人文区划方法及世界书法文化区的划分［J］．世界地理研究，1999，8（1）：69–75.

[3] 颜丙金，张捷，李莉，等.元朝及以前书法景观文化遗产时空特征——基于《寰宇访碑录》及其补作数据库[J].地理研究，2017，36（5）：985-1000.
[4] 张捷，卢韶婧，蒋志杰，等.中国书法景观的公众地理知觉特征——书法景观知觉维度调查[J].地理学报，2012，67（2）：230-238.
[5] 张捷,张宏磊,唐文跃.中国城镇书法景观空间分异及其地方意义——以城镇商业街区为例[J].地理学报，2012，67（12）：1675-1685.
[6] 张捷.基于人地关系的书法地理学研究[J].人文地理，2003，18（5）：1-6.
[7] 张捷.书法文化链与“大书法文化”发展战略研究——关于中国书法文化产业发展的战略规划的评述和展望[J].云南师范大学学报（哲学社会科学版），2006，38（3）：81-88.
[8] 吴慧平，司徒尚纪.书法景观的文化地理浅释[J].地理科学，2002，22（6）：757-762.
[9] 吴慧平.魏晋南北朝时期书法家的地理分布与区域划分[J].中国历史地理论丛，2003，18（2）：86-94.
[10] 张捷.书法故事、地方文脉传承与书法的空间生产——南京、北京书法文脉与城市书法景观的案例[J].文化研究（第10辑），2010，10（2）：68-84.
[11] 张捷.“空间”的演化：物质的、地理的、抑或是精神的？——关于空间学术概念的历史演化和现代嬗变机制[J].文化研究（第10辑），2010，10（2）：245-260.
[12] 张捷，颜丙金，张宏磊，等.走向多范式的空间综合人文学[J].文化研究，2016，27（4）：72-85.
[13] Yan B，Zhang J，Zhang H，et al. Investigating the motivation-experience relationship in a dark tourism space：A case study of the Beichuan earthquake relics，China [J]. *Tourism Management*，2016，53（3）：108-121.
[14] 颜丙金，张捷，李莉，等.自然灾害型景观游客体验的感知差异分析[J].资源科学，2016，38（8）：1465-1475.
[15] 张宏磊，张捷.中国传统文化景观体验的限制因素研究——以书法景观为例[J].旅游学刊，2012，27（7）：28-34.
[16] 张捷，张静.书法景观与城市景观——南京书法景观及书法旅游产品概念规划案例[J].城乡建设，2004，（3）：42-43.
[17] 唐文跃.桂林旅游景区书法景观符号效应分析[J].旅游科学，2014，28（1）：76-84.
[18] Zhang J，Tang W，Shi C，et al. Chinese calligraphy and tourism：from cultural heritage to landscape symbol and media of the tourism industry. [J]. *Current Issues in Tourism*，2008，11（6）：529-548.
[19] 孙洪波.旅游：人际符号互动[J].辽东学院学报：社会科学版，2009，7（5）：32-35.
[20] 张机，徐红罡.民族旅游中的主客互动研究：基于符号互动论视角[J].思想战线，2012，38

（3）：116–119.

［21］王平，陈聪．现代设计中传统文化的回归［J］．文艺研究，2005（10）：143–143.

［22］周剑峰，黄丽帆．文化创意产品设计中的传统元素运用［J］．美术观察，2018，（1）：131–132.

［23］尹安石．浅析汉字元素与景观设计［J］．南京艺术学院学报：美术与设计版，2006（4）：189–191.

［24］张捷，王小伦，黄正明．古典书论中自然意象描述的类型及其功能［J］．中国书法，2004，（2）：26–29.

［25］张捷，程章灿，刘泽华．作为地方文脉的古典诗词的旅游规划模式——以江苏省吴江市江南水乡古诗词文化旅游产品规划为例［J］．浙江师范大学学报（社会科学版），2007，32（5）：1–6.

［26］张捷，卢韶婧，杜国庆，等．中、日都市旅游街区书法景观空间分异及其文化认同比较研究［J］．地理科学，2014，34（7）：831–839.

［27］于晓，凌晨．书法在园林景观中的应用——以临沂书法广场为例［J］．山东林业科技，2012，42（6）：99–100.

［28］李雪耀．书法艺术在景观设计中的体现——以厦门书法广场为例［J］．中国园艺文摘，2011，27（12）：107–108.

［29］张朝枝，刘诗夏．城市更新与遗产活化利用：旅游的角色与功能［J］．城市观察，2016（5）：139–146.

［30］张捷．书法景观公众知觉与书法美育及文化传承［J］．美育学刊，2011，2（5）：60–63.

［31］张捷，饶薇，王小伦．主题内容频数相关分析与历代书法理论演替关系研究［J］．情报科学，2006，24（12）：1822–1827.

［32］张捷．基于书法文化链特征的中国书法文化产业链发展模式研究［A］．黄建新，黄齐辉．首届中国书法产业高峰论坛论文集［C］．北京：光明日报出版社，2014：180–193.

基于居民感知的农业文化遗产地传统饮食旅游研究

——以浙江省青田县龙现村为例

苏莹莹[1]，孙业红[1]，闵庆文[2,3]，王 英[1]，焦雯珺[2]

（1. 北京联合大学旅游学院，北京，100101；
2. 中国科学院地理科学与资源研究所，北京 100101；
3. 中国科学院大学，北京，100049）

[**摘 要**] 旅游是农业文化遗产地传统饮食保护的重要途径。本文以浙江青田龙现村为例，归纳总结了饮食旅游发展对于当地经济、社会文化、生态环境3个大类因子的影响表现，运用欣赏式探寻作为访谈工具，获取居民对于当地饮食旅游发展的积极感知内容文本数据。通过ROST Content-Mining分析，发现居民感知下农业文化遗产地饮食旅游发展的积极影响更多地表现在生态环境方面，尤以农田和农作物保护以及生物多样性保护方面最为突出；其次是社会和文化方面的影响，经济方面的积极影响最低。

[**关键词**] 农业文化遗产地；欣赏式探寻；居民感知；饮食旅游

引 言

农业文化遗产（Agricultural heritage systems）的概念源自联合国粮农组织

[**作者简介**] 苏莹莹（1992—），女，河南安阳人，北京联合大学旅游管理专业硕士研究生，研究方向：遗产旅游、饮食旅游。E-mail：lyglsuying@163.com。通讯作者：孙业红（1981—），女，山东潍坊人，北京联合大学教授，研究方向：遗产旅游、旅游开发与规划。E-mail：sunyehong@buu.edu.cn。闵庆文（1963—），江苏沛县人，中国科学院地理科学与资源研究所研究员，研究方向：生态农业与农业文化遗产、生态系统服务与生态补偿、资源生态与区域可持续发展。E-mail：minqw@igsnrr.ac.cn。王英（1994—），女，河北邯郸人，北京联合大学旅游学院硕士研究生，研究方向：农业文化遗产旅游。E-mail：wy1491963162@qq.com。焦雯珺（1983—），女，山东青岛人，中国科学院地理科学与资源研究所副研究员，研究方向：生态补偿，农业文化遗产动态保护。E-mail：jiaowj@igsnrr.ac.cn。

2002 年启动的“全球重要农业文化遗产（Globally Important Agricultural Heritage Systems）”项目。按照粮农组织（Food and Agriculture Organization of the United Nations，简称 FAO）的定义，全球重要农业文化遗产是“农村与其所处环境长期协同进化和动态适应下所形成的独特的土地利用系统和农业景观，这种系统与景观具有丰富的生物多样性，而且可以满足当地社会经济与文化发展的需要，有利于促进区域可持续发展[1]。”2018 年年底，已有 15 个国家的 51 个传统农业项目被列入 GIAHS 名录。其中中国占 15 个，无论是数量还是覆盖类型方面均位居各国之首。此外，中国建立了自己的中国重要农业文化遗产保护体系，至今共选出四批 91 项中国重要农业文化遗产，成为世界上农业文化遗产国家级保护和利用的典范。不难发现，虽然农业文化遗产的系统概念提出相对较晚，但其重要意义和地位已经得到认可。同时，农业文化遗产作为一种旅游资源也已经得到了 FAO 的认可，并将农业文化遗产地旅游视为农业文化遗产保护的重要途径之一。

农业文化遗产地多位于贫困地区，其旅游发展所依赖的主体景观是农业生态系统的本身及其延伸，这种景观需要当地居民的保护和利用。旅游作为一种新产业进入遗产地，打破了原来的单一的传统农业生产模式。让居民适应新兴的产业模式并支持、参与新兴产业的发展，必须保证当地居民不断地从旅游发展中获得经济、环境、生态以及社会效益，满足其生活发展的需求[2]。农业文化遗产地居民能够最直接地接收到旅游发展所带来的积极或消极影响，也是评价农业文化遗产地旅游发展是否是当地遗产保护和地区发展有效途径的重要依据。因此，对农业文化遗产地居民传统饮食旅游发展的感知分析，对于农业文化遗产的保护以及可持续发展有重要意义。

积极正向的感知对于激发居民的保护与发展热情，推动当地可持续旅游发展具有重要的作用。本文以欣赏式探寻为研究方法，通过居民感知的视角对全球重要农业文化遗产——浙江青田稻鱼共生系统目前的旅游发展积极影响进行归纳总结，并力图从对居民的访谈内容中发现这些积极影响的主要表现形式，以期帮助管理者、规划者、开发者等了解目前居民的认知，促进积极影响因素不断发挥作用，弥补发展中存在的不足，为其他农业文化遗产地旅游发展提供借鉴。

1 研究背景

旅游发展作为农业文化遗产动态保护的有效途径受到相关学者的广泛关注。其作为保护途径主要在于旅游发展能够为遗产地带来经济、社会文化以及生态等方面的积极影响，这些积极影响对于农业文化遗产的保护和可持续发展具有重要影响。王敏（2016）指出旅游业的发展深度挖掘农业的文化功能，尤其是使农业中蕴含的农耕文明成为可销售商品，大大拓展了农业发展的新空间。旅游业的发展颠覆了传统农业对于自然要素的依赖性，增加了创新性和文化性，而且开展农业文化遗产旅游可以有效带动相关产业链，改变农村地区单一的产业结构局面[3]。孙业红（2006）通过对全球重要农业文化遗产地“浙江青田稻鱼共生系统”的分析发现遗产地旅游资源开发和地区 GDP 增长、居民生活水平提高、旅游就业以及传统文化等因素密切相关[4]。

农业文化遗产地具有丰富的传统饮食体系。李文华认为农业文化遗产地的农产品人类食物安全和营养健康有很重要的意义，因此，通过发展有机农业和旅游业带动地方经济的增长，可以提升居民生活质量，从而更好地促进农业文化遗产的保护[5]。同时，这些传统的农产品也是地方居民提供的重要旅游资源。农业文化遗产地的居民是社区旅游发展的主体，在众多的利益相关者中，当地居民对旅游发展的影响感知尤为明显。他们对旅游影响的感知水平决定着其对旅游业的态度[6]、支持度[7]和参与度[8]，进一步影响着当地旅游的可持续发展[9]。

因此，本研究通过对农业文化遗产地的实地调研，从经济、社会、文化、生态环境等方面分析遗产地传统饮食适应性发展的社区需求要素。其中经济方面主要包括居民就业、生活以及与饮食旅游相关的农产品价格与产品销售 5 个属性。社会文化方面，涉及社区居民关系、自身素质、思想以及传统饮食旅游发展中与饮食相关的娱乐活动、饮食习俗的保护和传承 9 个属性。生态方面包含当地的社区环境卫生、自然环境以及生物多样性等 6 个属性。这 20 个属性要素基本上包含了居民对于旅游发展所能够带来的价值诉求，是居民需求的重要体现。

表 1　农业文化遗产社区需求要素

名称	主体	属性
社区需求	1. 经济	（1）收入增加
		（2）就业机会增加
		（3）生活水平提高
		（4）农产品价格提升
		（5）农产品销售渠道增加
	2. 社会文化	（1）社区和谐
		（2）居民意识素质提升
		（3）思想更加开放
		（4）知识技能提高
		（5）生产和生活技能提高
		（6）休闲娱乐活动增加
		（7）传统饮食民俗传承和发展
		（8）地方饮食知名度扩大
		（9）居民与外界交流机会增加
	3. 生态环境	（1）环境干净卫生
		（2）基础设施改善
		（3）社区景观改善
		（4）自然环境优美
		（5）生物多样性保护
		（6）农田和农作物保护

2　案例地概况与研究方法

2.1　案例地概况

青田县位于浙江省中南部，瓯江流域中下游，总面积为 2493 平方千米。全县稻田养鱼历史长达 1200 多年。青田稻鱼共生系统在食物与生计安全保障、丰富的生物多样性与文化技术知识体系、完善的生态系统功能以及独特的景观价值等方面发挥重要作用。但是随着城镇化和农业现代化技术的推进，稻鱼共生系统面临着严峻的威胁。为了保护这一全球重要农业文化遗产，2005 年 6 月，浙江青田传统稻鱼共生系统入选联合国粮农组织首批 5 个“全球重要农业文化遗产”试点之一。2013 年被评为“中国重要农业文化遗产”。该地以稻鱼共生梯田为主，居民在长期的生产生活中依托当地的农业物种多样性形成了以“饭稻羹鱼”为主要特色的地方传统饮食，是当地重要的旅游吸引物之一。农业文化遗产地核心村——龙现村，素有“中国田鱼村”的美誉。2005 年全球重要农业文化遗产的成功评选增强了该地田鱼饮食文化的影响力，游客数量不断增加。

2.2 研究方法

欣赏式探寻（Appreciative Inquiry，简称 AI）能够使研究者在融入居民的情况下更好地理解当地居民的认知情况[10]，在调研过程中避免了以往问题导向的视角，采用一种积极的组织和引导形式分析组织中的积极影响因素和已经产生的积极影响，使其在未来的发展中继续发挥积极作用。相关学者研究发现其作为一种研究工具能够发挥受访对象的潜能，受访者在访谈中能更加热切和开放地提供信息，相对于传统的访谈其防御和恐惧的心理相对减少。因此，欣赏式探寻目前被作为一种简单有力的研究工具运用到访谈中[11]。

文章采用“一对一”和小组深度访谈的调查方式。为了使欣赏式探寻更加顺利地进行，调研期间调研人员居住在当地居民家中，并融入当地居民的生产生活中。调研过程采用欣赏式探询（AI）的 4D 循环。4D 包括发现（Discovery）、梦想（Dream）、设计（Design）和实现（Destiny）。在发现阶段，受访者将有一些时间进行个人的介绍，并分享农业文化遗产地饮食旅游发展所带来的积极的变化。主要引导受访者思考以下几个问题：①最近几年您觉得当地最好的变化是什么？②当地饮食旅游的发展在哪方面带来的积极影响比较高？③您最希望哪方面有较高的提升？④您觉得自己在其中能够扮演好哪些方面的角色？在收集整理相关问题答案的基础上，选择回答相对完善、态度比较明确的人组成小组重新就以上问题进行小组讨论。在此基础上，在梦想阶段鼓励小组人员主动思考本地饮食旅游发展的前景探索实现美好前景的过程。在最后实现的阶段就是遗产地居民有计划、组织地进行策略，以达到最佳状态。

本研究主要采用欣赏式探寻的 4-D 步骤对农业文化遗产地居民关于饮食旅游发展的积极影响进行探索性分析，通过当地居民对其积极的影响感知的表述，进行文本分析，在居民表达其观点和意见的过程中，研究者不进行过多的干预以保证数据的真实性。

2.3 数据资料收集

数据来源于 2018 年 7 月 28 日—8 月 17 日期间在浙江青田龙现村的调研。

调研选取了全村34户居民进行半结构式的访谈，在征求访谈对象的同意情况下，对访谈进行了录音，后期转换为文字进行文本分析，共计访谈录音745分钟，剔除其中少于5分钟的4位居民的访谈数据，共计730分钟，最短的访谈时间为6分钟，最长的在74分钟，平均每户居民访谈时间约为25分钟。在整合访谈内容的基础上抽选访谈效果比较好的5位居民代表进行小组访谈。另一方面，通过收集二手资料（包括村委会提供的资料档案、县农业局、旅游局和文化局以及相关网站上搜集的材料）对访谈内容进行相互印证和补充说明，从而尽可能地保证数据的完整性和真实性。

3 实证分析

3.1 被调查者人口学特征

表2是案例地居民的人口学信息特征。在调查的当地居民中，男女比例比较均衡。年龄分布主要集中在46岁以上，其中大于等于61岁的有20人，占58.82%。目前龙现村常住居民学历水平相对较低，基本都在小学及以下水平，占94.12%。居民年收入平均在5万以上，收入来源以农业生产和侨汇为主，其中侨汇占38.24%，农业生产收入占32.35%。

表2 案例地居民年样本基本信息

属性	样本量	比例（%）	属性	样本量	比例（%）
性别			家庭年收入（万元）		
男	18	52.94	<1	6	17.65
女	16	47.06	1 ≤ I<3	2	5.88
年龄			3 ≤ I<5	2	5.88
16–30	0	0	5 ≤ I<10	11	32.35
31–45	2	5.88	≥ 10	13	38.24
46–60	12	35.29	主要收入来源		
≥ 61	20	58.82	农业生产	11	32.35
学历			旅游经营	2	5.88
小学及以下	32	94.12	外出务工	2	5.88
初中	0	0	工资性收入	2	5.88
高中	1	2.94	侨汇	13	38.24
大专或本科	1	2.94	其他	4	11.76

3.2 样本情感特征分析与选择

对居民饮食旅游发展的需求进行访谈，并对访谈文本的情绪态度进行筛选。将访谈录音转换为文本文档，手动将访谈对象所述内容进行断句划分，筛选掉其中与访谈内容无关的文本，共得到463条有效文本。使用ROST Content-Mining软件对463条访谈结果进行情感特征分析，经过统计显示结果如表3所示，其中积极情绪294条，占63.5%；中性情绪86条，占18.57%；消极情绪83条，占17.93%。其中86条中性情绪陈述为目前当地的现状，笔者在分析过程中将其归类在积极情绪中。关于饮食旅游发展的现状以及未来旅游的发展，首先对294条积极情绪和86条中性情绪进行分析，了解目前地方饮食旅游发展的积极影响。

表3 居民访谈内容情感态度统计表

变量	数量（条）	占比（%）
积极情绪	294	63.5
中性情绪	86	18.57
消极情绪	83	17.93
积极情绪分段统计结果		
一般（0~10）	155	33.48
中度（10~20）	78	16.85
高度（20以上）	61	13.17
消极情绪分段统计结果		
一般（-10~0）	63	13.61
中度（-20~-10）	18	3.89
高度（-20以下）	2	0.43

3.3 居民感知饮食旅游发展内容分析

内容分析单元是编码过程的实际计算对象，其单元可以是词语、句子、段落或是全文[12]。由于访谈对象是农业文化遗产地居民，访谈过程中对部分内容的表达可能局限于“字”的层面或是对于同一对象的表达方式不同，例如“近几年路好了”，对于基础设施道路建设方面简单地用“路”进行表述。将294条积极情绪文本和86条中性情绪文本合并，然后导入到ROST Content-Mining软件中，让软件进行自动分词，提取与研究无关的词语放入到过滤词汇表中，过滤掉无关词汇，进行词频统计分析生成词汇频度表。对照生成的词汇表结合积极情绪和消极情绪的文本内容对高频字和词语进行分析归类。

首先对访谈文本内容的字频进行统计归类。不同的动词可以表述相同的意思，而所描述的对象是相同的名词，同时部分动词是由两个字组合而成，为了避免重复统计，在统计字频只选取其中出现频次在 20 次以上的名词。且比如“市”和“场”两个字同时出现，只选取“市”一个字来进行计数。并按照其性质将其归纳到经济、社会文化、生态环境三个主要需求类目中。

信度是对文献编码一致性、分类准确性和方法稳定性的检验[13]。在对词频和词频进行统计归类中，3 位编码员参与其中，其中两位是进行实地调研的人员，对访谈内容熟知。另外一位则一直关注农业文化遗产研究，对本研究的研究主题、研究方法都有相对充分的了解。通过对三位编码员进行编码分类的结果进行统计，根据交互判别信度计算公式检验编码员间的信度[13]。编码员之间的交互判别信度计算公式如下，R 表示交互判别信度，n 为编码员数量，K 为编码员之间的平均相互同意度。

$$R=\frac{n\times K}{1+(n-1)\times K} \quad (1)$$

2 位编码员之间的相互同意度 K_{12} 的计算公式如下：其中 M_{12} 表示两位编码员编码结果完全相同的分析单元个数，N_1 则表示 1 号编码员的分析单元数，N_2 表示 2 号编码员的分析单元数；

$$K_{12}=\frac{2M_{12}}{N_1+N_2} \quad (2)$$

根据公式（2），3 位编码员之间的平均相互同意度 K_{123} 的计算公式如下：

$$K_{123}=\frac{K_{12}+K_{13}+K_{23}}{3} \quad (3)$$

因此，根据以上公式可以得到编码员之间的交互判别信度。根据 Ormerod（2000）的定义，交互判别信度在 0.8 以上表示信度通过[14]。对字频统计编码的信度结果为 0.8857，信度通过编码分类结果可以使用。表 5 是对各高频字进行统计及要素分类的结果。根据表 4 可以发现，目前农业文化遗产地饮食旅游发展主要影响社区生态环境方面所占比重较大，占 57.02%。而社区生态环境方面则更多地强调当地的自然环境、生物多样性和基础设施建设方面。特征词

“地、水、山”等是自然环境的代表，而其他诸如“稻、鸡、瓜、豆、草”等则充分体现了当地的生物多样性。其次是社会文化，此类词频被提及618次，占28.93%。经济效益是旅游发展的一个重要目的，而该地居民感知旅游发展对其影响较小。

表4　农业文化遗产地旅游发展影响字频统计

需求要素分类	特征字	字频	需求要素分类	特征字	字频
社区生态环境 占比：57.02%	地	195	社会文化 占比：28.93%	客	159
	山	159		菜	148
	水	112		旅	107
	路	70		玩	55
	稻	70		体	36
	鸡	64		食	36
	房	59		肉	28
	药	56		干	25
	景	53		节	24
	米	49		共计	618
	果	39			
	猪	38			
	源	32			
	车	30	社区经济 占比：14.04%	钱	119
	野	29		饭	110
	鸭	28		孩	50
	灯	25		市	21
	糕	24		共计	300
	薯	23			
	瓜	22			
	豆	21			
	草	20			
	共计	1218			

在字频统计基础上，通过ROST Content Mining对访谈文本进行词频统计，分析饮食旅游发展对当地的积极影响。统计过程中选取频率大于等于10的特征词进行分析（见表5）。通过对居民谈话内容的了解，以及词语组合的使用了解，

对部分分词词组进行重新的界定，最后进行高频词的统计。根据表 5 可知，高频特征词以名词、动词和形容词为主，还有一些组合词。其中特征词出现最多的为“游客”“龙源山庄”，以及“农家乐”。从这些使用频率最高的特征词来看，排名前 3 的分别是“游客”“农家乐”“家里”。游客是居民对当地变化的最大感知。当地旅游的发展吸引了大量游客前来旅游，居民与外界交流的机会增加，是旅游对当地社会生活文化的重要影响。龙源山庄是当地开办最早的农家乐，山庄周围环境优美、水资源丰富，加之名气较大，成为游客地方饮食体验的首选。从高频特征词的内容上来看，“旅游发展”“市场”“收入”等此类的词主要映射了旅游发展对当地经济的影响，促进了农产品市场的发展以及居民收入的增加；而“旅游”“文化”“热闹”“名气”等诸如此类的词语更加体现了当地社会文化在传统饮食民俗传承和发展以及地方饮食知名度扩大方面的提升，同时也增加了居民与外界交流的机会；“建设”“投资”“卫生”“白鹭”“环境”等生态环境类词语表明当地的基础设施以及生物多样性保护等方面的改善。

表 5　农业文化遗产地居民传统饮食旅游发展感知高频特征词

特征词	词频	特征词	词频	特征词	词频	特征词	词频
游客	92	蔬菜	23	市场	16	环境	12
龙源山庄	74	种田	23	家人	15	热闹	12
家里	73	投资	22	修建	15	糖糕	12
农家乐	69	文化	22	卫生	15	鱼灯	11
外面	47	吃饭	20	白鹭	15	名气	11
发展	43	老人	19	青田	14	水稻	10
村里	43	国外	18	凉快	14	客人	10
山上	42	老品种	18	新品种	13	特色	10
田鱼	40	管理	18	稻子	13	农民	10
旅游	38	米饭	16	田里	13	种菜	10
好吃	37	年糕	16	风景	13	回家	10
自己吃	29	自己养	16	饮食	13	野猪	10
旅游发展	27	吃吃	16	农村	13	收入	10
过年	26	当地	16	药材	13	空气	10
开发	24	建设	16	传统	12	国家	10
房子	24	农家菜	16	景点	12	野菜	10

为了更加清晰地描述高频词所代表的影响方面，将高频词定位在所在文本语句中，过滤掉没有高频词的无效文本 158 条，剩余有效文本 222 条。进一步对 222 条高频词所在的有效文本内容进行详细分析，确定其词频所在的主类目和次类目，便于更加准确清晰地定位旅游发展的积极影响。根据表 6 可以发现，主类目和次类目的交互判别信度均在 0.9 以上，处于较好的水平，判别结果可以使用。

综合来看，居民感知的遗产地饮食旅游发展的影响主要体现在传统饮食民俗传承和发展、收入增加、农田和农作物保护以及生物多样性保护四个主要方面。其出现的频率分别为 12.16%、11.71%、11.71% 和 10.81%。由此可见，当地传统饮食的发展不仅有利于与饮食相关的农作物以及生物多样性的保护，也有利于传统饮食民俗的传承和发展，旅游发展带动了当地居民收入的增加。其次表现在自然环境优美、生活水平提高、社区景观、基础设施的改善以及地方传统饮食知名度扩大。自然环境优美是当地饮食旅游发展的环境依托，旅游发展作为遗产地动态保护的有效途径逐渐受到当地政府等相关部门的注意。然而，在农产品价格、社区思想更加开放以及社区和谐方面出现的频次较低。龙现村是有名的华侨村，全村有 800 多人侨居在海外 20 多个国家，人均纯收入 11500 元左右。目前村内常住人口大多为老年人，常住居民年龄在60岁以上的占多数。由于身体以及收入等多方面的因素，社区思想提升方面较弱，农业生产是其生活资料的主要来源，村民处于一种自给自足的状态。因此，对于农产品的价格提升感知相对较弱。

在经济主类目中，收入增加所占比重较高，为 11.71%，充分表明饮食旅游发展推动了当地的经济发展。然而与收入提升相关的就业机会以及农产品销售渠道增加方面所占比例相对较弱，分别为 2.7% 和 3.6%。调研发现，龙现村自 2005 年被联合国粮农组织评为全球重要农业文化遗产地后，社会关注度逐渐增加，以田鱼为依托的农家乐逐渐兴起，吸引了大量的游客前来品尝参观。但龙现村地处偏远，基础设施建设等方面尚不完善，当地农家乐多为居民个体创办，饮食材料来源于自家田地，餐饮制作为经营主体参与，其余村民很少参与其中。游客来当地基本以农家乐饮食旅游为主，饮食旅游的发展只是推动少部分个体（主要为农家乐经营者）收入的增加。

在社会文化主类目中，饮食旅游发展影响较大的表现在当地传统饮食民俗传承和发展方面，占 12.16%。当地饮食作为旅游资源吸引游客前来体验。游客对地方传统饮食需求提升了居民对本地传统饮食价值的认知，促进了当地饮食的传承和发展。另外，饮食旅游发展，当地居民的生产生活来源不再单纯地依靠农业生产。部分居民经营农家乐、制作田鱼干售卖，还有一些居民开垦荒地进行采摘园的开发，提升了当地居民生产和生活技能。全球重要农业文化遗产地入选加强了政府相关部门的重视，也引起了国内外学者和专家的注意。为了保护和传承农业文化遗产，相关部门以及专家学者对农业文化遗产进行宣传教育，强化居民对遗产价值的认知。居民关于遗产保护等相关方面的知识也在不断提升。旅游影响在思想意识、休闲娱乐活动方面所占比重相对较小，分别为 1.35% 和 1.8%。遗产地常住居民多为老年人，在旅游发展前，与外界交流的机会相对较少，思想相对保守。地方的节庆娱乐活动也因人口老龄化逐渐失传。最后，社区和谐居民感知度最低，为 1.35%。龙现村以吴姓和杨姓为大宗，成村以来社区一直和谐，旅游发展对其积极影响并不显著。

从生态环境主类目来看，农田和农作物保护以及生物多样性保护方面所占比重较大，均为 10% 以上。当地的农业物种资源是当地饮食材料的主要来源。一方面，旅游发展对当地农产品的需求量增加，部分村民以开垦荒地或租种土地形式进行农业物种的种植。不同游客饮食需求不同，为了适应旅游的发展，农家乐经营者也充分利用当地的农作物资源丰富地方传统饮食种类，从而满足游客的需求。另一方面，地方的农作物也是居民日常饮食的主要来源，文本中与农作物保护和生物多样性保护方面的高频词也主要集中在“蔬菜”“野菜”“新老品种”“好吃”“自己吃”这些词汇上。龙现村群山环抱，溪水穿村，自然环境优美；梯田层次分明，村内房屋错落有致，鱼塘密布。自然环境优美所占比重也较大，在 8.11%，欣赏当地自然风光也是游客前来旅游的重要因素之一。最后，生态环境方面的积极影响还体现在社区景观以及基础设施改善方面。居民认为当地修建道路，包括准备开发建设博物馆、旅游接待中心等这些基础设施给当地带来便利，改善了当地的景观。

表 6　高频词文本分类及交互判别信度

主类目交互判别信度占比（%）	次类目	词频频次	百分比（%）	交互判别信度
经济 0.9596 23.87	收入增加	26	11.71	0.9711
	就业机会增加	6	2.70	0.9789
	生活水平提高	12	5.41	0.9333
	农产品价格提升	1	0.45	1.0000
	农产品销售渠道增加	8	3.60	0.9866
社会文化 0.9765 32.41	社区和谐	3	1.35	0.9661
	居民意识素质提升	5	2.25	0.9600
	思想更加开放	3	1.35	0.9661
	知识技能提高	5	2.25	0.9375
	生产和生活技能提高	9	4.05	0.9866
	休闲娱乐活动增加	4	1.80	0.9130
	传统饮食民俗传承和发展	27	12.16	0.9842
	地方饮食知名度扩大	10	4.50	0.9880
	居民与外界交流机会增加	6	2.70	0.9823
生态环境 0.9652 43.68	环境干净卫生	7	3.15	0.9016
	基础设施改善	11	4.95	0.9599
	社区景观改善	11	4.95	0.9789
	自然环境优美	18	8.11	0.9395
	生物多样性保护	24	10.81	0.9799
	农田和农作物保护	26	11.71	0.9860

4　结论与讨论

众所周知，人以食为本，饮食研究的意义不言而喻。作为传统农业大国，我国的农业文化遗产是中华民族千百年来农业可持续发展的重要象征，长期以来不仅为遗产地居民提供了丰富的饮食资源，具有重要的生产价值，而且具有突出的生态和文化价值，对于现代社会发展、农业可持续演进、乡村振兴、扶贫、传统文化复兴等都有非常重要的意义。近年来，旅游部门、农业部门以及其他部委就休闲农业和乡村旅游等方面的合作越来越多，农业文化遗产也越来越受到国家层面上的关注。如，2016 年 1 月，中共中央、国务院发布《关于落实发展新理念加快农业现代化实现全面小康目标的若干意见》，在第 15 条“大力发展休闲农业和乡村旅游”中明确提出，“加强乡村生态环境和文化遗存保护，……实施休闲农业和乡村旅游提升工程、振兴中国传统手工艺计划。开展农业文化遗产普查与保护。”2018 年，中央一号文件中明确提出要切实保护好优秀农耕文化遗产，推动优秀农耕文化遗产合理适度利用。可见，从国家层面来看，农业文化遗产的保护离不开旅游的发展。当然，农业文化遗产的保护主体还是地方居民，因此本文基于居民的感知结合农业文化遗产地的传统饮食来探讨旅游的积极影响，具有重要的现实意义。

研究发现，居民感知下农业文化遗产地饮食旅游发展的积极影响更多地表现在生态环境方面，社会文化次之，经济影响最小。本研究运用欣赏式探寻的方法，以积极的视角分析饮食旅游发展对于当地经济、社会文化以及生态环境的影响。研究发现，饮食旅游的发展对于推动遗产地生态环境的积极影响尤其是在生物多样性保护以及农田农作物保护方面最为显著。在影响最小的经济方面，饮食旅游的发展对于带动当地的农产品价格相对较弱。总体来看，无论是生态环境、社会文化还是经济方面的影响，居民能够感知当地饮食旅游发展所带来的积极影响对于当地饮食旅游的发展都具有重要的推动作用。遗产地旅游发展作为农业文化遗产动态保护的有效途径是一个长期的、复杂的过程，积极影响在不同时间段表现有所不同，积极的影响感知对于促进饮食旅游的发展和农业文化遗产的保护都具有重要作用。

然而，本文只是一个简单的案例研究。饮食旅游的发展在不同农业文化遗产地的发展阶段不一致，加之不同的案例地在资源上、空间范围上均有差别，因此在其他遗产地的影响仍需进一步讨论。目前关于浙江青田农业文化遗产地饮食旅游的影响主要分析了其积极的层面，而旅游发展必然会带来一部分的消极影响，如何规避消极影响促进农业文化遗产地饮食旅游的可持续发展需要进一步的研究和探讨。

致谢

感谢北京联合大学“农业文化遗产可持续旅游发展院士工作站”对本研究的支持。

参考文献

[1] http：//www. fao.org /sd /giahs /definition.asp.

[2] 闵庆文，孙业红 . 农业文化遗产的概念、特点与保护要求 [J]. 资源科学，2009，31（06）：914–918.

[3] 王敏，张璐 . 农业文化遗产旅游对农村经济的影响 [J]. 兰州文理学院学报（社会科学版），2016，32（4）：64–68.

[4] 孙业红，闵庆文，成升魁，王旭海 . 农业文化遗产旅游资源开发与区域社会经济关系研究——以浙江青田“稻鱼共生”全球重要农业文化遗产为例 [J]. 资源科学，2006（04）：138–144.

[5] 闵庆文，孙业红 . 发展旅游是促进（农业文化）遗产地保护的有效途径——中国科学院地理科学与资源研究所自然与文化遗产保护论坛综述 [J]. 古今农业，2008（03）：82–84.

[6] Lepp A. Residents’ attitudes towards tourism in Bigodi village，Uganda. [J]. *Tourism Management*，2007，28（3）：876–885.

[7] Nunkoo R，Gursoy D. Residents’ support for tourism：an identity perspective. [J]. *Annals of Tourism Research*，2012，39（1）：243–268.

[8] 苏明明，Geoffrey Wall. 遗产旅游与社区参与——以北京慕田峪长城为例 [J]. 旅游学刊，2012，27（07）：19–27.

[9] Nicholas L N，Thapa B，Yong J K. Resident’ perspective of a world heritage site：the Pitons Management Area，St. Lucia [J]. *Annals of Tourism Research*，2009，36（3）：390–412.

[10] Koster R L P，Lemelin R H . Appreciative inquiry and rural tourism：a case study from Canada [J]. *Tourism Geographies*，2009，11（2）：256–269.

[11] Michael，Sarah. The promise of appreciative inquiry as an interview tool for field research [J]. *Development in Practice*，2005，15（2）：222–230.

[12] 李本乾 . 描述传播内容特征检验传播研究假设——内容分析法简介（下）[J]. 当代传播（汉文版），2000（1）：47–49.

[13] Spaltro E. Content analysis for the social sciences and humanities by O. R. Holsti [J]. *Reading. MA：Addison-Wesley（content analysis）*，1969，14（11）：137–141.

[14] Ormerod R J. Is content analysis either practical or desirable for research evaluation? [J]. *Omega*，2000，28（2）：241–245.

基于多方主体博弈分析的非物质文化遗产旅游开发与保护研究

汪熠杰，吕宛青

（云南大学工商管理与旅游管理学院，云南 昆明 650500）

［**摘　要**］为解决非遗旅游开发过程中的非遗保护缺失问题。本文从与非遗旅游开发相关的三个利益主体入手，构建了“政府机构—非遗开发企业”，“非遗开发企业—非遗传承人”两组博弈模型，基于有限理性假设，分析了各方主体的策略演化，并用仿真实验对博弈进行了验证。博弈结果表明：在政府机构—非遗开发企业的演化博弈中，政府机构的策略选择对博弈的进行有主导作用，社会舆论力量对政府机构和非遗开发企业的策略选择均有影响。在非遗开发企业—非遗传承人的演化博弈中，由于社会舆论力量，非遗开发企业将恒稳定于合理分配策略。而对于非遗传承人而言，其策略选择则主要受社会舆论监督及NGO、政府等组织的经济补助影响。仿真结果表明：社会舆论力量的强弱对“政府机构—非遗开发企业”“非遗开发企业—非遗传承人”两组博弈的稳定策略有直接影响。加强社会公众对非遗保护的关注，提升社会舆论对非遗旅游开发的监督、激励，对实现非遗旅游的可持续开发有重要作用。

［**关键词**］非物质文化遗产开发；非物质文化遗产保护；演化博弈；仿真实验

引　言

近年来，随着文化与旅游融合的不断加深，具有人文性、民族性、异质性

［**基金项目**］国家自然科学基金项目“西部民族地区旅游地利益诉求演化机理及适应性机制研究”（71663061）。
［**作者简介**］汪熠杰（1994—），男，四川成都人，云南大学工商管理与旅游管理学院硕士生，研究方向：旅游经济，E-mail：947605280@qq.com。吕宛青（1962—），女，云南昆明人，云南大学工商管理与旅游管理学院院长、博士、教授、博士生导师，研究方向：旅游经济、旅游企业经营管理。

的非物质文化遗产（以下简称“非遗”）资源逐渐成为旅游开发的热门，越来越多的旅游开发者开始将非遗作为旅游开发的主体对象。然而，为迎合现代旅游开发需要，不少非遗资源在旅游开发中被过度挖掘，非遗庸俗化、商业化、同质化的现象时有发生，现代旅游开发似乎已使非遗的保护陷入了困境。诚然，旅游作为一种现代化的产物，旅游开发势必会对非遗的民族性、异质性有所消除[1]。但同时，旅游开发也使非遗的保护从静态保护转向了动态利用，使非遗在现代社会中重获生机，让非遗的保护、传承更具能动性。因此，就旅游开发对非遗保护、传承影响的利弊评判并不能简单地进行论断。如何平衡好旅游开发利用与非遗保护、传承间的关系？如何进行可持续的非遗旅游开发？是在现代社会中进行非遗保护、传承时急需解决的紧迫问题。

由于国家非遗保护政策的提出及社会民众文化保护意识的觉醒，现今旅游业界对非遗的保护越发重视。然而，非遗旅游开发作为一项涉及多方主体利益的合作行为，旅游开发中的非遗资源能否得到合理保护将受多方主体行为影响。为此，本文基于演化博弈理论，从动态博弈视角构建了涉及多方主体行为的博弈模型。以期分析旅游开发与非遗保护的平衡状态，寻求可持续的非遗旅游开发方式。

1　文献回顾

非物质文化遗产（Mon-material Cultural Heritage）又称无形文化遗产（Intangible Cultural Heritage），最早出现于1997年联合国教科文组织的《人类口头及无形文化遗产代表作宣言》。2003年9月，联合国教科文组织通过了《保护非物质文化遗产公约》，由此非遗正式被国际社会所认可。在《保护非物质文化遗产公约》中非遗被定义为：群体或集体所视为文化遗产的各种实践、表演、知识等表现形式，及与之相关的空间与场所[2]。从非遗的定义中不难发现，非遗作为一种国家民族的文化精髓，非遗所具有的人文性、民族性、异质性使得其蕴含着极高的旅游开发价值。也正因如此，自非遗出现以来，其便成为旅游业界的开发热点。

随着非遗旅游开发的不断深入，旅游开发所造成的非遗消除问题逐渐显现，旅游开发与非遗保护的权衡问题逐渐成为学界的研究热点。对此，现今学界普遍认为，非遗旅游开发作为一个包括多方主体利益诉求的博弈活动[3-4]，平衡好非遗保护与各主体间利益诉求的矛盾是解决非遗旅游开发中过度商业化、舞台化等问题的关键[5-6]。

赖泽栋、杨建州在分析非遗旅游开发相关主体行为时指出地方政府、非遗开发企业、非遗传承人及 NGO 是应该承担非遗保护、开发主要责任的主体。[7] 何莽、黄凯伦则在研究旅游扶贫情景下的非物质文化遗产保护与开发策略时认为，地方政府和非遗传承人应是进行非遗旅游开发及保护行为的主体。[8] 此外，罗茜、鲁春晓等人在对非遗旅游开发与保护的研究中也明确指出政府监管机构、非遗传承人及旅游企业是非遗旅游开发中的重要利益主体。[9-10]

因此，探究地方政府、非遗传承人及旅游企业间的利益诉求，引导各方主体逐利行为与非遗保护目标相一致，是平衡非遗旅游开发与非遗保护要求的关键所在。然而，从现有文献来看，学界对非遗旅游开发中利益主体行为的研究大多还是从静态、单一视角出发的。缺少动态、多方的博弈分析。此外，少有的关于非遗旅游开发主体行为的博弈研究也多是运用传统博弈分析进行的，其方法的适用性及研究的科学性还有所缺陷。

为此，本文以演化博弈理论为指导，构建了“政府机构—非遗开发企业”“非遗开发企业—非遗传承人”两组演化博弈模型，对非遗旅游开发中的利益主体关系进行了分析，并运用 MATLAB 对所得演化博弈结果进行仿真试验。以此来研究非遗保护目标与各主体利益诉求的平衡点，为非遗旅游开发与非遗保护的同时实现提供思路。

2 政府机构—非遗开发企业演化博弈分析

政府机构和非遗开发企业间的博弈主要是非遗保护诉求和非遗开发诉求的博弈。政府机构作为实施非遗保护行为的主体，社会公众对政府机构行为的支持及社会舆论为政府机构带来的声誉收益是其主要收益。非遗开发企业作为实施非遗旅游开发行为的主体，通过开发非遗资源获得经济收益是非遗开发企业的主要收益，但同时非遗开发企业也要兼顾社会舆论对其行为的评价，因此社会舆论给非遗开发企业带来的声誉收益也是非遗开发企业所追寻的收益。

2.1 模型构建

基于文献梳理和实地调研，本文对“政府机构—非遗开发企业”博弈中两群体的利益诉求做出如下假设：

（1）博弈系统中各群体内策略空间相同，且两方的决策过程相互联系，并会达到演化均衡。

（2）两博弈主体均为有限理性主体，博弈均发生在信息不完全场景下。

（3）政府机构作为国家职能部门，是非遗保护政策的制定者和监督者。因此在非遗的旅游开发过程中，政府机构的主要利益诉求以非遗保护为主。为此，政府机构的策略集为 $\alpha_1=\{R_1$ 监督、R_2 不监督 $\}$。在 α_1 的策略集中，地方政府采取“干预”和“不干预”策略的概率分别为：x 和 $1-x$。

（4）非遗开发企业作为盈利主体，利益最大化是其最主要的利益诉求，但非遗开发企业在盈利的同时还需承担企业社会责任等义务。因此，非遗开发企业的策略集为 $\alpha_2=\{S_1$ 适度开发、S_2 过度开发 $\}$。在 α_2 的策略集中，非遗开发企业采取“适度开发”和“过度开发”策略的概率分别为：y 和 $1-y$。

2.2 参数假设

基于模型假设，模型的参数假设如下：

政府机构：

A 为政府的监督成本；B 为政府监督时对进行过度开发的企业的罚款；C 为政府监督时对进行适度开发的企业的补贴；D 为政府不监督时，政府因社会舆论而受到的形象损失；E_1 为政府监督时，旅游企业适度开发时所获得的综合收益；E_2 为政府不监督时，旅游企业过度开发时，政府因非遗资源被破坏而受到的综合损失。

非遗开发企业：

F_1 为非遗开发企业适度开发时所获收益；F_2 为非遗开发企业过度开发时所获收益；G 为非遗开发企业在适度开发时，因对非遗进行保护而产生的成本；I 为非遗开发企业在适度开发时因承担了社会责任而获得的声誉收益；J 为非遗开发企业在过度开发时，受社会舆论谴责而产生的损失。

基于以上假设，本文构建的政府机构—非遗开发企业博弈模型的博弈树如图 1，所得博弈矩阵如表 1 所示。

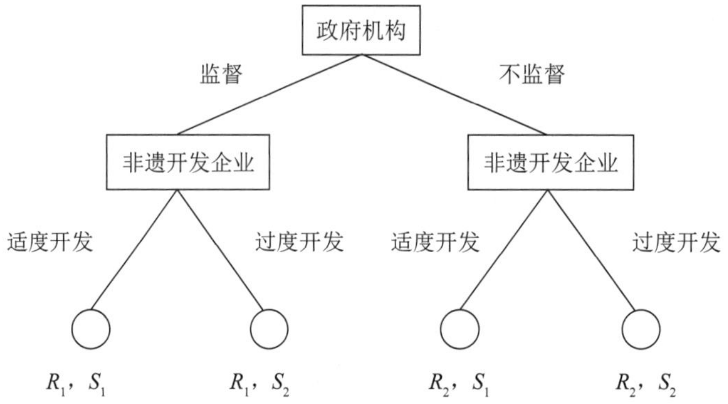

图 1　政府机构—非遗开发企业博弈树模型

表 1　政府机构—非遗开发企业博弈矩阵

策略组合	政府机构收益	非遗开发企业收益
R_1, S_1	E_1-A-C	$F_1+C+I-G$
R_1, S_2	$B-A$	F_2-J-B
R_2, S_1	$-D$	F_1+I-G
R_2, S_2	$-D-E_2$	F_2-J

2.3　复制动态方程分析

根据政府机构、非遗开发企业的博弈矩阵，本文构建的复制动态方程如下。[11-12]

假设政府机构选择“监督”策略时的期望收益为 U_{X1}，选择“不监督”策略时的期望收益为 U_{X2}，平均期望收益为$\overline{U_X}$。则有：

$$U_{X1}=y(E_1-A-C)+(1-y)(B-A)=y(E_1-C-B)+B-A \tag{1}$$

$$U_{X2}=y(-D)+(1-y)(-D-E_2)=(y-1)E_2-D \tag{2}$$

$$\overline{U_X}=xU_{X1}+(1-x)U_{X2} \tag{3}$$

基于复制动态方程定义，有 $F(x)=\dfrac{dx}{dt}=x(U_{X1}-\overline{U_X})$

因此，联立式（1）（3）可得，式（4）

$$F(x)=\frac{dx}{dt}=x(1-x)[y(E_1-C-B)+B-A-(y-1)E_2+D] \tag{4}$$

由式（4）可得：

$$\frac{dF(x)}{dx}=(1-2x)[y(E_1-C-B)+B-A-(y-1)E_2+D]$$

假设非遗开发企业选择“适度开发”策略时的期望收益为 U_{Y1}，选择“过度开发”策略时的期望收益为 U_{Y2}，平均期望收益为$\overline{U_Y}$。则有：

$$U_{Y1}=x(F_1+C+I-G)+(1-x)(F_1+I-G)=xC+F_1+I-G \tag{5}$$

$$U_{Y2}=x(F_2-J-B)+(1-x)(F_2-J)=F_2-J-xB \tag{6}$$

$$\overline{U_Y}=yU_{Y1}+(1-y)U_{Y2}$$

联立式（5）、式（6）得非遗开发企业的复制动态方程式（7）：

$$F(y)=\frac{dx}{dt}=y(1-y)[x(C+B)+F_1-F_2+I+J-G] \tag{7}$$

由式（7）可得：

$$\frac{dF(y)}{dy}=(1-2y)[x(C+B)+F_1-F_2+I+J-G]$$

要使政府机构—非遗开发企业的演化博弈存在稳定演化策略，则需：

$$F(x)=0，\ F(y)=0 \tag{8}$$

求解方程组（8）可得稳定点：

$$ESS_1(0,0);ESS_2(0,1);ESS_3(1,0);ESS_4(1,1);ESS_5\left(x^*=\frac{F_2-F_1+G-I-J}{C+B},\ y^*=\frac{A-B-E_2-D}{E_1-E_2-C-B}\right)$$

2.4　演化博弈分析

基于 Friedman 提出的判别法，微分方程均衡点的稳定性可由方程的 Jacobi 矩阵的局部稳定性求得[13]。有且仅有 $Det(J_1)>0$ 且 $Tr(J_1)<0$ 时方程组的 5 个均衡点才达均衡状态，即演化稳定策略（ESS）。

由式（4）和式（7）可得对应行列式 $Det(J_1)$ 及其迹 $Tr(J_1)$ 分别为：

$$Det(J_1)=\begin{vmatrix}\frac{\partial F(x)}{\partial x} & \frac{\partial F(x)}{\partial y}\\ \frac{\partial F(y)}{\partial x} & \frac{\partial F(y)}{\partial y}\end{vmatrix}=\frac{\partial F(x)}{\partial x}*\frac{\partial F(y)}{\partial y}-\frac{\partial F(x)}{\partial y}*\frac{\partial F(y)}{\partial x}=(1-2x)[y(E_1-C-B)+B-A-(y-1)E_2+D]\times (1-2y)[x(C+B)+F_1-F_2+I+J-G]-x(1-x)(E_1-E_2-C-B)y(1-y)(C+B) \tag{9}$$

$$Tr(J_1)=\frac{\partial F(x)}{\partial x}+\frac{\partial F(y)}{\partial y}=(1-2x)[y(E_1-C-B)+B-A-(y-1)E_2+D]+(1-2y)[x(C+B)+F_1-F_2+I+J-G] \tag{10}$$

基于式（9）、式（10）对所得的 5 个均衡点的 $Det(J_1)$ 及 $Tr(J_1)$ 进行计算，所得结果如表 2。

表 2 政府机构—非遗开发企业系统 Jacobi 矩阵 Det（J_1）、Tr（J_1）结果

均衡点	Det	Tr
ESS_1（0,0）	$(B-A+E_2+D)(F_1-F_2+I+J-G)$	$(B-A+E_2+D)(F_1-F_2+I+J-G)$
ESS_2（0,1）	$-(E_1-C-A+D)(F_1-F_2+I+J-G)$	$(E_1-C-A+D)(F_1-F_2+I+J-G)$
ESS_3（1,0）	$-(B-A+E_2+D)(C+B+F_1-F_2+I+J-G)$	$(C+B+F_1-F_2+I+J-G)-(B-A+E_2+D)$
ESS_4（1,1）	$(E_1-C-A+D)(C+B+F_1-F_2+I+J-G)$	$-(E_1-C-A+D)-(C+B+F_1-F_2+I+J-G)$
ESS_5（x^*,y^*）	x^*y^*	0

在非遗开发企业对非遗资源进行过度开发时，其所获得的短期收益必然大于适度开发所获的短期收益，因此在现实中恒有。此外 $F_2>F_1$，为保证分析的一般性，本文所假设的所有参数值均大于 0。为此，本文所求得的均衡点稳定结果如表 3 所示。图 2 为所得的复制相位图。

表 3 政府机构—非遗开发企业博弈稳定结果

均衡点	稳定条件	Det	Tr	结果
ESS_1（0,0）	$B+E_2+D<A;I+J<F_2-F_1+G$	+	–	稳定
ESS_2（0,1）	$E_1+D<A+C;I+J>F_2-F_1+G$	+	–	稳定
ESS_3（1,0）	$B+E_2+D>A;C+B+I+J<F_2-F_1+G$	+	–	稳定
ESS_4（1,1）	$E_1+D>A+C;C+B+I+J>F_2-F_1+G$	+	–	稳定
ESS_5（x^*,y^*）	恒成立	+	0	鞍点

（1）当 $B+E_2+D<A;I+J-G<F_2-F_1$ 时，社会舆论力量较弱。此时，尽管有处罚措施（B）存在，但由于政府不监督时的公众形象损失（D）较小，非遗开发企业在适度开发时所获得的社会声誉收益（I）与过度开发时所受到的社会谴责损失（J）较少，因此政府机构和非遗开发企业会选择 ESS_1（0，0）（不监督，过度开发）作为稳定策略。此时，非遗开发企业将对非遗资源进行破坏性开发，换取短期收益（F_2）与保护成本（G），这对非遗资源的保护将十分不利。

（2）当 $E_1+D<A+C;I+J>F_2-F_1+G$ 时，对于政府机构而言，由于其监督时所获得的社会潜在收益（E_1+D）小于监督所需付出的总成本（$A+C$）。因此，政府机构会因有限理性假设选择不监督策略。对于非遗开发企业而言，尽管此时政府机构选择不监督策略，但由于社会舆论力量较大，非遗开发企业在适度开发时所获得的潜在社会收益（I+J）大于其进行适度开发的机会成本（F_2–F_1+G），因此非遗开发企业会选择适度开发作为稳定策略。此时，ESS_2（0,1）（不监督，适度开发）将成为政府机构和非遗开发企业演化博弈的稳定点。但从现实来看，当政府机构选择不监督策略时，非遗开发企业的适度开发行为是难以维持的。一旦社会舆论有所改变或非遗开发企业过度开发策略所获短期利益得到提升，非遗开发企业就会因适度开发的额外成本及利益最大化的诉求而选择过度开发。

（3）当$B+E_2+D>A;C+B+I+J<F_2-F_1+G$时，由于社会舆论力量较大，政府机构不监督所受到的社会公众谴责较强，因此政府机构会选择监督策略。对于非遗开发企业而言，尽管有处罚措施（B）和补贴措施（C）存在，但由于适度开发的机会成本（F_2–F_1+G）较高，因此非遗开发企业会选择过度开发策略。此时，ESS_3（1,0）（监督，过度开发）将成为稳定策略选择。

（4）当$E_1+D>A+C;C+B+I+J>F_2-F_1+G$时，由于社会舆论力量较强，政府监督时所获得的社会声誉收益（E_2）与非遗开发企业适度开发时所获得的潜在社会收益（I+J）较高。因此，政府机构和非遗开发企业会选择ESS_4（1,1）（监督，适度开发）作为其稳定策略选择。

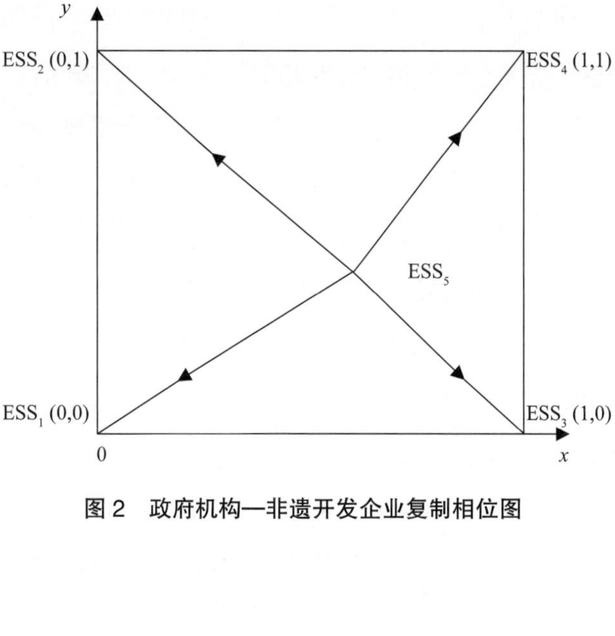

图 2　政府机构—非遗开发企业复制相位图

3　非遗开发企业—非遗传承人演化博弈分析

非遗开发企业和非遗传承人间的博弈主要是非遗开发利益分配的博弈。文化的传承、表现需要以人为载体，而非遗资源作为一种无形的传统文化资源，其存在的维继、表现则需以非遗传承人为主体。因此，非遗开发企业在对非遗资源进行开发时，其所面对的被开发主体实质是非遗传承人，非遗开发企业和非遗传承人间存在合作、雇佣关系。为此，非遗开发企业通过开发非遗所得的经济收益还需与非遗传承人进行分配，且非遗传承人分配所得收益合理时非遗传承人会能动地对非遗进行传承。

3.1　模型构建

基于文献梳理和实地调研，本文对“非遗开发企业—非遗传承人”博弈中两主体的利益诉求做出如下假设：

（1）博弈中各群体内策略空间相同，且两方的决策过程相互联系，并会达到演化均衡。

（2）两主体均为有限理性主体，其博弈均发生在信息不完全场景下。

（3）非遗开发企业作为盈利主体，利益最大化是其最主要的利益诉求，但由于非遗开发企业在非遗开发过程中与非遗传承人存在合作、雇佣关系。因此，非遗开发企业的策略集为 $\beta_1=\{T_1$ 合理分配收益、T_2 不合理分配收益 $\}$。在 β_1 的策略集中，非遗开发企业采取“适度开发”和“过度开发”策略的概率分别为：δ 和 $1-\delta$。

（4）非遗传承人作为非遗的传承主体，其肩负传承非遗的责任。但同时，非遗传承人作为社会人，其也需通过获得经济收益来实现其生活发展的需求。当传承非遗难以为非遗传承人带来经济收益时，非遗传承人将不再进行非遗传承。因此，非遗传承人的策略集为 $\beta_2=\{U_1$ 传承、U_2 不传承 $\}$。在 β_2 的策略集中，非遗传承人采取“传承”和“不传承”策略的概率分别为：ε 和 $1-\varepsilon$。

3.2　参数假设

基于模型假设，模型的参数假设如下：

非遗开发企业：W 为非遗开发企业开发非遗所获得的总收益；N_1 为非遗开发企业选择不合理分配策略时，非遗传承人分配所得收益；N_2 为非遗开发企业选择合理分配策略时，非遗传承人分配所得收益；O_1 为非遗开发企业在不合理分配时受到的社会谴责损失；H 为非遗开发企业在合理分配，非遗传承人不进行非遗传承时，非遗开发企业对非遗传承人进行的经济处罚。

非遗传承人：K 为非遗传承人在传承非遗时所需付出的机会成本；M 为非遗传承人在传承非遗时，为非遗开发企业带来的长期收益；O_2 为非遗传承人在不传承非遗时因社会舆论谴责而产生的损失；L 为 NGO、政府等组织给予非遗传承人的经济支持。

基于以上假设，非遗开发企业—非遗传承人博弈模型的博弈树如图 3，所得博弈矩阵如表 4 所示。

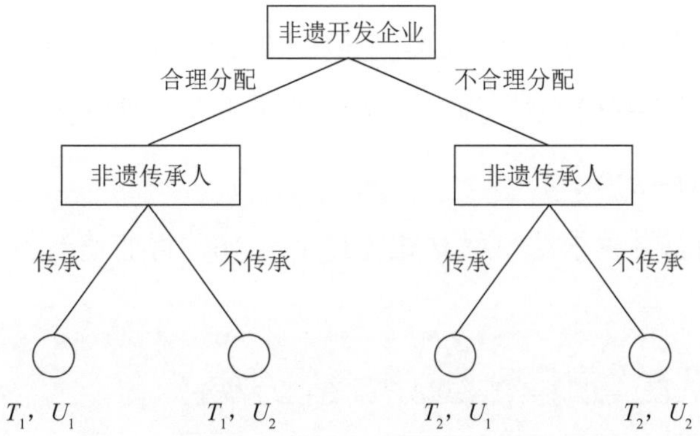

图 3　非遗开发企业—非遗传承人博弈树模型

表 4　非遗开发企业—非遗传承人博弈矩阵

策略组合	非遗开发企业收益	非遗传承人收益
R_1,S_1	$W-N_2+M$	N_2-K+L
R_1,S_2	$W-N_2$	N_2-H-O_2
R_2,S_1	$W-N_1+M-O_1$	N_1-K+L
R_2,S_2	$W-N_1$	N_1-O_2

3.3　复制动态方程分析

根据非遗开发企业、非遗传承人的博弈矩阵，本文构建复制动态方程如下。

假设非遗开发企业选择“合理分配”策略时的期望收益为 $U_{\delta 1}$，选择“不合理分配”策略时的期望收益为 $U_{\delta 2}$，平均期望收益为$\overline{U_{\delta}}$。则有：

$$U_{\delta 1}=\varepsilon(W-N_2+M)+(1-\varepsilon)(W-N_2)=\varepsilon(M)+N_2-W \tag{11}$$

$$U_{\delta 2}=\varepsilon(W-N_1+M-O_1)+(1-\varepsilon)(W-N_1)=\varepsilon(M-O_1)+N_1-W \tag{12}$$

$$\overline{U_{\delta}}=\delta U_{\delta 1}+(1-\delta)U_{\delta 2} \tag{13}$$

联立式（11）、式（13）得政府机构的复制动态方程式（14）：

$$F(\delta)=\frac{d\delta}{dt}=\delta(1-\delta)[N_2-N_1+\varepsilon O_1] \tag{14}$$

由式（14）可得：

$$\frac{dF(\delta)}{d\delta}=(1-2\delta)[N_2-N_1+\varepsilon O_1]$$

假设非遗传承人选择“传承”策略时的期望收益为 $U_{\varepsilon 1}$，选择“不传承”策略时的期望收益为 $U_{\varepsilon 2}$，平均期望收益为$\overline{U_{\varepsilon}}$。则有：

$$U_{\varepsilon 1}=\delta(N_2-K+L)+(1-\delta)(N_1-K+L)=\delta(N_2-N_1)+N_1-K+L \tag{15}$$

$$U_{\varepsilon 2}=\delta(N_2-H-O_2)+(1-\delta)(N_1-O_2)=\delta(N_2-N_1-H)+N_1-O_2 \tag{16}$$

$$\overline{U_{\varepsilon}}=\varepsilon U_{\varepsilon 1}+(1-\varepsilon)U_{\varepsilon 2}$$

基于复制动态方程求法，联立式（15）、（16）得非遗开发企业的复制动态方程式（17）：

$$F(\varepsilon)=\frac{d\varepsilon}{dt}=\varepsilon(U_{\varepsilon 1}-\overline{U_{\varepsilon}})=\varepsilon(1-\varepsilon)(\delta H-K+L+O_2) \tag{17}$$

由式（17）可得：

$$\frac{dF(\varepsilon)}{d\varepsilon}=(1-2\varepsilon)[\delta H-K+L+O_2]$$

要使非遗开发企业—非遗传承人的演化博弈存在稳定演化策略，则需：

$$F(\delta)=0，\quad F(\varepsilon)=0 \tag{18}$$

求解方程组（18）可得稳定点：

$ESS_1(0,0);ESS_2(0,1);ESS_3(1,0);ESS_4(1,1);ESS_5\left(\delta^*=\frac{K-L-O_2}{H},\ \varepsilon^*=\frac{N_2-N_1}{N_2-N_1+O_1}\right)$

3.4　演化博弈分析

由式（14）和式（17）可得对应行列式 $Det(J_2)$ 及其迹 $Tr(J_2)$ 分别为：

$$Det(J_2)=\begin{vmatrix}\frac{\partial F(\delta)}{\partial\delta} & \frac{\partial F(\delta)}{\partial\varepsilon}\\ \frac{\partial F(\varepsilon)}{\partial\delta} & \frac{\partial F(\varepsilon)}{\partial\varepsilon}\end{vmatrix}=\frac{\partial F(\delta)}{\partial\delta}*\frac{\partial F(\varepsilon)}{\partial\varepsilon}-\frac{\partial F(\delta)}{\partial\varepsilon}*\frac{\partial F(\varepsilon)}{\partial\delta}=(1-2\delta)[N_2-N_1+\varepsilon O_1] \tag{19}$$

$$(1-2\varepsilon)[\delta H-K+L+O_2]-\delta(1-\delta)(O_1)\varepsilon(1-\varepsilon)H$$

$$\mathrm{Tr}(\mathrm{J}_2)=\frac{\partial F(\delta)}{\partial \delta}+\frac{\partial F(\varepsilon)}{\partial \varepsilon}=(1-2\delta)[N_2-N_1+\varepsilon O_1]+(1-2\varepsilon)[\delta H-K+L+O_2] \quad (20)$$

基于式（19）、式（20）对所得的 5 个均衡点的 $\mathrm{Det}(J_2)$ 及 $\mathrm{Tr}(J_2)$ 进行计算，所得结果如表 5。

表 5　政府机构—非遗开发企业系统 Jacobi 矩阵 $\mathrm{Det}(J_1)$、$\mathrm{Tr}(J_2)$ 结果

均衡点	Det	Tr
$ESS_1(0,0)$	$(N_2-N_1)(-K+L+O_2)$	$(N_2-N_1)+(-K+L+O_2)$
$ESS_2(0,1)$	$-(N_2-N_1+O_1)(-K+L+O_2)$	$(N_2-N_1+O_1)-(-K+L+O_2)$
$ESS_3(1,0)$	$-(N_2-N_1)(H-K+L+O_2)$	$-(N_2-N_1)+(H-K+L+O_2)$
$ESS_4(1,1)$	$(N_2-N_1+O_1)(H-K+L+O_2)$	$-(N_2-N_1+O_1)-(H-K+L+O_2)$
$ESS_5(\delta^*,\varepsilon^*)$	$\delta^*\varepsilon^*$	0

在现实中，非遗开发企业选择合理分配策略时分配给非遗传承人的收益（N_2）必然大于选择不合理分配策略时分配给非遗传承人的收益（N_1）。因此在现实中，恒有 $N_2>N_1$。此外，为保证分析的一般性，本文假设的所有参数值均大于 0。为此，本文所求得的各均衡点稳定结果如表 6 所示。图 4 为所得演化博弈复制相位图。

表 6　政府机构—非遗开发企业博弈稳定结果

均衡点	稳定条件	Det	Tr	结果
$ESS_1(0,0)$	任何条件均不稳定	+	+	不稳定
$ESS_2(0,1)$	任何条件均不稳定	+	+	不稳定
$ESS_3(1,0)$	$H-K+L+O_2<0$	+	–	稳定
$ESS_4(1,1)$	$H-K+L+O_2>0$	+	–	稳定
$ESS_5(x^*,y^*)$	恒成立	+	0	鞍点

从表 6 可发现，由于社会舆论力量的监督和激励，非遗开发企业无论何时都会选择合理分配策略。因此，在非遗开发企业与非遗传承人的博弈中，非传承人的策略选择对旅游开发中的非遗保护有重要影响。

（1）当 $H-K+L+O_2<0$ 时，由于社会舆论力量较弱，NGO、政府等组织对非遗传承人的补助（L）力度及社会公众对非遗传承人不传承的谴责（O_2）力度较弱，因此非遗传承人将选择不传承作为稳定策略。此时 $ESS_3(1,0)$（合理分配，不传承）将成为博弈的稳定策略。当 $ESS_3(1,0)$（合理分配，不传承）为稳定策

略时，尽管非遗开发企业选择合理分配策略，但由于社会舆论监督、激励力量较弱，非遗传承人为追求利益最大化将选择不传承策略，这对非遗资源的保护是十分不利的。

（2）当 $H-K+L+O_2>0$ 时，社会舆论对非遗传承人不传承非遗时的谴责（O_2）程度较大，且 NGO、政府等组织对非遗传承人的经济补助（L）程度较高，使得非遗传承人传承非遗时所获得的潜在收益大于其传承非遗的机会成本（K），因此非遗传承人将选择传承作为稳定策略。此时，$ESS_4(1,1)$（合理分配，传承）将成为博弈的稳定点。$ESS_4(1,1)$（合理分配，传承）的稳定策略对非遗的承载、保护有较好促进作用，非遗开发企业和非遗传承人间将相互合作、相互监督，通过平衡各自的利益分配实现非遗的可持续开发。

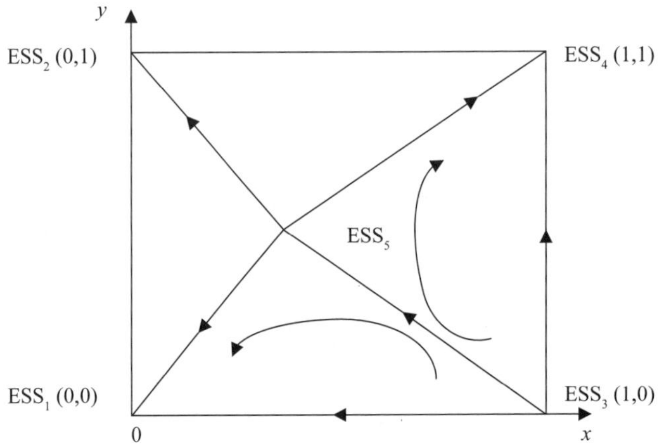

图 4　非遗开发企业—非遗传承人复制相位图

4　数值仿真

为进一步验证所得结果，本文运用 MATLAB 对演化博弈结果进行数值仿真实验。

4.1　政府机构—非遗开发企业博弈仿真

对于政府机构—非遗开发企业的博弈而言，要使两方的博弈达到 ESS_4（监督，适度开发）（1,1）的预期稳定策略，需满足 $E_1+D>A+C;C+B+I+J>F_2-F_1+G$ 的参数假设。基于文献回顾及实地调研，本文假设仿真实验的起始时间为 0，结束时间为 7，参数取值为：$A=6, B=2, C=2, D=3, E_1=6, E_2=3, F_1=4, F_2=7, G=3, I=3,$

J=4，两主体的初始策略假设为 $x\in[0,1]$，$y\in[0,1]$。所得仿真结果如图 5 所示。

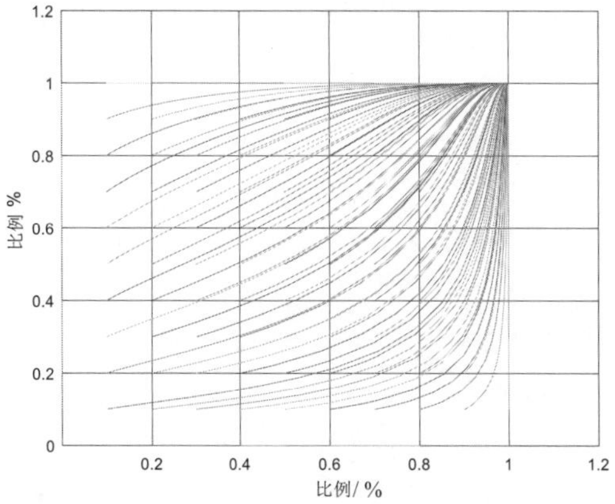

（a）政府机构—非遗开发企业博弈稳定结果

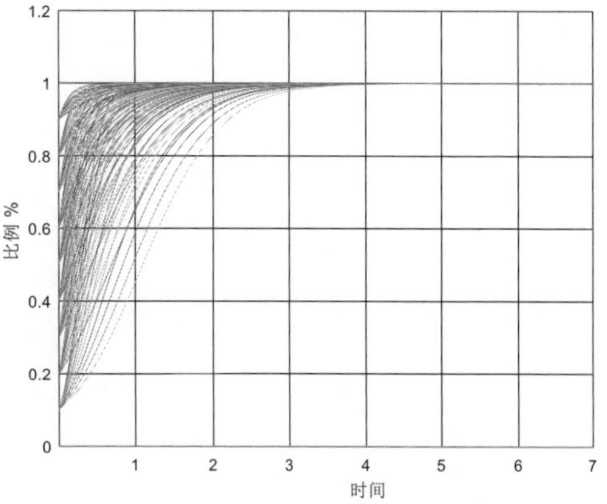

（b）政府机构策略选择

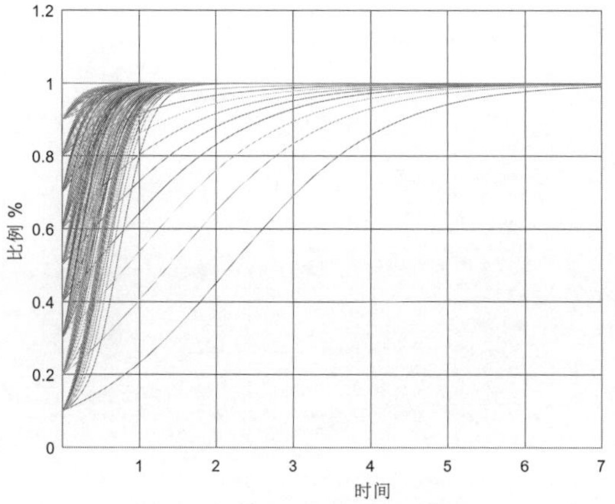

（c）非遗开发企业策略选择

图 5　政府机构—非遗开发企业博弈仿真 1

从图 5 可知，当满足 $E_1+D>A+C;C+B+I+J>F_2-F_1+G$ 条件时，无论初始策略假设如何，政府机构—非遗开发企业的演化博弈总会稳定于 ESS_4（监督，适度开发）（1,1）。在这一过程中，无论政府机构的初始策略选择如何，随着时间变化政府机构策略选择比例（x）总会向监督收敛（$x \to 1$）。随着政府机构监督策略选择比例的提升，非遗开发企业适度开发策略选择的比例也随之上升，最后稳定于适度开发策略（$y \to 1$）。

为进一步分析社会舆论力量对政府机构—非遗开发企业演化博弈的影响。本文在保持其他参数不变的情况下，降低社会舆论力量使非遗开发企业在适度开发时所获得的声誉收益（I）=1；非遗开发企业在过度开发时受到的社会舆论谴责损失（J）=0.5；政府机构在不监管时受到的社会谴责损失（D）=0.5。此时仿真结果如图 6 所示。

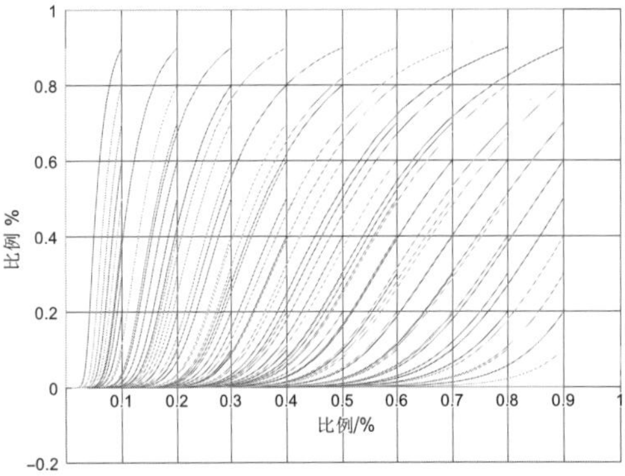

（a）政府机构—非遗开发企业博弈稳定结果

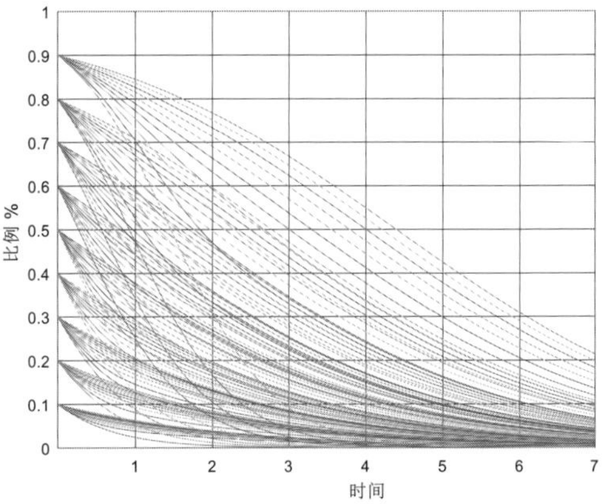

（b）政府机构策略选择

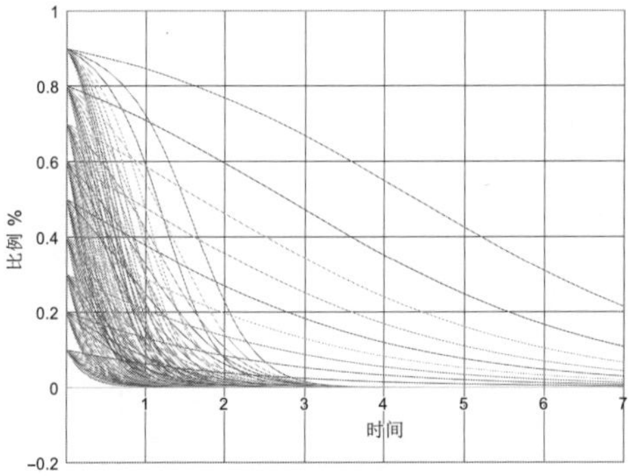

（c）非遗开发企业策略选择

图 6　政府机构—非遗开发企业博弈仿真 2

从图 6 可知当社会舆论力量降低后，社会舆论对政府机构不监督行为的谴责（D）将失去效用，此时政府机构会因受到的社会谴责损失降低，不监督策略所得的潜在收益增高而选择不监督策略。对于非遗开发企业而言，当非遗开发企业在适度开发时所获得的声誉收益（I）及非遗开发企业在过度开发时受到的社会舆论谴责损失（J）降低时，非遗开发企业过度开发的总成本及适度开发的潜在收益亦会随之降低，因此非遗开发企业将选择过度开发为稳定策略。此时 ESS_1（不监督，过度开发）(0,0) 将成为政府机构—非遗开发企业演化博弈的稳定策略。

4.2　非遗开发企业—非遗传承人博弈仿真

对于非遗开发企业和非遗传承人间的博弈而言，要使两方的博弈达到 ESS_4

（合理分配，传承）（1,1）的预期稳定策略，需满足 $H-K+L+O_2>0$ 的参数假设。本文假设非遗开发企业—非遗传承人演化博弈仿真的起始时间为 0，结束时间为 15，参数取值为：$W=34, N_1=10, N_2=14, O_1=5, O_2=3.5, H=3, K=5, M=7, L=2$，初始策略假设为 $\delta\in[0,1]$，$\varepsilon\in[0,1]$。所得仿真结果如图 7 所示。

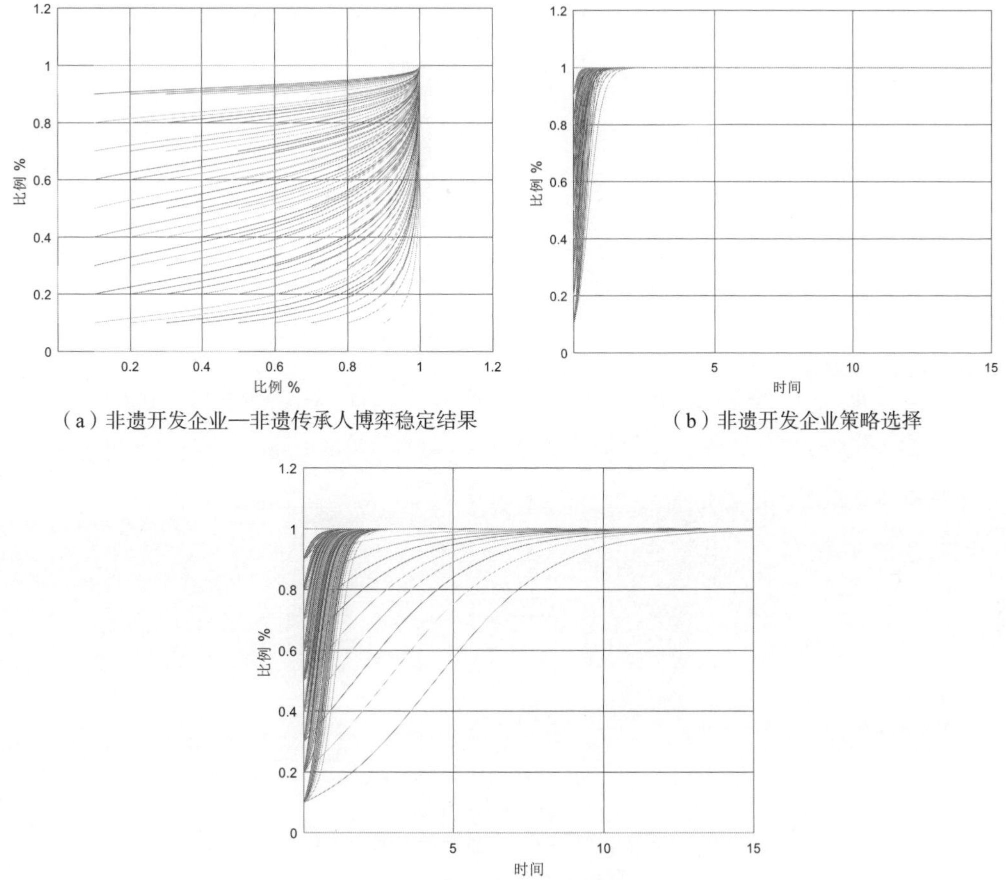

（a）非遗开发企业—非遗传承人博弈稳定结果

（b）非遗开发企业策略选择

（c）非遗传承人策略选择

图 7　非遗开发企业—非遗传承人博弈仿真 1

从图 7 可知，当满足 $H-K+L+O_2>0$ 条件时，非遗开发企业的策略选择将恒稳定于合理分配策略（$\delta \to 1$）。对于非遗传承人而言，无论非遗传承人的初始策略选择如何，随着时间变化非遗传承人策略选择比例（ε）总会向传承人收敛（$\varepsilon \to 1$）。

对仿真结果进行分析可知，在非遗开发企业与非遗传承人的博弈中，非遗传承人的策略选择决定了非遗保护最终能否得到落实。而对于非遗传承人这一主体而言，社会舆论力量对其稳定策略的选择又有重要影响。因此，为进一步分析社会舆论力量对非遗传承人策略选择的作用，本文在保持其他参数不变情况下，降低社会舆论力量使 NGO、政府机构等组织对非遗传承人的经济补助（L）=0.5；社会舆论对非遗传承人不传承行为的谴责（O_2）=0.5。此时的仿真结果如图 8 所示。

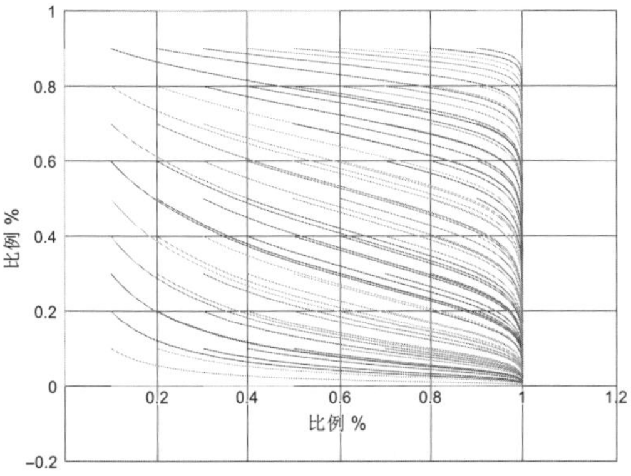

（a）非遗开发企业—非遗传承人博弈稳定结果

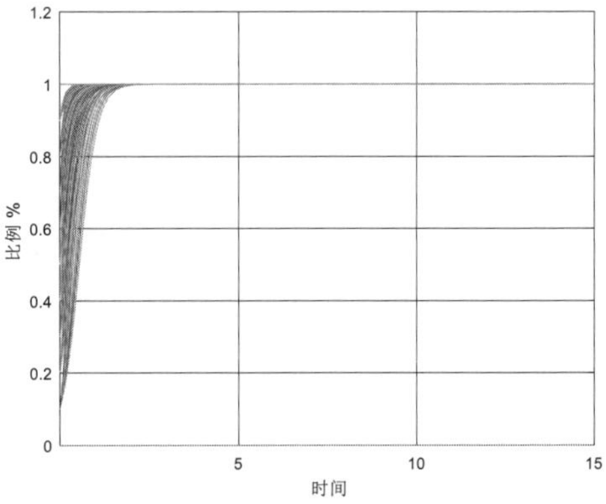

（b）非遗开发企业策略选择

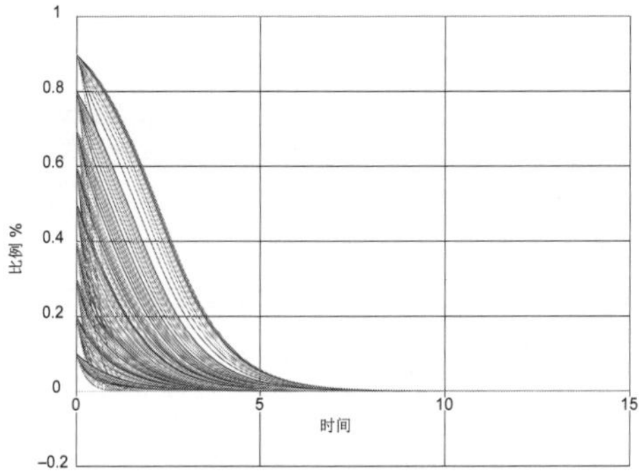

（c）非遗传承人策略选择

图 8 非遗开发企业—非遗传承人博弈仿真 2

从图 8 可知，当社会舆论力量存在时，非遗开发企业的策略选择将恒稳定于合理分配策略（$\delta \to 1$）。但对于非遗传承人而言，一旦社会舆论的监督、激励作用降低使 $H-K+L+O_2<0$，非遗传承人就会因传承非遗时所获得的潜在收益低于传承非遗所需付出的机会成本而选择不传承策略（$\varepsilon \to 1$），从而使非遗开发企业—非遗传承人的演化博弈稳定于 $ESS_3(1,0)$（合理分配，不传承）。

5 结论

探求非遗旅游开发过程中的利益主体关系，使非遗保护与相关主体利益诉求相结合，是实现非遗旅游开发可持续进行的重要途径。本文基于演化博弈理论和仿真模拟，对“政府机构—非遗开发企业”和“非遗开发企业—非遗传承人”两组博弈模型进行了分析，并提出以下非遗旅游开发建议。

（1）加大社会舆论对政府机构不监督行为的谴责（D）力度，确保政府机构监督行为的进行。在政府机构—非遗开发企业的演化博弈中，政府机构的策略选择对博弈的进行有主导作用。当政府机构选择监督策略为稳定策略时，政府机构会对过度开发非遗资源的企业进行处罚（B），以此来引导非遗开发企业的策略选择。而对于政府机构而言，其策略选择主要受社会舆论力量影响。当社会舆论力量较大，社会公众对政府机构不监督行为的谴责（D）力度较强时，政府机构则会因社会舆论的强监督作用而选择监督为稳定策略。因此，加大社会舆论对政府机构不监督行为的谴责（D）力度能有效确保政府机构监督行为的实施，并能进一步引导非遗开发企业稳定策略的选择。

（2）提升社会公众对非遗开企业的奖励性激励，加强社会舆论、政府机构对非遗开发企业的惩戒性激励。在政府机构—非遗开发企业的演化博弈中，非遗开发企业的策略选择主要受社会声誉收益（I）、社会舆论谴责损失（J）及政府机构惩罚（B）影响。当非遗开发企业选择适度开发策略所获得的潜在收益（$I+J+B$）较高时，无论非遗开发企业的初始策略选择如何，其最终的策略选择都将演化至适度开发策略。因此，提升社会公众对非遗开企业的奖励性激励，加强社会舆论、政府机构对非遗开发企业的惩戒性激励，能让非遗开发企业的开发策略向适度开发演化，使非遗旅游开发可持续进行。

（3）加强社会舆论对非遗传承人不传承行为的谴责，提升 NGO、政府机构等组织对非遗传承人的经济补助。在非遗开发企业—非遗传承人的演化博弈中，非遗传承人的策略演化对非遗保护的最终实施和落实有重要作用。由于社会舆论力量的存在，合理分配将恒为非遗开发企业的稳定策略选择，而对于非遗传承人而言，其策略选择则主要受社会舆论谴责（O_2）及 NGO、政府机构等组织的经济补助（L）影响。只有当非遗传承人在传承非遗时所获得的潜在收益之和（O_2+L）大于其传承非遗所付出的成本（K）时，非遗传承人才会将传承非遗作为其稳定策略选择。因此，加强社会舆论力量对非遗传承人传承行为的监督，提升 NGO、政府机构对非遗传承人的经济补助，对非遗保护的最终落实有重要作用。

综合以上分析中可以发现，在“政府机构—非遗开发企业”“非遗开发企业—非遗传承人”的演化博弈中，社会舆论力量均发挥了重要作用。因此，加强社会公众对非遗保护的关注，提升社会舆论对非遗旅游开发的监督、激励作用，是确保非遗旅游开发与保护均衡发展，实现非遗旅游开发可持续进行的关键。

参考文献

[1] 陆扬．空间和地方的后现代维度［J］．学术研究，2009（3）：128–133.

[2] 联合国教科文组织．保护非物质文化遗产公约［EB/OL］．联合国教科文组织网站．http：// unesdoc. unesco. org / images / 0013/001325/132540c.pdf，2003–10–18/2007–09–19.

[3] 吕俊彪，向丽．非物质文化遗产保护与全球化背景下的资源博弈［J］．广西民族研究，2012（1）.

[4] 陈炜，黄碧宁．非物质文化遗产旅游开发与保护协同发展研究——以广西北部湾地区为例［J］．中南林业科技大学学报（社会科学版），2018，12（05）：92–99.

[5] 赵悦，石美玉．非物质文化遗产旅游开发中的三大矛盾探析［J］．旅游学刊，2013（9）.

[6] 何莽，陈惠怡，李靖雯．民族旅游扶贫中的旅游吸引物建设——基于四川兴文县苗族旅游扶贫案例的分析［J］．广西民族大学学报（哲学社会科学版），2017（6）.

[7] 赖泽栋，杨建州．非物质文化遗产保护与开发的行为主体创新研究——基于社会企业角度［J］．学术论坛，2012，35（04）：171–175+179+177.

[8] 何莽，黄凯伦，李靖雯．四川兴文苗族旅游扶贫情景下的非物质文化遗产保护与开发［J］．广西民族大学学报（哲学社会科学版），2018，40（06）：8–14.

[9] 罗茜，彭华．基于博弈理论的湘西非物质文化遗产保护性开发问题研究［J］．湘潭大学学报（哲学社会科学版），2012，36（04）：144–147.

[10] 鲁春晓．非物质文化遗产开发与“公地困局”问题研究［J］．东岳论丛，2014，35（10）：116–120.

[11] 王维艳．社区参与下的旅游景区竞合关系演变机理及调控——基于纵向价值链的演化博弈分析［J］．经济管理，2018，40（06）：134–152.

[12] 祁凯，杨志．政府参与下旅游公共危机演化的三方博弈分析［J］．旅游学刊，2018，33（04）：46–58.

[13] Xiaoqing Chen .A phenomenological explication of guanxi in rural tourism management：A case study of a village in China［J］.Tourism Management，2017（63）383–394.

旅游理论探索

文旅大数据：文旅融合发展的信息化基石

谢仲文[1, 2]

（1. 中国旅游研究院，北京 100005）

（2. 云南大学软件学院，云南 昆明 650091）

[摘　要] 一方面，我国已进入文旅融合的新时代；另一方面，信息技术革命使文旅大数据成为业界关注焦点。首先，结合大数据的定义，提出了加速文旅融合，应立足数据先行的观点；其次，结合信息技术最新发展，从文旅大数据的生产、存储、处理、安全等方面讨论其技术推动力；进一步，重点瞄准文旅融合发展的六大着力点，着重分析和探讨了文旅大数据在实现目标过程中所能发挥的积极作用；最后，得出文旅大数据是文旅融合发展的信息化基石和数字源泉的结论。

[关键词] 文化产业；旅游业；文旅融合；文旅大数据；信息化

伴随着我国进入文旅融合发展的新时代，公共文化效能不断提升，游客满意度稳中有升，人民群众生活越来越美好。统计数据表明，文化事业、文化产业和旅游业都呈现良好发展态势。从文化事业和文化产业的角度，2017 年，纳入统计范围的全国各类文化（文物）单位 32.64 万个，比上年末增加 1.58 万个；从业人员 248.30 万人，增加 13.50 万人；文化产业增加值 34722 亿元，占 GDP 的比重为 4.23%，比上年增长 12.8%；全国 5.5 万家规模以上文化及相关产业企业实现营业收入 91950 亿元，比上年增长 10.8%。从旅游业的角度，2018 年，

[基金项目] 中国博士后科学基金（2018M631627）。

[作者简介] 谢仲文（1982—），男，博士，系统分析师，中国旅游研究院博士后，研究方向：旅游大数据与旅游统计。E-mail：xiezw56@126.com。

我国已形成国内和出入境游合计 58.3 亿人次，5.97 万亿元总收入的空前市场规模，旅游业对我国 GDP 的综合贡献为 9.94 万亿元，占 GDP 总量的 11.04%，旅游对社会就业的综合贡献也超过 10%，中国对世界旅游经济增长的贡献接近两成[1]。

在 2019 年全国文化和旅游厅局长会议上，确定了文旅融合发展的总思路是“宜融则融、能融尽融；以文促旅、以旅彰文”，并明确了六大着力点：①要着力推进理念融合。②要着力推进职能融合。③要着力推进产业融合。④要着力推进市场融合。⑤要着力推进服务融合。⑥要着力推进对外和对港澳台交流融合。本文在讨论文旅大数据数据整合、技术演进之后，将从以上六大着力点上讨论文旅大数据在文旅融合发展过程中的基础性地位。

1 连接文旅数据孤岛、整合传统在线数据，夯实文旅大数据基础

国际数据公司（IDC）将大数据定义为 4 个 V：Volume（海量性）、Velocity（动态性）、Variety（多样性）、Value（价值性）。阿里巴巴 CTO 王坚则指出，大数据的重点是在线[2]。

从中国文旅实践来看，过去十几年，最引人注目的重大进展就是信息和通信技术（ICT）的商业化应用：不仅改变了文化和旅游的消费方式、供给交付方式，还创新了其商业化发展模式、引发了产业组织方式的深层次变革，而且为文化和旅游业积累了海量、精细、多维度的旅游数据资源。但是，文化和旅游在过去的数十年里，是不同的事业和产业，因此文化数据和旅游数据是两个彼此独立、相互隔离的数据孤岛。连接文旅数据孤岛，建立统一的文旅数据库需要市场主体的技术改造，也需要行政主体的科学引导。

在线数据，由数以亿计的公民记者（citizen journalist，指互联网上参与式报道的普通民众）收集、组织、发布，又被无数的用户阅读、传播和反馈，其形式包括数值、文本、图像、视频等多种多样[3]。伴随着电商巨头、大型 OTA（Online Travel Agency）、MTA（Mobile Travel Agency）、社交平台和新兴平台的用户数量的急剧增长，海量的文化和旅游数据资源在线：不仅包括宏观的访问量、关注量、成交量、评论数等数据，还包括旅游住宿、交通、景区、行程、购物等个性化数据，甚至包括对它们的评论、评价、分享、推荐，乃至一些细

节和情感等数据[4]。统计数据，主要来自国家统计局、文化和旅游部等权威部门的统计公报和统计年鉴。抽样调查数据，虽然数据采集的方式并不先进，但它能捕获数据的结构，作为在线数据的有力补充。中国旅游研究院改造传统的抽样调查方式，借助信息技术构建了自主调研平台，迈出了改造传统抽样调查的重要一步。未来，中国旅游研究院还将进一步整合传统数据和在线数据，构建一个更加完整、先进、规范的文旅大数据数据库。文旅大数据，从数据源的组成结构看，将会形成以统计数据为基础，以在线数据为重点，以抽样调查数据为补充构成的多维度、多形式、跨时间、跨空间的数据集合。

文旅大数据，数据源的组成结构只是它的静态结构。事实上，在文旅融合发展的背景下，更应关注相关大数据的动态生命周期，包括大数据的采集、规范、清洗、存储、管理、处理、分析、挖掘、呈现等一系列的步骤和技术。当前，推进大数据科学研究在产业中的具体应用已经成为未来趋势[5]。前几年，旅游大数据是研究热点[6, 7, 8]。如今，文旅大数据的研究也已经成为文化旅游业界和计算机界共同关注的一个课题。综上所述，为了加速文旅融合，应立足数据先行：打通文旅数据孤岛、整合传统在线数据，构建满足 4 V、突出在线数据，具备科学性、规范性、可扩展的文旅基础数据库。

2　数据生产、数据存储、数据处理、数据安全，技术日趋成熟推动文旅大数据向前演进

文旅大数据，要成为文旅融合发展的数字源泉，从主观角度，不仅需要国家宏观政策的支持，还需要文旅大数据从业人员的不懈努力；从客观角度，需要文化和旅游市场达到一定的规模，同时也对信息系统、计算机存储、数据处理技术、信息安全保障等提出更高要求。下面，将从生产、存储、处理、安全等重要的角度阐述文旅大数据的技术推动力。

2.1　互联网、移动互联网、物联网，三网之上的数字媒体资源呈指数级别增长，文旅大数据内容的生产加速度还在增长

过去，文旅数据主要以统计数据和抽样调查数据为主。如今，一方面，统计数据和抽样调查数据在计算机的辅助下，正在创新和改进，统计数据和抽样调查数据的生成效率相比较以前得到了明显的提高；另一方面，受益于互联网、

移动物联网技术的飞速发展和广泛普及，人类在互联网上的一切活动，都被网络基础设施、OTA、社交媒体等机械地记录下来，因此文旅相关的在线数据快速积累。此外，除去评论、评分等主动产生的数据，人们在网络上的一切行为，包括浏览、点击等，都会产生一系列上网者都没有注意到的在线数据。再加上移动设备自动收集的大量数据，不仅加速了文旅大数据的生产，同时也增强了文旅大数据的客观性。未来，随着物联网技术的进一步推广和普及，由传感器感知、生产并自动运输的数据，将进一步增强文旅大数据的生产能力。

2.2 分布式、云存储、5G，近似无穷的存储空间，高速率、低时延的传输，文旅大数据的存储和传输将突破时空瓶颈

过去，文旅数据以文件、数据库的形式保存在计算机上，但数据之间是孤立的，形成了无数的数据孤岛。如今，一方面，分布式存储技术的发展，使得物理分布在不同位置的数据在逻辑上形成统一的整体；另一方面，网络带宽的提高使得数据在不同节点之间的传输，效率更高成本更低，数据孤岛问题基本得到解决。面对文旅大数据中越来越多的非结构化数据、文本数据，NoSQL 等数据存储技术相比较传统的关系型数据库，具有较明显的优势。分布式、虚拟化、冗余备份等技术使得数据的物理存储和逻辑存储相独立。未来，随着存储器硬件能力的继续提升、云存储技术的不断完善、5G 的脚步也越来越近，海量存储在分布式、虚拟化、存储、传输等技术上构成一个正循环，理论上将拥有无穷的数据存储能力和接近实时的传输能力。当然，存储和传输文旅大数据的能力将进一步得到提升。

2.3 并行计算、云计算、人工智能，算法效率在提高，算法结果在优化，文旅大数据的应用将更加广泛丰富

过去，文旅数据以数值型数据为主。对数据的处理以数据整理、数据统计、指标计算、指数编制、数据分析等对传统数值型数据的处理为主。如今，一方面，数据挖掘等技术，尤其是相关算法在时间性能上的不断提升，使得对文本数据的处理也相当方便；另一方面，计算机处理器性能的不断提高，并行计算技术的不断发展，以及云计算通过虚拟化构成的、理论上满足按需分配的计算能力，使得对旅游大数据的处理能力在不断增强。人工智能在文旅领域正得到大面积的推广，算法在时间复杂度、空间复杂度、结果优化等方面不断取得进

展，新算法、新思路层出不穷。未来，伴随着以机器学习、人工神经网络、深度学习等为代表的人工智能技术的进一步发展，对文旅大数据的处理效率将更高，在提升文化获得感和旅游满意度等方面也将发挥更大的作用。

2.4 加密算法、共识机制、区块链，安全性能在提高，按约办事得到技术化保障，文旅大数据的共享有望日趋公平公正

过去，文旅数据的安全在技术上通过分层机制、权限管理、加密技术等手段进行保障，但由于在数据安全、政策法规等制约下，数据共享一度因商业利益与权限纷争等问题而陷入困境。近年来，区块链技术正在成为科技界和产业界关注的新热点。区块链由于其去中心化、信任机制、共识机制等显著特征，在数据资源整合与共享上优势明显。考虑到文旅大数据的自身特点，若能通过区块链技术建立起更完整、全面、细致的旅游大数据共享网络，那么，一方面，将在某些程度上减少数据贡献者的焦虑；另一方面，将有效推动旅游大数据的整合与共享。基于区块链技术建立文旅大数据共享网络，共享数据不单独属于某个节点，而是链上所有节点共有；贡献越多越有价值的数据，拥有越多的链上权限；所有节点根据智能合约，合理规范地使用数据。可见，基于区块链技术建立旅游大数据共享网络，是一项用增量来盘活存量数据的工程。这是技术进步带给旅游大数据向纵深发展的新机遇，值得文化旅游业界共同去探索和研究。

3 文旅大数据将在文旅融合发展的着力点上发力

文旅大数据，要成为文旅融合发展的信息化基石，必须在文旅融合发展的着力点上发力，并在数字化和智能化支持方面成为文旅融合发展的推动力。大数据在其他应用领域，已经能发挥诸多重要作用：大数据可以应对变化、大数据可以优化决策、大数据可以一定程度上预测未来，大数据还可以发现和揭示许多事物的内在规律。那么，让我们讨论和展望文旅大数据在贯彻文旅融合发展“宜融则融、能融尽融”的总思路上的应用。

3.1 借助文旅大数据加快理念融合，提升理论水平

“以文促旅，以旅彰文”，不仅是好理念、好思路，也是好方法、好途径。文旅大数据可以挖掘文化和旅游之间深层次、多方位的联系，这些关联关系在推动文化和旅游的理念融合上将产生积极的作用。当大数据将文化和旅游的众

多特征关联起来，数量化为一对对相关关系时，文化和旅游在数据层面就为理念融合提供了坚实的数据基础。“文化需求是旅游活动的重要动因，文化资源是旅游发展的核心资源，文化创意是提升旅游产品质量的重要途径，文化的生产、传播和消费与旅游活动密切相关；旅游是文化建设的重要动力，是文化传播的重要载体，是文化交流的重要纽带”，雒树刚部长的讲话已经成为文化和旅游界的共识，在验证共识上，文旅大数据将发挥重要作用。从文旅大数据上可以发现无数的文化需求带动下的旅游活动，也可以发现无数通过旅游活动促成的文化传播、文化交流，甚至传承下来的文化传统。可以说，文旅大数据就是对“以文促旅，以旅彰文”的数据化描述，就是文旅理念融合的案例库和数据源。对文旅大数据的研究、分析和挖掘的过程，就是加快文旅理念融合、提升理论功力的过程。

3.2　借助文旅大数据促进职能融合，提升职能效率

文旅大数据可以在以下几个方面促进职能融合，提升职能效率：①支持文化和旅游职能的协调和同步。文旅大数据是文化事业、文化产业和旅游业的信息化表示，为文化和旅游行政主体实施职能提供了数据基础和施工蓝图。无论是大颗粒的事件，或是中颗粒的活动，甚至是小颗粒的任务，都包含不同机构、不同人员之间的信息通信、资源协调、合作配合。文旅大数据中的历史信息，还可以帮助规避或减少任务失败风险。②助力文化和旅游职能瞄准共同目标、形成合力。以前，文化和旅游在目标和理念上并不统一，难以形成共同目标和合力。一旦有了文旅大数据的信息化蓝图，尤其是对愿景的形象展示，就有助于文化和旅游的行政主体瞄准共同目标、形成合力。在某些具体任务，如文旅融合示范点建设上，在理论研究、数据支撑、精心设计的基础上，更容易形成合力，让文旅大数据成为职能融合的催化剂。③为文化和旅游职能的重构提供参考。文化和旅游的职能融合是一项复杂的系统工程，在系统不断演进进程中，只有更优，没有最优，它更是一项长期迭代、不断优化的过程。文旅大数据在长期迭代、不断优化方面将为其提供长周期支持，无论是业务流程优化、还是组织职能的再分配，文旅大数据都提供了一个重要的参考和决策依据。

3.3　借助文旅大数据促进产业融合，提升产业实力

文旅大数据可以在以下几个方面促进文旅产业融合，提升产业实力：①从

需求的角度，可以从文旅大数据中挖掘出人民在文旅方面的新需求，甚至发现新的需求群体。为了使文旅方面的新需求不断得到满足，文旅相关产业必须共同应对挑战、满足需求，这个过程就是从需求侧促进文旅产业融合的过程；②从供给的角度，可以从文旅大数据中发现文旅产品供给在时间、空间、协同上的不足，然后有针对性地在多个维度对文旅供给产品进行丰富，这一过程则是从供给侧促进文旅产业融合的过程；③从内涵的角度，文旅大数据不仅可以促进旅游业提升文化属性，也可以助力文化创意落地旅游业，最终改良文化和旅游的基因，促成文旅产业深度融合。④文旅大数据可以发现文化和旅游业，与其他产业之间的关联关系，这些关联关系在推动文旅在产业融合维度的全域化方面将产生积极作用，甚至可以改造传统行业，扩大文化和旅游业的外延。总之，文旅大数据在寻找需求和供给的匹配点、文化和旅游产业链条各环节的对接点上将大有可为，在文化和旅游产业政策制定方面将提供多元参考，进而在促进文旅产业深度融合、提升文旅产业实力上发挥作用。

3.4 借助文旅大数据协同市场融合，提升市场活力

文旅大数据可在以下几个方面协同文旅市场融合，提升市场活力：①从行政主体的角度，文旅大数据的积累，尤其是从中提取出的基础数据，由于诸多的数据需求可以通过基础数据的组合、运算得出，使得行政主体“吃得透行业、说得清家底、摸得准问题、看得见变化”，这将大大提升其办事效率，促进文化和旅游行政主体效率优化；②从市场主体的角度，一方面，文旅大数据中蕴含的各种需求，提炼出的商业模式等，都将直接转化为市场主体的盈利能力；另一方面，通过对文旅大数据的分析，还能得出产业链中的高价值部分，使得市场主体专注于自己的特长，将有利于市场主体的壮大，促进文旅市场主体效益优化；同样，文旅大数据的繁荣发展，市场主体不仅是参与者，更是主力军；③从消费主体的角度，文旅大数据将推进文化和旅游业的智能化，提升消费主体的文化和旅游体验，无论是消费前的产品选择，还是消费中的服务体验，或是消费后的保障反馈，都将根据消费者的自身情况，在时间、价格、品质等方面做出优化选择，促进消费主体效益优化。以上三类主体的效益优化，将是文旅大数据为构建统一有序、供给有效、富有活力的市场，协同市场融合、提升市场活力做出的重要贡献。

3.5 借助文旅大数据推进服务融合，提升服务质量

文旅大数据可以在以下几个方面推进文旅服务融合，提升服务质量：①站在人的角度，从游客和目的地居民融合的角度，对游客而言，一方面，文旅大数据可以发现旅游过程中的“劣质”环节，从而有针对性地提高品质，进而提高游客的满意度；另一方面，文旅大数据可以挖掘旅游过程中的“亮点”，从而有针对性地提升内涵、推广普及，进而提高游客的获得感。对目的地居民而言，在旅游目的地已经成为主客共享的生活空间的背景下，文旅大数据的帮助可以发现、提炼、升华目的地形象，在对目的地进行画像的同时，也将提炼出更多当地文化，提升目的地的文化氛围，进而提升目的地居民的幸福感。②站在产品的角度，从文化和旅游产品服务融合的角度，文旅大数据可以帮助总结消费者的共性和个性，其中的共性为文化和旅游产品的服务融合、甚至是标准化奠定了基础，而其中的个性则有助有推出更多定制化、个性化的文化和旅游产品；从文旅大数据中挖掘得到的共性和个性特征，将为文化和旅游产品在满足消费者需求方面提供技术保障，协同推进文化和旅游服务、居民服务和游客服务，有力推进文旅服务融合，提升服务质量。

3.6 借助文旅大数据推进对外和对港澳台交流融合，提升国家魅力

文旅大数据可以在以下几个方面推进对外和对港澳台交流融合：①从出境交流的角度，任何时候游客的安全和方便都是首先必须考虑的，而文旅大数据给国民的出境提供了参考、依据和辅助决策，帮助游客在出发之前获取较全面的旅行信息，帮助游客规避了出境的部分风险，帮助游客提前感知了异国他乡的风土人情，帮助游客提升了出境旅游的满意度。②从入境交流的角度，与出境刚好相对应，文旅大数据不仅向海外游客展示了“美丽中国”，还描绘了中华的灿烂文明，人民的热情好客，百姓的幸福生活，甚至是产品的“高性价比”、政策的流程和优化等。这些方面做好了，而且在文旅大数据上体现出来了，那么等待我们的必将是“有朋自远方来，不亦乐乎”的友好和融洽了！其实，无论是出境交流还是入境交流，在文旅大数据上展示出来的，都是“美丽中国”的秀丽景象、和谐中国的生活景象、文明中国的旅途景象，说到底都是伟大中国的国家魅力，以及中华民族倡导的全球命运共同体的理念魅力。因此，文旅大数据也是提升国家魅力的信息化手段之一。

4 结束语

当前，大数据革命浪潮如火如荼，随着技术的不断进步，文旅大数据将处于这样一个科技生态系统之中：以物联网等技术采集数据，以5G等技术传输数据，以云存储等技术存储数据，以区块链等技术管理数据，以人工智能等技术处理数据，构成以输入数据、输出知识的一整套以数据为核心的科技生态系统。大数据革命浪潮改变了金融行业，颠覆了媒体产业，拓宽了教育事业，它与具体行业的融合应用正在呈现加速发展的状态。因此，本文所讨论与列举的文旅大数据在文旅融合着力点上的发力，只是文旅大数据在文旅融合中的初步作用。有理由相信，文旅大数据必将更加深刻地影响文化和旅游业界，伴随着文旅融合进程的不断进展，文旅大数据将发挥越来越重要作用，成为文旅融合发展的信息化基石和数字源泉。

参考文献

[1] 中国社会科学院旅游研究中心．旅游绿皮书：2017—2018年中国旅游发展分析与预测［M］．社会科学文献出版社，2018.1.

[2] 王坚．在线［M］．中信出版集团，2016.10.

[3] Kaplan，A.M.，Haenlein，M. Users of the world，unite! The challenges and opportunities of Social Media［J］. Business Horizons，2010（53）：59–68.

[4] 王信章．大数据在旅游行业应用的现状及其发展前景研究［J］．中国旅游评论，2016（2）：12–26.

[5] 程学旗，靳小龙，杨婧，徐君．大数据技术进展与发展趋势［J］．科技导报，2016，34（14）：49–59.

[6] Y Gao，J Tang，R Hong，Q Dai，TS Chua，etal.W2Go：a travel guidance system by automatic landmark ranking［C］.Proceedings of the ACM International Conference on Multimedia，2010：123–132.

[7] X Lu，C Wang，JM Yang，Y Pang，L Zhang.Photo 2 Trip：generating travel routes from geo-tagged photos for trip planning［C］.Proceedings of the ACM International Conference on Multimedia，2010：143–152.

[8] Y Ge，Q Liu，H Xiong，A Tuzhilin，J Chen.Cost-aware travel tour recommendation［C］. Proceedings of the ACM Sigkdd International Conference on Knowledge Discovery & Data Mining，2011：983–991.

全球治理视域下的中国南极旅游治理思考

熊　娜

（中国旅游研究院，北京 100005）

［摘　要］随着南极旅游的快速发展，管理规制南极旅游、保护南极生态成为国际社会的热点问题。2016 年至 2017 年南极季中国赴南极游客人数上升至全球第二，超过澳大利亚，仅次于美国。中国参与南极旅游开发和治理活动影响日益提升，如何构建和完善南极治理，保障南极旅游开发与战略推进，促进国际互信与合作是现阶段中国政府亟待解决的重要问题。

［关键词］南极旅游；全球治理；人类命运共同体

一、引言

南极旅游是人类和平利用南极的主要方式之一，随着南极旅游的迅速发展，管理规制南极旅游、保护南极生态成为国际社会的热点问题。近年来，中国南极事业加快推进，基础设施建设，极地科研投入力度持续加大[1]（如表 1 所示），国内赴南极旅游人数迅速增长并于 2016 年至 2017 年南极季上升至全球第二，超过澳大利亚仅低于美国[2]。2018 年国家海洋局发布《南极活动环境保护管理规定》，正式将南极地区人类活动的监管纳入中国法律规章系统。为适应中国在南极旅游市场影响力及治理角色转变的需要，中国亟待重新认识旅游在南极战略中的地位，积极融入南极旅游全球治理体系，并发掘符合中国国家利益的可行方案。

［作者简介］熊娜（1983—），女，湖北武汉，中国旅游研究院副研究员，经济学博士，研究领域为旅游发展战略、可持续旅游。E-maiL nxiong@cnta.gov.cn。

二、南极是全球治理典范，南极旅游治理作为新兴领域影响力不断提升

（一）南极地区对全球可持续发展及治理具有特殊重要意义

南极是冻结领土主张的“世界公域”。1961 年《南极条约》正式生效，此后签订的一系列公约和议定书冻结了南极地区的领土纷争[3]。南极成为未被国家主权分割的“公域”。因为不属于主权国家体系，其国家利益的实现方式和机制与传统的国家利益有所不同[4]。譬如，不能禁止其他缔约国根据南极条约自由进入并从事南极和平开发，包括南极旅游、科考和渔业资源开发等。

南极在全球生态系统中发挥重要作用，尤其是气候变化和淡水资源方面。作为极为独特和大地理单元，南极对全球气候系统有着重大和深远的影响，如正在崩塌的西南极冰盖，有可能使海平面上升 1 米，引发严重的全球性自然灾害[5]。同时，南极还拥有全球储量的 80% 的淡水资源。

南极的极端环境十分脆弱，开发活动的环境影响备受关注。南极条约协商会议先后出台了《保护南极动植物议定措施》《南极矿物资源活动管理公约》《关于环境保护的南极条约议定书》等系列法规，持续强化对南极环境的保护。国内外学者也对南极人类活动对脆弱的南极生态产生的直接影响和间接影响做了大量研究[6]。

（二）旅游已成为南极可持续发展的重要引擎

主权诉求与国家利益需要社会公众认同，南极旅游教育功能为认同的获取提供了渠道。南极旅游是人类了解南极最直观的途径。部分国家利用其在旅游问题的立场来宣扬他们是南极国家，以增强他们在南极条约体系中的位置[7]。以新西兰为例，“通过南极局和其他媒介以及青少年极地体验活动，可以唤起新西兰国民对南极洲重要意义以及新西兰与南极大陆关联重要性的公众认识。事实上，这类措施已经帮助普通新西兰人树立起一种强烈的南极遗产意识”[8]。

南极设施是实现有效占有和国家利益的基础，需要嵌套商业活动来保障其可持续运营，南极旅游商业活动对此至关重要。据“国家南极局局长理事会”（COMNAP）统计，60ºS 以南的南极区域共有科考站 82 个，各类临时性的观察站点和避难所更是数以百计[9]。这些规模庞大的南极设施设备能否正常运作有

赖于配套资金的支持。以英国为例，英国南极遗产信托中心把部分南极遗产打造为南极旅游的卖点，商业旅游的收入即可以支持该机构的日常运转；同时，建设并经营南极购物商店和邮局，所得业务收入成为南极遗产维护和修缮的主要经费来源[10]。

南极旅游商业活动相关功能的发挥，有赖于自身合法性即不超过南极旅游活动区域的环境承载力，有实施负责任旅游的自治机制或组织。南极条约协商会议（缩写 ATCM，下同）对旅游问题没有采取非常强硬的举措，其中一个重要的原因是，1991 年成立的国际南极旅游组织协会（缩写 IAATO，下同）在规范和管理南极旅游活动方面发挥了重要作用，其在环保、安全等方面的行业管理规定甚至严格于协商国相继通过的指南[11]。

三、中国正成为南极治理重要力量，加快南极旅游治理补短板意义重大

（一）南极对中国可持续发展及参与全球可持续治理具有重大战略意义

南极气候功能对中国具有重要影响。中国是气候灾难频发国家，保护和研究南极对实现中国应对气候变化，实现可持续发展十分重要。气候变化及其引发的极端灾害事件，对中国农业、水资源、健康和人居环境等已造成诸多不利影响。据统计，气象灾害损失占到中国自然灾害总损失的 70% 以上，20 世纪 90 年代以来，气象灾害导致的经济损失每年超过千亿元，占 GDP 的 1%~6%。

南极治理在全球具有极高关注度，参与南极治理对中国树立负责任大国以及可持续发展的坚定拥护者形象是把双刃剑。2017 年中国首次担任东道国，成功举办第 40 届南极条约协商会议，并提出构建人类命运共同体、保护南极自然环境，实现南极永续发展等五项倡议。同年，中国国家海洋局发布了白皮书性质的南极事业发展报告《中国的南极事业》，首次系统阐述了中国发展南极事业的基本理念、科考历程、科研成果、环境保护与资源利用情况、国际交流合作成果及参与治理的情况[1]。由于南极治理在全球治理领域具有极高的关注度，该地区我国获取的成绩和积累的教训均会被放大。

（二）南极旅游对我国南极事业可持续发展具有重要意义

中国倡导以和平方式利用南极，增强政治互信，强化责任共担，努力构建

人类命运共同体。作为南极和平利用的重要形式之一，南极旅游近年发展迅猛，引导好治理好南极旅游，实现南极和当地旅游活动的可持续发展，对增进国际社会理解和国内民众认同具有十分重要的作用。

治理南极旅游，实现后者可持续发展，有助于提高中国南极设施效能，缓解南极战略所需的资金压力，切实维护南极地区的国家利益。南极开发活动资金投入大，回报周期长；时值国内经济结构调整的不确定时期，国家利益与南极战略的实现亟待商业经济回报支持，南极旅游具有较为突出的优势。

南极旅游市场粗放发展存在风险，不利于我国南极事业可持续发展。我国南极旅游需求高速增长与南极旅游行业治理的低水平参与并存，国家公园、自然保护区等生态脆弱区治理理念和政策的南极输出存在困难，南极旅游治理政策和法律法规制定尚处起步阶段，难以有效防范和应对南极旅游风险事件，面临着较大的环境风险和国际政治风险。

表 1　中国南极事业发展历程

时间	事件	时间	事件
1978 年	国务院批准国家海洋局《关于开展南极考察》的请示报告，自此中国正式开启南极科考工作	2004 年	国家海洋局极地科学重点实验室成立
1981 年	国家南极考察委员会成立	2009 年	“昆仑站”在南极内陆冰盖最高点冰穹 A 地区建立
1984 年	中国首次派遣南极考察编队，12 月考察队 54 人首次登上乔治王岛	2014 年	“泰山站”建立
1985 年	中国首个南极科考站“长城站”建立	2015 年	首架固定翼飞机“雪鹰 601”正式投入南极考察
1986 年	“极地号”抗冰船首航南极	2016 年	中国决定组建首支南极航空队；中国自主建造的第一艘极地科考破冰船开工
1989 年	“中山站”建立；国家海洋局极地考察办公室下属中国极地研究所（2003 年改为中国极地研究中心）成立		
1994 年	中国极地考察工作咨询委员会成立；“雪龙号”首次执行南极考察任务	2017 年	“雪鹰 601”成功降落南极冰盖最高点；完成新建第 5 座南极科考站选址工作，新站预计 2022 年建成；首次主办南极条约协商国（ATCM）会议；发布第一份具有白皮书性质的政府文件《中国的南极事业》；中国商用飞机首次着陆南极
1997 年	首次完成南极冰盖内陆考察		
2002 年	在上海举办第 27 届南极研究科学委员会（SCAR）会议和第 14 届国家南极局局长理事会（COM-NAP）会议		

资料来源：王文，姚乐（2018）[1]。

四、深化全球治理认识，探索南极旅游治理的中国方案

（一）深化对南极旅游可持续发展治理体系的认识

南极旅游可持续发展治理体系较为特殊，由国际法规制（《南极条约》体系）、国际软法规制（国际南极旅游业者协会（IAATO）系列规定）以及部分发达国家（美国、澳大利亚等南极大国）的国内立法组成。由于责任不明确，其规制力度仍然有限，部分规定执行不充分。权责不明与南极地区超越主权的人类公共问题密切相关，形成了“全球公地”“人类共同财产”“人类共同遗产”和“人类共同关切”等不同的国际治理理论。上述竞争性理论反映了对待南极旅游治理的不同原则与框架，是南极旅游治理机制的核心。

（二）比较借鉴南极旅游治理的典型模式

美国是开展南极旅游活动和推动南极旅游可持续发展治理中最活跃的少数几个大国之一，被视为国际南极政策的“建筑师”，其南极政策引起世人的普遍关注。近年来，美国推动形成中的人类共同关切理论及其衍生战略对国际体系将带来一系列挑战，值得我国高度关注。

南极地区关涉澳大利亚的国家利益，深刻影响着澳大利亚的国家认同。其在南极地区寻求国际合作，为中国携手澳大利亚参与南极地区事务提供了契机。深入理解澳大利亚南极旅游可持续发展治理模式，正确研判未来其在南极地区的行动部署，有助于为中国与澳大利亚在南极事务中的合作提供指引。

巴西是南极旅游治理“后来者”，与我国同为金砖国家、二十国集团、南极条约协商国会议等重要国际机制的成员国。随着经济实力的不断增强，巴西积极谋划介入南极治理事务，为中巴两国开拓了广阔的双边南极旅游可持续发展治理合作空间。

（三）提出南极旅游领域的人类命运共同体构建方案

识别南极旅游视域下人类命运共同体建设的机遇与挑战。围绕南极旅游经济价值，相关各方展开了复杂的利益博弈，对以南极条约体系为基础的南极旅游可持续发展治理体系带来了越来越多的潜在机遇和挑战。深入认识这些机遇和挑战，对于我国制定和执行南极旅游参与战略，倡导人类命运共同体建设具有重要的现实意义。

提出南极旅游视域下人类命运共同体建设的中国方案。我国致力于南极旅游可持续发展，是从“人类命运共同体”视野对过往南极旅游实践累积问题和未竟问题的积极因应。探索该领域人类命运共同体建设的中国方案，应基于南极旅游可持续发展治理体系与典型模式的深刻理解，应兼顾本国国家利益的实现与他国的合理关切，应谋求本国发展中促进各国共同发展的总体目标。

参考文献

［1］王文，姚乐．新型全球治理观指引下的中国发展与南极治理——基于实地调研的思考和建议［J］．中国人民大学学报，2018，32（03）：123–134.

［2］张焱蕊，张明月．只带来脚印只带走回忆，中国成南极游第二大客源国［N］，人民日报海外版，2017–3–20（12）.

［3］唐荣，李萍，刘杰，李培英，冯秀丽．极地旅游发展研究［J］．海洋开发与管理，2018，35（06）：26–29.

［4］陈玉刚，王婉潞．试析中国的南极利益与权益［J］．吉林大学社会科学学报，2016，56（04）：95–105+190.

［5］杨海霞，郝晓光．南极竞争与中国战略——专访中国极地研究中心极地战略研究室主任张侠［J］．中国投资，2018（17）：34–38.

［6］李玮，李国敏，窦银科．南极人类活动的环境影响与干预机制［J］．山西煤炭，2018，38（01）：13–16.

［7］潘敏．新西兰“南极政治”国际学术研讨会综述［J］．中国海洋大学学报（社会科学版），2011（1）：5–9.

［8］Needham M D，Szuster B W．Situational influences on normative evaluations of coastal tourism and recreation management strategies in Hawai’i［J］．*Tourism Management*，2011，32（4）：732–740.

［9］王自磐．中国南极旅游开发探讨［J］．旅游学刊，2003（06）：95–100.

［10］鲍文涵．英国的南极参与：过程、目标与战略［J］．世界经济与政治论坛，2016（02）：70–84.

［11］陈丹红．南极旅游业的发展与中国应采取的对策的思考［J］．极地研究，2012，24（01）：73–79.

旅游地产研究：文献述评与研究建议

蒋艳霞

（中国旅游研究院，北京 100005）

[摘　要] 本文对国内外已有的旅游地产文献进行了归纳和梳理，并针对目前我国旅游地产理论研究中存在的问题和不足，提出了未来我国旅游地产理论研究的若干建议。

[关键词] 旅游地产；文献述评；研究建议

旅游地产起源于法国地中海沿岸。二十世纪初，地中海沿岸开发了大量的滨海别墅和度假服务设施，欧洲、北美的政府要员、贵族、富商蜂拥而至，使地中海成为欧洲乃至世界的休闲度假中心。二十世纪六十年代，法国阿尔卑斯山的别墅度假村率先以分时销售的方式招徕客户，旅游地产市场由此形成。二十世纪七十年代中期，美国从欧洲引入“时权酒店”概念，并逐渐形成了较为成熟的分时度假交换系统，旅游地产得到迅速发展。国外学者对旅游地产的研究也主要集中在分时度假方面。

我国旅游地产在二十世纪八九十年代开始萌芽。当时，海南出现了大量的空置房，为了消化这些空置房，“分时度假”和“产权酒店”概念被开发商引入国内。进入二十世纪以来，随着人们收入水平的提高和闲暇时间的增加，国内度假旅游规模逐渐形成，我国旅游地产进入快速发展阶段。旅游地产开发成为房地产业和旅游业共同关注的热门话题，也引起了专家学者们的关注。我国学者的研究领域比较广泛，主要涉及旅游地产的概念界定、开发模式、营销、风险、规制等方面。

[作者简介] 蒋艳霞（1975—），女，中国旅游研究院，博士，研究领域为旅游经济运行和旅游投资。E-mail：342335330@qq.com。

一、研究现状

（一）分时度假

国外没有关于旅游地产的专门概念，分时度假是国外学术研究和业界使用频率较高的术语。分时度假在国外已经发展得相当成熟，也取得了丰硕的研究成果，相关文献主要涉及分时度假产品、消费者、法律保障等方面。从停留时间来看，分时度假产品介于酒店住宿和第二居所之间（Upchurch 和 Gruber，2002）。为了满足不同层次消费者的需求，分时度假运营商开发出了灵活多样的产品：豪华型（luxury）、高档型（up-market）、优质型（quality）、价值型（value）和经济型（economy）（McMullen 和 Welch，1999）。各种产品属性对顾客满意度的影响也是不同的，比如在销售过程中配备销售指导、购买激励政策、酒店式服务、休闲设施、协助制订度假计划的咨询顾问等属性都有助于提升消费者的满意度（Gregory 等，2015）。

消费者研究对分时度假的营销、产品设计、财务分析、度假管理、社区利益等各个方面都具有指导意义（Rezak，2002）。消费者的特征、认知、购买动机、购买方式等也是大家关注的问题（Crotts 和 Ragatz，2002；Huang 等，2011）。分时度假的消费群体多为中产阶层，经济状况良好、综合素质较高，购买目的是为了交换机会和节约未来休闲成本（Crotts 和 Ragatz，2002）。分时度假行业的消费者价值受多种因素影响，比如休闲机会、礼物赠送、品质、灵活性、娱乐性、新的体验、财务收益等（Sparks 等，2008；Sparks 等，2011）。而且随着时间的推移，消费者对分时度假项目的价值感知会发生变化（Bradley 和 Sparks，2012）。

为了促进销售，开发商往往在分时度假产品的营销方面投入很多人工和费用，消费者经常受到营销违规行为的侵害。这种现状促使许多新法律法规的制定（Scavo，1999）。美国佛罗里达州在 1983 年率先出台了《分时度假房产法案》，明确规定了冷静期，消费者在冷静期内可以退货并收回所付款项。欧盟也在 1994 年签署了《欧洲联盟分时度假指令》，要求分时度假产品销售中有 14 天的“冷静期”。不过，执行力弱是既有法律法规面临的一个共同问题。提升市场信心不仅需要完善的合同条款和充分的信息披露，还需要强化法律法规制度的执行力，从根本上体现权利的公平（Downes，2008）。

国内分时度假的相关研究比国外起步晚，主要集中于对分时度假在中国本土化面临的问题与对策（罗守贵等，2002；陈超，郭鲁芳，2003；王婉飞，2003；黄健雄，2006；高永臻，徐德兵，2007；蒋文品，2012），以及相关法律法规的探讨。虽然我国国内旅游休闲度假消费逐步成熟，但由于受总体消费水平、休假时间、信用制度、法律法规政策等的限制，分时度假在我国仍处于初步发展阶段，需要解决诸多问题。加快完善相关法律法规、培育适合我国市场的分时度假产品是促进我国分时度假市场持续健康发展的重中之重。

1. 开发模式

在国外，旅游地产主要以分时度假的形式出现。分时度假产品具有适用性广、灵活性强的特点，因此在以美国为代表的西方国家得到了迅速发展，并衍生出了很多不同的开发形式（Upchurch 和 Gruber，2002）。根据财产所有权拥有程度的不同，所有权多元化的旅游住宿综合体（MOTA）可以分为三类：合同制分时度假（比如度假俱乐部、大部分欧洲分时度假模式）、过户式分时度假（比如 3~14 周的分时度假、私人公寓俱乐部）、权益不可分割式（比如公寓式酒店、酒店式公寓、第二居所）（Warnken 和 Guilding，2009）。

我国旅游地产包含的范围比较广，开发模式呈多元化趋势，学者们对旅游地产开发模式的关注也比较多。依据组织方式不同，旅游地产开发可以分为随意型、规划型和混合型（陈卫东，1996）。根据开发目的不同，旅游地产有以下几种比较成型的开发模式：以提供第一居所为主要目的的景区住宅开发、以旅游度假为目的的度假房地产开发、以旅游接待为目的的自营式酒（饭）店、与旅游相关的写字楼、以大盘形式出现的综合性旅游房地产开发（朱大贤，2003）。根据依托旅游资源的不同，可以分为五种模式：自然资源型借景开发、文化体验型借景开发、主题公园型造景开发、会议赛事型造景开发、主题街区型造景开发（董莹，2013）。随着我国旅游发展由观光旅游向休闲度假旅游转变，产生了“旅游导向型土地综合开发”（TOLD）模式，根据土地利用总体特征，TOLD 综合体的开发模式又可分为生态导向型低密度开发、文化导向型主题开发、娱乐导向型多元开发三种类型（吴必虎，徐小波，2010）。

影响旅游地产开发的因素很多，政策法规、经济环境、旅游资源、基础设施状况等都影响旅游地产开发模式的选择。在构建评价指标体系时，要尽量保障指标的独立性和代表性，可采用 Delphi 专家咨询法对指标进行筛选。旅游地产开发模式选择评价的模型主要有 SWOT 分析法（白浩，2009）、BP 神经网络评价法和模糊综合评价法（郝彦苹，2008；赵伟佳，2013）。

2. 风险

房地产风险是系统风险，具有普遍性和不可分散性（Tuzel，2010）。旅游地产的开发又与一般住宅建设不同，需要长期的资金、人力和管理投入，后期运营成本较高，收益周期冗长，对开发商的资金实力和运作能力是一个严峻的考验。另外，旅游地产是一种高档消费品，受经济和市场环境变化影响较大，因此旅游地产投资和开发风险相对较大。例如，酒店企业的价值往往随房地产市场的波动而波动，融资约束的企业尤其如此。相对于经营租赁物业，融资租赁或自有物业的酒店面临的风险更大（Lee 和 Jang，2012）。不过也有学者发现，旅游地产业务与企业风险之间并不存在显著的相关关系。Nabawanuka 和 Lee（2009）的研究表明，酒店经营分时度假业务对酒店的风险并没有影响。

我国经济仍处在较快发展历史时期，机遇与风险并存，旅游地产面临的风险因素尤其复杂，投资决策、建设阶段、租售阶段、物业管理过程中都伴随着各种不确定性因素，主要包括经济环境风险、产业政策风险、模式选择风险、策划设计风险、管理保护风险、商业营销、不可抗力风险等（丘伟萍，2011；中国人民银行桂林市中心支行课题组，2007；耿松涛，陈文玲，2013）。

在风险识别的基础上，需要对风险进行量化，以便有针对性地提出风险防范建议。学者们常用的风险评价方法有风险矩阵模型（刘睿，2011）和模糊灰色综合评价法（张丽峰，2008；耿松涛，陈文玲，2013）。一般而言，旅游地产开发面临的较大风险主要是政策风险、市场风险，其次是投资决策风险（包括投资时机、物业位置、物业类型）、营销等。因此，项目开发要特别关注宏观政策变化和市场供求现状，加强市场分析（岳婷婷，2009）。

（二）营销

国外关于住宿业营销的研究主要集中在酒店和餐饮行业，分别占文献总量的 40.1% 和 31.8%，旅游地产营销相关的文献比较少，占 15% 左右，主要涉及旅游服务、私人俱乐部、节庆、温泉、分时度假、会议、主题公园等（Line 和

Runyan，2012）。在研究主题方面，最受学者们关注的是消费者感知，如感知价值、满意度、服务质量等；其次是营销管理和战略、网络营销领域。网络营销已经成为一种重要的营销方式，房地产行业也不例外，相关研究增长迅速。相对于采用线下营销渠道的房产，在互联网上销售的房产往往会获得较高的成交价格，但销售周期也随之拉长（Ford，Ruthterford 和 Yavas，2005）。

国内学者关于旅游地产营销的研究主要集中在三个方面：营销策略、分销渠道和网络营销。旅游地产的客源经常遍布全国各地，面临客源地和房源地分离的问题，因此营销渠道选择和拓展难度比较大，项目信息覆盖有限。客源地营销可以采取三个策略：一是依据旅游地产项目的资源特性选择合理的客源地城市；二是按照目标客源地确立实用的传播手段；三是根据出行习惯设立准确的销售渠道（余茂生，2015）。房地产是城市的重要组成部分，城市营销需要载体，旅游地产营销需要平台，旅游地产的营销战略应与城市营销相结合，以提升核心价值点、扩大影响力（吕琨，2011）。旅游地产分销渠道一般都存在分销商渠道模式雷同和渠道成员冲突问题，因此应创新旅游地产产品和分销渠道模式，制定渠道冲突预警机制（曹晓雪，2013）。随着互联网技术的快速发展，我国网络营销越来越普及，互联网对消费习惯的改变也影响着旅游地产营销模式（张萍，2014）。网络营销不受时间、地域、语言的限制，可以实现全球营销，尤其适合旅游地产企业，是旅游地产项目的主要宣传工具。精准营销离不开大数据的支持，地方可以成立一个大数据房地产交易平台，把房地产商的产品全部放到平台上，然后建立一个大数据营销平台，为房地产网上交易提供支持（操文，2015）。

（三）投资

旅游地产既有居住功能，又有投资功能。房地产信托基金（REITs）作为一种金融创新，使二者价值得到了完美的结合和体现，同时也为地产开发商提供了一种退出机制（Case，2012）。REITs 在海外已经发展得非常成熟，学者们的研究也多集中于此。房地产信托基金的投资收益受宏观经济因素影响，货币政策、经济增长和通货膨胀的震荡一般会降低房地产信托基金的预期收益，违约风险的增加则会使得房地产信托基金的未来收益提高（Ewing 和 Payne，2005）。另外，房地产信托基金和股票市场之间的关系也非常密切，有时甚至相互影响。房地产信托基金的规模和业务类型是影响股票市场的重要因素（Lee，Chien 和 Lin，2012）。为了减少因所有权分散造成的代理问题，REITs 要将 90% 的收益分配给投资者，自身收益积累受到影响，经营发展更加依赖外部融资。研究表明，与其他饭店类公司相比，饭店类 REITs 在进行投资时，更容易遭受融资约束，因此如果公司在未来有较大的投资计划，应慎重选择 REITs（Kim 和 Jang，2012）。

与传统城市地产开发周期短，资金流转快不同，旅游地产选址多在偏离市区的经济低洼地，项目价值需要较长时间的培养，投资金额巨大、开发周期相对较长。不过，随着国内房地产市场深度调控，越来越多的企业开始涉足旅游地产投资，旅游地产投资呈现快速增长势头。国内学者对旅游地产投资的研究主要集中在投资过热、投资模式、投资策略三个方面。近年来，我国旅游地产开发不断升温，究其原因，主要有三个方面：国家政策扶持与住宅地产行业景气度下降；我国休闲旅游发展态势良好；我国旅游产业基金发展迅猛，部分地产企业资本积累完成（王宇平，2013）。旅游地产是资本密集型产业，旅游地产的投融资对旅游地产的成功与否起着至关重要的作用。我国旅游企业可以运用的投融资模式有以下几种：①成立旅游股份有限公司，上市筹集资金；②产业投资基金；③旅游资产证券化；④ PPP（Private Public Partnership）融资；⑤ BOT（Build Operate Transfer）融资（兰英英，2011）。随着越来越多投资主体的加入，旅游地产面对的市场竞争和投资环境也日趋激烈和复杂，为了最大限度地实现企业的资本增值，我国旅游地产的发展可从全价值链的角度出发，探索合适的投资策略：以资产价值提升为基石；以功能价值创新为源泉；以品牌价值塑造为核心；以文化价值彰显为支点；以情感价值融入为纽带（马勇，王宏坤，2011）。

（四）规制

旅游地产是旅游城市旅游经济活动的重要组成部分，旅游地产的建造、维修和使用可以为所在地区提供就业和收入，产生直接的经济效益。不过，旅游地产的开发也会改变当地公共服务的需求，增加政府支出。从政府财政收支的角度来看，旅游地产开发收益只能满足自身行业发展的需要（Deller，Marcouiller 和 Green，1997）。旅游地产的买主多来自其他地区，他们的经济生活中心仍在外地，为了短期的休闲度假或投资需求而到本地购置住宅，他们的到来打破了本地住宅市场的供需平衡，造成本地住宅成本提升，住宅价格偏离本地居民的收入水平（Gallent，Tewdwr-Jones，2001；Shucksmith，1991）。因此，为了降低旅游地产对社会和环境的负面影响，政府的干预成为必要，应控制旅游地产供给的总量，科学规划避免无序开发，征收庇古税抑制旅游地产需求（Gallent，Tewdwr-Jones，2001；Adamiak，2016；Ursic，Misetic R. 和 Misetic A.，2016）。

旅游业与房地产业之间存在显著的效益相互溢出效应，在旅游景区周边地带开发度假、商务和住宅类的旅游地产项目，对活跃景区的人气、增加基础客源、强化配套服务功能等方面都有好处（宋丁，2003）。不过，近年来随着国内市场阶段性需求的快速增长，很多地方出现了盲目开发的势头，给旅游区带来了很多负面影响：①无序开发，资源浪费，生态破坏严重；②规划不当，破坏景区意境；③重复建设，缺乏特色，文化品位缺失；④环境容量超载，景观要素和环境质量下降；⑤推动本地住宅成本攀升，造成住宅市场失衡（祝晔，2009；包振宇，王思锋，2011）。因此，迫切需要政府对旅游地产发展进行规制，规范开发和经营行为，促进产业可持续发展。政府对于度假房地产开发的规制，应以间接规制为主导，直接规制为补充，逐步强化间接规制。我国旅游地产规制的主要内容包括土地规制、金融与税收规制、环境规制、交易规制等，其中控制旅游度假用地的供给、进行规划控制是政府规制旅游地产的最直接和有效的手段（王建喜，2010）。在环境规制方面，应健全旅游地产投资的资源保护与评价机制，使社会公共产品得到有效的保护和利用（黄猛，2013）。另外，旅游地产开发过程中涉及的法律关系复杂，应健全房地产项目法律法规，规范项目的审批程序，加强对项目全程的监管（吴燕华，2013）。

二、研究贡献

（一）旅游地产概念已经基本达成共识

随着旅游地产的普及和研究的推进，大家对旅游地产的了解越来越深入，不同学者从不同角度和方面对旅游地产的概念进行了阐述（沈飞，2001；宋丁，2003；周春香，2011；吴老二等，2003）。旅游地产在国外主要指的是分时度假，分时度假在欧美国家已经发展得比较成熟，其概念也被普遍接受，核心要素主要包含两点：一是分时使用权（或所有权）；二是度假时段的交换。

国内学者虽然在界定旅游地产概念时强调的侧重点不同，但在基本的核心点上已经初步达成共识：①在环境特征上，旅游地产具有特殊的地理位置和环境要求，一般位于大城市边缘或中央都市圈以外，在旅游风景区、度假地附近或环境优美的旅游城市；②在主体功能上，旅游地产的全部或部分功能是为旅游休闲度假服务的；③在经营模式上，旅游地产具有特殊的开发和经营模式，可以满足人们对度假居住物业资金投入少、使用次数多、每次使用时间短、能够投资增值的要求（邱守明，2012；薛诗清，2010）。

（二）旅游地产开发模式方面的研究最为充分

国外对旅游地产的研究主要集中在分时度假，围绕分时度假市场、销售和保障体系展开（Woodside 等，1986；Haylock，1994；Rezak，2002；Sparks 等，2008；Scavo，1999；Downes，2008）。国内学者研究最为充分的是旅游地产开发模式。开发模式一直是大家讨论的热点（陈卫东，1996；朱大贤，2003；吴必虎，徐小波，2010），也是很多学位论文选题的方向（陈芸，2006；梁志敏，2007；丁姗，2009；白浩，2009；贾小强，2010；李飞，2012；刘玉霞，2013），目前的研究主要集中在旅游地产开发模式分类和选择评价两方面。

学者们从不同的角度对旅游地产开发模式进行了分类和归纳，分类依据有组织方式（陈卫东，1996）、功能（胡浩，汪宇明，2004）、主题和开发目的（祝晔，黄震方，2006）、资源依托关系（何冲，2006）等。在开发模式选择上，学者们大多采用模糊综合评价法（郝彦苹，2008；李飞，2012；赵伟佳，2013；杨建平和宿琛欣，2015）和 SWOT 分析法（白浩，2009）。由于大家对旅游地产开发模式的研究和讨论非常关注，该领域时常涌现出创新的观点和见解，对主流开发模式起到了很好的补充和调整作用。学者们的研究成果为规范旅游地产开发，促进旅游景区可持续发展提供了科学的借鉴和参考。

（三）旅游地产营销、风险和外部性等方面的研究逐渐增多

随着旅游地产的蓬勃发展，学者们的研究越来越深入，研究领域逐渐拓展，有关旅游地产营销、风险、外部性等方面的文献日益增多，丰富了旅游地产的研究内容。内部营销是提高服务质量，从而提升顾客满意度的战略工具。近年来，旅游地产中有关内部营销的文献显著增长，研究主要集中在员工行为（员工满意度）和员工培训上（Kim 和 Ok，2010；Line 和 Runyan，2012；祖鹏，

2012；刘德超，2004）。另外，随着绿色营销概念渐入人心，公共关系营销也越来越受到重视（Kang 等，2010；刘晓轩，2013），产业链营销逐渐渗入到旅游地产行业。

旅游地产的开发既受外部环境的影响，面临系统风险；也会产生外部效应，对当地环境和文化造成正面或负面的影响。越来越多的学者开始关注旅游地产风险和负外部性的评估和规避（耿松涛，陈文玲，2013；中国人民银行桂林市中心支行课题组，2007；包振宇，王思锋，2011；王建喜，2010），从市场（Dredge 和 Jamal，2013）、组织（Chancellor 等，2011）、政策（Tanguay 等，2013）等层面进行了分析和讨论，这些研究成果使我们对旅游地产运行机制有了更深入的理解。

（四）实证研究在规范研究的基础上受到重视，研究方法逐渐多元化

国外文献对旅游地产（分时度假）的研究起步比较早，已经形成了相对完整的理论体系，研究方法的使用上也较为多样，多采用定量研究和调查问卷的方法进行分析，比较重视对消费者需求的研究（邱建辉，2013）。随着旅游市场的迅速发展和数据获取便捷性的提高，我国学者运用实证方法（模糊评价法、层次分析法、结构方程模型等）进行定量分析的文献也明显增多（祝晔，2005；丁少华，2011；王恒言，2011；单文君，2009），研究方法逐渐多元化。另外，学者们还有意识地借鉴其他领域的研究理论或方法（江贤卿，2008；陈煜蕊，2013），拓宽了旅游地产研究的思路和视角。

三、研究不足

（一）缺少关于旅游地产整体理论框架的研究

目前，学术界对旅游地产的研究已经取得了不少成果，形成了开发模式、风险控制等比较成熟的投资管理理论，不过，从总体上看，学者们对旅游地产理论框架的研究比较滞后，目前的研究主要关注基础概念、发展趋势的研究，大都是侧重于旅游地产的某一个方面，并未形成系统化的框架体系。学者们对我国旅游地产发展的现状、存在问题及发展趋势讨论得比较多，如巨鹏等（2002）；吴老二等（2003）；余艳琴和赵峰（2003）；何智虎（2005）。还有的学者从产业融合（沈飞，2003；施金亮、周德力，2007；江贤卿，2008）、市场

定位（孟凯，2012；王志坚，2012）、消费者购买意愿影响因素（汤琦，2012；单文君，2009）等方面对旅游地产进行了讨论。虽然已有研究已涉及旅游地产的多个层面，但尚未从整体视角讨论旅游地产的理论架构，缺乏系统性。

（二）缺乏对投资过热规制的系统研究

旅游地产具有较强的外部性，在开发和经营时常常会对环境产生负面影响，特别是在自然环境为主的风景区内，大量建筑会造成景观生态破坏和环境污染。因此应对旅游地产的投资和开发进行适当规制，以避免过度开发。目前的研究多侧重于旅游地产投资模式（黄小芳等，2010；肖练，2011）和投资风险（王宇平，2013；阎庆民，2005），其中有关房地产信托投资基金的文献也逐渐增多（Tang 等，2008；Kim 和 Jang，2012；陈果，2009；封季媛，王宁，2013），但国内外探讨投资规制的研究尚属起步阶段，文献较为零散（朱美羽，2011；付艳芳，2012；黄猛，2013；程绍文，徐樵利，2013），缺少有针对性的深入研究，不够系统。王建喜（2010）讨论了度假房地产的开发（包括市场结构、市场主体行为、市场绩效）及其规制，不过并未针对投资过热进行重点论述。

（三）缺少基于中国制度背景的模型构建

近年来我国旅游地产迅速发展，一方面是因为国内旅游产业快速增长，我国开始进入“大众旅游”时代；另一方面由于国内住宅市场调控从紧，商业地产萧条，越来越多的房地产商希望通过房地产嫁接旅游，获得更加丰厚的回报。特殊的发展阶段和市场环境使得我国旅游地产开发和运行呈现出自己的特点，简单照搬西方已有理论来解释我国旅游地产实践并不适合。目前国内文献采用定量模型分析的研究较少，缺少基于中国制度背景的模型构建。

（四）研究方法以定性研究为主，缺乏计量分析

目前有关旅游地产的文献多采用经验研究或规范研究等方式，定量分析和实践研究偏少。研究方法多借鉴西方成熟模型，缺少基于中国实际情况的模型构建。同时，由于我国旅游类上市公司数量有限，根据资本市场数据得出的实证研究结论的适用性还有待进一步考察。另外，国内虽然出现了一些案例研究，但其中规范、高质量的案例研究比较少，案例研究的资料以公开披露的信息居多，缺乏深入细致的实地调查。

四、研究方向

1. 结合中国制度背景加强旅游地产理论研究，构建符合我国企业特点的分析模型

近年来随着我国经济的持续稳定增长和人民生活水平的提高，旅游休闲走进人们的生活并迅速发展。另一方面，为了促进我国房地产市场健康发展，抑制房价过快上涨，2010 年以来，中央和地方政府频频出台调控政策，力求挤压掉大量的投资、投机性需求。很多地产企业开始寻找新的投资机会，旅游消费市场愈加受到资本的关注，各大企业纷纷涉足旅游地产。我国的旅游地产正是在这一大的背景（市场力量和政府多部门力量并存）之下产生并迅速发展起来的，相关的理论研究和分析模型构建都应体现和考虑我国当前的社会经济和政治特点，以为我国旅游地产健康发展提供改进的政策建议。

我们认为，未来应深入考察外部制度环境对我国旅游地产发展的影响，包括法律保护程度、政府干预等是否影响旅游地产的发展，影响的机理如何；深入考察政府宏观调控前后旅游地产市场的特点，分析房地产调控政策对我国旅游地产市场运作的影响；构建中国特殊制度背景下，旅游地产驱动因素模型，以分析我国现阶段旅游地产发展的驱动机制。

2. 立足当前我国旅游地产投资现状，加强对旅游地产局部投资过热的分析与讨论

随着消费升级，休闲旅游观念的日益深入，旅居时代悄然到来。旅游地产开发持续升温，为人们的旅居生活创造便利条件。尤其是 2010 年以来，在旅游产业持续高速增长与房地产业结构调整的共同作用下，中国旅游地产在全国范围内得以快速发展，旅游地产投资和开发如火如荼，呈现“炙手可热”的态势。不过长期大规模“跑马圈地”，使得旅游地产呈现畸形发展态势，一些涉足旅游地产项目很多“以旅游之名，行圈地之实”，而且有些地方出现了投资局部性过热的问题，如海南的三亚、云南的大理、丽江等地。投资是否过度，是相对于总体经济发展需要而言的，旅游地产投资不但受本地经济规模影响，还跟周边地区的经济发展程度和自身旅游资源有关。

我们建议：①未来应加强旅游地产投资的规模特征和结构特征研究，考虑

区域经济、旅游资源、交通配套等因素，进行比较分析，以判断是否存在投资过热还是投资不足。②剖析局部地区投资过热的形成机制。旅游地产投资是在市场需求和政府力量共同推动下迅速发展起来的，旅游业的快速发展、国家对住宅房地产市场的调控、环境质量的下降、人们对住房要求的提高等都是导致部分地区的旅游地产项目出现井喷式增长的主要因素。不同地区各因素发挥的作用重要性不同。对旅游地产投资过热形成机制的研究，有助于理解现阶段新兴市场国家中旅游地产的发展规律。

3. 深入分析我国旅游地产的运营模式，关注企业战略对旅游地产运作的影响

我国旅游地产尚未形成成熟的发展模式，很多项目重销售而轻运营。不过随着时间的推移，旅游与地产功能渐趋融合，许多开发商“地产是核心，旅游是幌子”的开发理念已在渐渐转变，转向“地产与旅游兼顾，销售与运营并重”。现阶段我国旅游地产还处于摸索成长的时期，投资周期长、管理运营过程复杂，维护费用高是开发商面临的巨大难题。与商业地产类似，旅游地产销售完成后，需要有后期运行和管理的团队，对整个项目的物业进行统一经营和管理。完善的后期运营管理是项目最终走向成功的重要途径，旅游地产的运营涉及很多方面，自持物业的租赁管理、出售物业的基础设施管理、休闲业态的配套管理、旅游商业模式的整合管理等，都是后期运营管理的重要内容。如何根据项目自身特点和企业发展战略，选择合适的运营模式进行专业化管理是盘活旅游地产、保证项目持续盈利的关键环节。

我们建议，未来应加强以下方面的研究：①关注旅游地产的后期运营模式，剖析旅游地产项目的核心竞争力和盈利点。②考察企业战略对旅游地产运营模式的影响，研究公司战略和竞争战略与企业运营模式之间的作用机制。

4. 结合新型城镇化建设，深入研究旅游地产的经济后果

新型城镇化是我国全面建设小康社会的重要载体，也是最大的内需潜力所在。旅游地产在新型城镇化开发中可以扮演重要的角色，有利于土地熟化与区域价值提升，在旅游引导的新型城镇化建设中起到核心推动作用。如云南的丽江、腾冲等，依靠旅游产业和旅游地产的发展和支撑，完善了当地的环境和基础设施推进了当地的城镇化建设。随着旅游消费升级，越来越多的城市人口向旅游度假区及田园乡村流动聚集，形成了巨大的旅游度假人口聚集，为乡村地

区的就地城镇化创造了极大的机会。特别是在大城市病越来越严重、雾霾与城市生态环境恶化的背景下，度假养生养老在我国将成为一种发展趋势。在这个进程中，旅游引导的新型城镇化影响重大，也为旅游地产的发展带来了机会。旅游地产开发可以带动公共设施和休闲项目建设，促进建筑、交通、餐饮、通信等行业发展，为当地居民提供就业岗位，提升地区的生活居住条件，促进城市经济向旅游休闲化发展，从而对城市化进程起到推动和促进作用。

我们建议，未来应加强以下方面的研究：①分析旅游地产发展对旅游经济的促进作用。②考察旅游地产与新型城镇化建设的融合促进机制，重点分析旅游地产在特色小镇培育中发挥的作用。③分析旅游地产的生态环境风险。

5. 结合旅游地产经济后果，重视研究旅游地产的规制机制

发展旅游地产一方面会产生可观的经济和社会效益，有助于扩大内需，促进旅游经济发展和小城镇建设，增加就业，满足人们居住多元化的需求；另一方面又可能造成资源侵占、生态环境破坏和过度开发等不和谐现象。另外，由于旅游地产投资规模大、回收周期长的产业特点，在旅游地产项目上投资失败的案例越来越多。同时，在“旅游 + 地产”的开发模式下，目前支撑旅游地产发展的仍是地产，而非旅游产业，而这样的发展模式是不可持续的。因此，针对市场失灵和局部投资过热，政府需要进行理性引导，细分市场，出台差异化政策，因地制宜，因城施策，并提升政策执行力。

我们建议，未来应加强以下方面的研究：①计算旅游地产投资的区域均衡规模，编制旅游地产项目发展规划。②考察旅游地产项目开发的资源保护与评价机制。③构建政府规制体系，主要包括土地、金融、税收、法律、交易等方面的内容。

参考文献

[1] 包振宇，王思锋．旅游城市住宅市场负外部性及其矫正策略研究［J］．人文地理，2011，26（2）：150–153.
[2] 陈超，郭鲁芳．中国分时度假的发展困境及其消除［J］．旅游学刊，2003，18（1）：40–43.
[3] 陈卫东．区域旅游房地产开发研究［J］．经济地理，1996，16（3）：86–90.
[4] 耿松涛，陈文玲．基于多层次灰色方法的旅游地产项目开发风险评价模型及实证研究［J］．

旅游科学，2013，27（5）：52–63.
［5］何智虎．我国旅游房地产发展研究［D］．天津大学硕士学位论文，2005.
［6］黄健雄．分时度假法律模式之研究［J］．中国法学，2006（6）135–150.
［7］巨鹏，王学峰，崔凤军．景观房产研究——背景、现状与未来［J］．旅游学刊，2002，17（1）：31–35.
［8］沈飞．旅游房地产悄然起步［N］．中国经营报，2001–6–28（18）.
［9］宋丁．关于旅游住宅地产的十点提示［J］．特区经济，2003，3：40–43.
［10］王建喜．我国度假房地产开发及其规制研究［D］．南京农业大学博士学位论文，2010.
［11］吴必虎，徐小波．旅游导向型土地综合开发（TOLD）：一种旅游房地产模式［J］．旅游学刊，2010，25（8）：34–38.
［12］吴老二，吴建华，胡敏．发展旅游房地产的瓶颈制约［J］．社会科学家，2003（3）：101–104.
［13］吴燕华．旅游地产的法律性质与分析［J］．上海房地，2013（12）：24–26.
［14］余艳琴，赵峰．我国旅游房地产发展的可行性和制约因素分析［J］．旅游学刊，2003，18（5）：74–77.
［15］中国人民银行桂林市中心支行课题组．旅游地产的特征及金融风险问题研究［J］．广西金融研究，2007（2）：3–7.
［16］周春香．基于 Hedonic 模型的旅游地产关联度研究——以深圳华侨城为例［D］．暨南大学硕士学位论文，2011.
［17］朱大贤．旅游房地产开发模式探析［N］．中国旅游报，2003–12–31.
［18］Adamiak C. Cottage sprawl：Spatial development of second homes in BoryTucholskie，Poland［J］. *Landscape and Urban Planning*，2016（147）：96–106.
［19］Bradley G L，Sparks B A. Antecedents and Consequences of Consumer Value：A Longitudinal Study of Timeshare Owners［J］. *Journal of Travel Research*，2012，51（2）：191–204.
［20］Case B. Residential Real Estate Investment Trusts［J］. *International Encyclopedia of Housing and Home*，2012（43）：88–93.
［21］Chancellor D，Norman W，Famer J，and Coe E. Tourism organizations and land trusts：a sustainable approach tonatural resource conservation?［J］. *Journal of Sustainable Tourism*，2011，19（7）：863–875.
［22］Crotts J. C，Ragatz R L. Recent US timeshare purchasers：Who are they，what are they buying，and how can they bereached?［J］. *Hospitality Management*，2002（21）：227–238.
［23］Deller S C，Marcouiller D W，Green G.P. Recreational housing and local government finance［J］. *Annals of Tourism Research*，1997，24（3）：687–705.

［24］Downes N. More about timeshare: arevised directive or a regulation? incidence of other instruments of consumer protection［J］. *European Review of Private Law*, 2008（4）: 607–625.

［25］Dredge D, Jamal T. Mobilities on the Gold Coast, Australia: implications for destinationgovernance and sustainable tourism［J］. *Journal of Sustainable Tourism*, 2013, 21（4）: 557–579.

［26］Ewing B T, Payne J E. The response of real estate investment trust returns tomacroeconomic shocks［J］. *Journal of Business Research*, 2005（58）: 293–300.

［27］Ford J S, Rutherford R C, Yavas A. The effects of the internet on marketing residential real estate［J］. *Journal of Housing Economics*, 2005, 14（2）: 92–108.

［28］Gallent N, Tewdwr-Jones M. Second Homes and the UK Planning System［J］. *Planning Practice & Research*, 2001, 16（1）: 59–69.

［29］Gregory A M, Parsa H G, Nusair K., Kwun D. J., Putrevu S. Examining the effects ofvacation ownership productattributes on customersatisfaction［J］. *International Journal of Contemporary Hospitality Management*, 2015, 27（1）: 52–70.

［30］Haylock R. The European timeshare market: The growth, development, regulation and economic benefits of one of tourism's most successful sectors［J］. *Tourism Management*, 1994, 15（5）: 333–341.

［31］Huang C C, Pennington-Gray L, Thapa B, Phillips R, Holland S. Timeshare Owners' Perceptions and PreferredWays of Participating in Tourism Planning［J］. *Journal of Hospitality Marketing & Management*, 2011（20）: 103–120.

［32］Kang K H, Lee S., Huh C. Impacts of positive and negative corporate social responsibility activities on company performance in the hospitality industry［J］. *International Journal of Hospitality Management*, 2010, 29（1）: 72–82.

［33］Kim J, Jang S C. Do hotel REIT companies face investment constraints? A comparison with C-corporation hotel companies［J］. *International Journal of Hospitality Management*, 2012（31）: 573–578.

［34］Kim W, Ok C. Customer orientation of service employees and rapport: influences on service-outcome variables in full-service restaurants［J］. *Journal of Hospitality & Tourism Research*, 2010, 34（1）: 34–55.

［35］Lee CC, Chien MS, Lin T C. Dynamic modelling of real estate investment trusts and stock markets［J］. *Economic Modelling*, 2012（29）: 395–407.

［36］Lee S. K, Jang S. The real estate risk of hospitality firms: Examining stock-return sensitivity to property values［J］. *International Journal of Hospitality Management*, 2012（31）: 695–702.

[37] Line N D, Runyan R C. Hospitality marketing research: Recent trends and future directions [J]. *International Journal of Hospitality Management*, 2012, 31 (2) : 477–488.

[38] McMullen E, Crawford–Welch S. Looking into the crystal ball: vacation ownership 2000 [J]. *Timeshare and Vacation Interval Ownership Review*, 1999, 2 (1) : 82–91.

[39] Nabawanuka C M, Lee S. Impacts of timeshare operation on publicly traded U.S. hotels' firm value, risk and accounting performance [J] . *International Journal of Hospitality Management*, 2009, 28: 221–227.

[40] Rezak S. Consumer research sheds light on all aspects ofresort timesharing business [J] . *Hospitality Management*, 2002 (21) : 245–255.

[41] Scavo Esq J. Marketing resort timeshares: the rules of the game [J] . *St. John's Law Review*, 1999 (73) : 217–246.

[42] Sparks B, Bradley G, Jennings G. Consumer value and self–image congruency at different stages of timeshare ownership [J] . *Tourism Management*, 2011 (32) : 1176–1185.

[43] Tang C H, Jang S C. The profitability impact of REIT requirements: A comparative analysis of hotel REITS and hotel C–Corporations [J] . *International journal of hospitality management*, 2008 (27) : 614–622.

[44] Tanguay G A, Rajaonson J, and Therrien M–C. Sustainable tourism indicators: selection criteria for policyimplementation and scientific recognition [J] . *Journal of Sustainable Tourism*, 2013, 21 (6) : 862–879.

[45] Tuzel S. Corporate Real Estate Holdings and the Cross–Section of Stock Re–turns [J] . *Review of Financial Studies*, 2010, 23 (6) : 2268–2302.

[46] Upchurch R S, Gruber K. The evolution of a sleeping giant: resort timesharing [J] . *Hospitality Management*, 2002 (21) : 211–225.

[47] Uric S, Misetic R, Misetic A. New perspectives on sustainable development of second homes in Croatia: strategic planning or proliferation of building [J] . *Procedia-Social and Behavioral Sciences*, 2016 (216) : 80–86.

[48] Warnken J, Guilding C. Multi–ownership of tourism accommodation complexes: A critique of types, relative merits, and challenges arising [J] . *Tourism Management*, 2009 (30) : 704–714.

[49] Woods R H. Important issues for a growing timeshare industry [J] . *The Cornell Hotel and Restaurant Administration Quarterly*, 2001, Volume 42, Issue 1: 71–81.

乡村振兴战略下“旅游地生产”发凡探索

李修志

（洛阳师范学院 河南洛阳 471934）

[摘　要] 乡村振兴战略是2017年党的十九大提出的主要战略，将指引今后30年的三农发展。乡村振兴战略下，乡村旅游地生产的进程与以往明显不同，乡村旅游地生产的用地受各种指标限制，乡村旅游地生产还受其他多种要素影响。研究通过对乡村旅游地生产的政策背景、法理要求、经验总结、问题之谜以及愿景重构等五个维度，进行阐述和解析，探讨了乡村旅游地生产的一般规律，以期为业界和学界提供借鉴和指导。

[关键词] 乡村振兴；旅游地生产

乡村旅游发源于19世纪中期的欧洲。发生在乡村的旅游活动，乡村性（rurality）是乡村旅游地整体推销的核心和独特卖点。旅游地生产是关系到旅游者、社区和居民、旅游地经营者以及相关单位与人员等经济、社会和文化福利的重要事项。旅游地生产是空间生产的一种形式。1974年，列斐伏尔《空间的生产》出版。他用空间的三元辩证法来解释空间问题：空间的实践、空间的表征、表征性空间。“社会空间是社会的产物”。空间生产的演进历史经历了绝对空间、历史性空间、抽象空间、差异空间等阶段。“从抽象而矛盾空间到差异空间”意味着人类从“空间中的历史”向“空间的历史”转变。这印证了马克思说的，从人类的史前史走向真正的人类历史。20世纪70年代以来，在全球化、工业化和信息化的推动下，西方发达工业社会由传统的空间中的生产转向

[基金项目] 洛阳师范学院教育科学研究基金项目（2016）。

[作者简介] 李修志（1973—），男，河南清丰人，洛阳师范学院讲师，主要研究方向为旅游开发与管理、旅游经济。E-mail：745791840@qq.com。

空间的生产，集中表现为城市化的加速进行。中国近四十年的全球化、工业化、信息化有力地推动了中国的城市化进程，然而中国的城乡二元结构依然存在。2017 年 10 月 18 日，习近平总书记在党的十九大报告提出我国社会主要矛盾已经转化为人民日益增长的美好生活需要和不平衡不充分的发展之间的矛盾。基于主要矛盾，报告还提出了"实施乡村振兴战略"。根据列氏空间理论和新时代矛盾和任务，结合旅游特点，我们认为，乡村振兴战略下旅游地生产的主要内涵就是乡村旅游地保护、开发、管理与运营。因此，要重视乡村旅游地生产的主要元素。

一、乡村旅游地生产的政策背景

2018 年 1 月 2 日，中央一号文件《中共中央国务院关于实施乡村振兴战略的意见》发布。2018 年 7 月，习近平对实施乡村振兴战略做出重要指示：坚持乡村全面振兴，实现乡村产业振兴、人才振兴、文化振兴、生态振兴、组织振兴。而产业兴旺、生态宜居、乡风文明、治理有效、生活富裕则是乡村振兴总方针。实施乡村振兴战略是新时代做好"三农"工作的总抓手；要把实施乡村振兴战略摆在优先位置。实施乡村振兴战略就是为了从全局和战略高度来把握和处理工农关系、城乡关系，是全面建设社会主义现代化国家的全局性、历史性任务。新世纪共发布了 16 个指导"三农"工作的中央一号文件。到 2020 年，乡村振兴取得重要进展，制度框架和政策体系基本形成。到 2035 年，乡村振兴取得决定性进展，农业农村现代化基本实现。到 2050 年，乡村全面振兴，农业强、农村美、农民富全面实现。近期中央各部委发布的《中共中央国务院关于实施乡村振兴战略的意见》《中共中央乡村振兴战略规划（2018–2022）》《中共中央国务院关于建立国土空间规划体系并监督实施的若干意见》[1]《农村人居环境整治三年行动方案 2017》《住房城乡建设部关于进一步加强村庄建设规划工作的通知建村〔2018〕89 号）》《中央农办 农业农村部 自然资源部 国家发展改革委 财政部关于统筹推进村庄规划工作的意见（农规发〔2019〕1 号）》《国务院关于促进乡村产业振兴的指导意见（国发〔2019〕12 号）》《促进乡村旅游发展提质升级行动方案（2018 年—2020 年）》[2]等提供政策导引和支持。

在政策支持方面，自然资源部发布的《关于加强村庄规划促进乡村振兴的通知》主要有优化调整用地布局，探索规划“留白”机制，统筹历史文化传承与保护等。其中，在统筹历史文化传承与保护方面。要深入挖掘乡村历史文化资源，划定乡村历史文化保护线，提出历史文化景观整体保护措施，保护好历史遗存的真实性。防止大拆大建，做到应保尽保。加强各类建设的风貌规划和引导，保护好村庄的特色风貌。

《国务院关于促进乡村产业振兴的指导意见》（国发〔2019〕12 号）提出，要优化乡村休闲旅游业，实施休闲农业和乡村旅游精品工程，建设一批设施完备、功能多样的休闲观光园区、乡村民宿、森林人家和康养基地，培育一批美丽休闲乡村、乡村旅游重点村，建设一批休闲农业示范县。

《关于实施乡村振兴战略的意见》提出，实施休闲农业和乡村旅游精品工程，建设一批设施完备、功能多样的休闲观光园区、森林人家、康养基地、乡村民宿、特色小镇。创建特色生态旅游示范村镇和精品线路，打造绿色生态环保的乡村生态旅游产业链。实施乡村就业创业促进行动，大力发展文化、科技、旅游、生态等乡村特色产业。预留部分规划建设用地指标用于单独选址的农业设施和休闲旅游设施等建设。

《产业用地政策实施工作指引（2019 年版）》提出，产业用地政策是指国务院、国务院办公厅及自然资源部等部门的规范性文件中规定的适用于特定行业的用地政策。上述特定行业不包括房地产业。保障各种所有制经济平等取得土地要素。乡村振兴离不开休闲农业、乡村旅游、乡村养老、农产品加工等乡村产业的发展与带动，而发展乡村产业，核心问题就是用地支持。该工具包从根本上明确了发展休闲农业与乡村旅游等乡村产业的用地规范，避免乡村产业受到土地问题、大棚房问题的困扰，

二、乡村旅游地生产的法理要求

乡村旅游地生产涉及面广、领域繁多、主体复杂，上面千条线、下面一根针。从法理学看，2013 年 4 月《中华人民共和国旅游法》出台。旅游法是调整旅游活动领域中各种社会关系的各种法律规范的总称，它为乡村旅游地开发提供了法律指导。然而，乡村旅游地的发展、规划与开发，应当与土地利用总体规划、城乡规划、环境保护规划以及其他自然资源和文物遗产等人文资源的保

护和利用规划相衔接。从近期自然资源部发布的《关于加强村庄规划促进乡村振兴的通知》可以明确，落实上位规划要求、落实生态保护红线划定成果、落实永久基本农田和永久基本农田储备区划定成果，落实补充耕地任务，守好耕地红线。自然资源部要求各省（区、市）根据各类上位法，制定符合地方实际的技术标准、规范和管理要求，及时总结经验，适时开展典型案例宣传和经验交流，共同做好新时代的村庄规划编制和实施管理工作。目前北京市、广东省、四川省、河南省、湖南省、湖北省、安徽省、广西壮族自治区、宁夏回族自治区等省级，以及相关区、市的自然资源部门都已经编制出台村庄规划导则和技术范例，以及村庄规划工作进度等。在村庄规划层面各地主要有集聚提升类、特色保护类、城郊融合类、搬迁撤并类、整治改善类等规划类别。

表 1　村庄规划类型与特征

规划类型	村庄特征
集聚提升类	现有规模较大的中心村及其他一般村庄，占乡村类型的大多数；适合有序改造提升，激活产业、优化环境、增添活力，保护保留乡村风貌，建设宜居宜业的美丽村庄。
特色保护类	历史文化名村、传统村落、少数民族特色村寨、特色景观旅游名村等自然历史文化特色资源丰富的村庄，是彰显和传承中华优秀传统文化的重要载体。
城郊融合类	城市近郊区以及县城城关镇所在地村庄，城市后花园，具备城市化条件；综合考虑工业化、城镇化和村庄自身发展需要，在形态上保留乡村风貌，在治理上体现城市水平，走城乡融合之路。
搬迁撤并类	对位于生存条件恶劣、生态环境脆弱、自然灾害频发等地区的村庄，可易地扶贫搬迁、生态宜居搬迁、农村集聚发展搬迁，实施村庄搬迁撤并。
整治改善类	将现有村庄中产业基础薄弱、人口外流和空心化现象严重、生产生活条件较差，且未来发展存在很大不确定性的村庄进行整治改善。

编制与管制要求。在城镇开发边界外的乡村区域，以一个或几个行政村为单元，由乡政府组织编制“多规合一”的使用性村庄规划；作为详细规划，报上一级政府审批。详细规划是对具体地块用途和开发建设强度做出的实施性安排，是开展国土空间开发保护活动、实施国土空间用途管制、核发城乡建设项目规划许可、进行各项建设等的法定依据。在城镇开发边界外的建设，按照主导用途分区，实行“详细规划 + 规划许可”和“约束指标 + 分区准入”的管制方式。

经过若干年整治，特色保护类和城郊融合类村庄可以重点发展旅游、休闲产业，集聚提升类、搬迁撤并类和整治改善类村庄可以挖掘和开拓全域旅游空间，提升旅游体验。

三、乡村旅游地生产的经验总结

在全球化、工业化、城市化和信息化发展的背景下，我国乡村发展有其特殊性。一是农耕文化源远流长，农耕文明决定中华文化基因及特征，区别于欧洲游牧文化。二是城乡二元政策、设计政策倾斜，农村支持城市发展，造成城市“现代化”与农村“贫困”后果。三是乡村振兴战略，近年来的脱贫攻坚、城乡一体化、城乡融合发展，竭力破除城乡二元结构。因而，在诸多因素影响下，乡村旅游地开发出现了一些特色和亮点。

乡村旅游地生产借鉴。在欧美发达国家，乡村旅游主要是以度假旅游形式出现的，因此，乡村旅游又被称为“绿色度假”。主要有三种形式：①休闲度假型；②参与劳作型；③其他类型。旅游者出于考察、修学、科普等需要，到乡村研修考察农业文化景观、农业生态环境、农事生产活动、农民日常生活以及农村民俗风情，其中乡村修学旅游主要是为了满足大中小学教学的需要。在发展中国家，乡村旅游主要表现为农业观光旅游形式。旅游者与农民的接触和交流还停留在表面的层次，在这些国家的部分发达地区，随着城市化进程的加快和农民生活水平的提高，乡村度假旅游正在孕育产生。国内浙江省的“千村万宿放心消费”：三万行动。一是万村景区化。习总书记当年亲自发动的“千村示范，万村整治”工程，一村一幅画，一村一风景。每年建成 2000 个 A 级景区村庄、3000 个农村文化礼堂，99% 农村建成公共厕所，99% 农村生活垃圾进行了集中处理和年接待 4 亿人次乡村旅游者。二是万家民宿。从浙北的洋家乐到浙南乡村小筑，从浙西的丽水山居到浙东海岛渔家，近两万家民宿犹如万家灯火璀璨夺目，住金宿银窝，尝百县千碗，是多么惬意诗意的旅居生活！三是一万个放心。“诗画浙江，服务最佳”是目标。“土掉渣”与“文艺范”的碰撞，牛栏咖啡、猪栏茶吧就是桐庐乡村旅游的一张名片。南有鲁家村，北有袁家村。《浙江省 A 级景区村庄服务与管理指南》出台，提供了有力借鉴和指导。

乡村旅游地生产技术。除了常规的规划与策划理论、方法和技术外，要与自然资源局协调好关系，因为该局掌握土地利用数据。特别要重视信息技术的运用。例如，遥感技术、地理信息系统、全球定位系统、人工智能、北斗卫星导航系统、云计算、大数据技术、计算机仿真技术、电子支付、物联网技术、移动互联网、社交网络、可穿戴智能设备等，以提升旅游地生产的技术含量，提升旅游地的服务质量，提升旅游者的休闲体验效果。

乡村旅游地生产模式。国外可以借鉴日本合掌村世界文化遗产案例，以及日本的（Mokumoku）猪乐园等。当前我国成规模的乡村旅游目的地主要集中在城市近郊、江南古镇古村落、中西部山村、少数民族村寨等地。国内乡村旅游发展形成了多种模式：贵州“村寨游”模式；成都“农家乐”模式；杭州风情旅游小镇模式；台湾乡村休闲旅游模式；浙江乡村旅游发展的安吉生态 + 文化模式、德清洋式 + 中式模式、长兴景区 + 农家模式，吴兴农庄 + 游购模式，奉化滕头村 + 休闲文化；河南洛阳重渡沟 + 观光休闲；上海孙桥现代农业高科技园等模式。以周庄、乌镇为代表的南方水乡文化，以乔家大院、王家大院为代表的北方民居文化，以千户苗寨、四川九寨为代表的少数民族文化等构成了我国乡村旅游丰富的内涵。陕西袁家村、马嵬驿把乡村大集的思路和理念用到旅游产业中，创造出了免门票的乡村旅游模式。

四、乡村旅游地生产的问题之谜

乡村是在一定地域范围内，由若干相互联系、相互作用的要素构成的具有一定结构和功能的复合系统。“人口—土地—产业”相辅相成又相互制约，构成乡村地域系统的三大核心要素。伴随着城市化和工业化进程的加快，生产要素的空间流动日益加剧，人财物多集中于城市，乡村空心化、边缘化问题日益加深。乡村这一复合系统的三大核心要素的存量及其运用状况发生了深刻的变化。

乡村振兴常见问题：村庄建设用地日益空废化；农民社会主体过快老弱化；农业生产要素高速非农化；农村水土环境严重污损化；乡村贫困片区深度贫困化；血亲关系淡化文化记忆符号消失；等等。乡村振兴问题会引起乡村旅游地开发诸多问题。

乡村旅游地生产常见问题：如何提高乡村旅游地社区居民的“参与度”和“获得感”？如何彰显乡村旅游地的“差异化”和“特色性”？旅游市场中的消费者还有哪些痛点（从消费者出发找真正的痛点：有钱花不出去、花了钱觉得不值）？市场中的旅游企业还有哪些痛点（想提高效率却无能为力、想增加交易却不敢信任交易方、想降低成本却找不到办法）？哪些领域是旅游创新的主战场？哪些类型的旅游企业是创新的主力？什么是实现旅游市场创新的有效途径？什么是旅游市场创新？以上问题是经常萦绕在做旅游企业，做乡村旅游的主体之中。做学问需要问题意识，做企业同样需要问题意识，不同的是要分类指导，区别路径，找准迷点，对症下药。

土地利用严格落实“三区三线”标准，以及为旅游利用的“四荒用地”，现实中很多问题是用地问题没有很好解决所导致。需要认真导读《产业用地政策实施工作指引（2019 年版）》，吃透精神，创新运用。

五、乡村旅游地生产的愿景重构

乡村旅游发展的 1.0 时代：观光接待功能；规范化、标准化。2.0 时代：休闲度假功能；个性化、时尚化。3.0 时代：在地文化；旅居生活。由于流动性与（后）现代性、时空压缩和城乡二元结构，因此乡村旅游地发展的 3 个版本都会存在，不同的是适应对象不同。产业兴旺是乡村振兴的基础，因此，必须重构乡村旅游地新业态，通过以信息技术为代表的科技元素，文化创意为手段的文化元素等双轮驱动战略，对乡村产业和乡村旅游进行“一体化”和“融合创新”，从而创造出乡村营地 / 运动公园 / 乡村公园、国家农业公园、休闲农场 / 休闲牧场、乡村庄园 / 酒店 / 会所、乡村博物馆 / 艺术村、市民农园、高科技农园 / 教育农园、乡村民宿、农家乐 / 洋家乐、文化创意农园等新业态。

综上所述，由于现阶段的主要矛盾，导致重大战略的出台。同时在旅游领域，需要加强供给侧的改革和提升[3]。首先，通过强化乡村振兴的产业兴旺、生态宜居、乡风文明、治理有效、生活富裕等内容，大力推动基础设施提升、生态环境美化、传统文化延续、乡村治理规范，从而有力提升乡村旅游地生产水平。其次，乡村旅游地生产，要强化产品吸引力，着重从乡村性、趣味性、参与性以及环保与安全等方面入手打造旅游产品吸引力，进一步重视营销影响力、组织凝聚力。绿水青山就是金山银山。例如浙江荻浦村的垃圾分类、农业面源污染控制都走在前列，从美丽乡村延伸到美丽经济，形成良性循环。《阿者科计划》是中山大学团队通过技术援助的方式，践行两山理论的发展理念，为乡村复兴、传统村落保护、文化遗产保护提供了鲜活的实践案例。在乡村振兴战略下，政府引导、市场运作、文创概念三个要素紧密结合，缺一不可，灵活运用，才能在美丽乡村的建设中有所建树，有所发展。

（感谢 2019 年乡村旅游助推乡村振兴高级研修班的主讲专家！）

参考文献

[1] 中共中央 国务院关于建立国土空间规划体系并监督实施的若干意见[EB/OL]. http：//f.mnr.gov.cn/201905/t20190525_2413926.html.

[2] 关于印发《促进乡村旅游发展提质升级行动方案（2018 年—2020 年）》的通知[EB/OL]. http：//f.mnr.gov.cn/201905/t20190520_2412016.html.

[3] Li S，Liu A，Song H. Does Tourism Support Supply-Side Structural Reform in China?[J]. *Tourism Management*，2019，4（71）：305-314.

中国旅游业经济属性的文化审视

吴丰林，翟慧敏

（中国旅游研究院，北京 100005）

[**摘　要**] 旅游业具有鲜明的经济属性。纵观中国旅游业的发展过程，经济属性一直贯穿其间，且越来越发挥主导性作用。但是，旅游本身兼具多重属性和功能，刻意追求其经济属性以获取经济效益，势必弱化旅游业的其他属性和功能，甚至会引发一些负面效应。在文旅融合的时代背景下，从文化的视角来审视中国旅游业的经济属性，引导旅游业的经济属性与其他属性共同发挥作用，具有一定现实意义。

[**关键词**] 经济属性；中国旅游；文化审视

1　引言

经济活动伴随旅游全过程，因此，旅游业具有经济属性，也正因为此，旅游开发的核心目的是促进旅游目的地社会经济发展。无论是此前学界关于旅游的研究，还是四十多年来中国的旅游业发展实践，更多关注的是旅游经济学及旅游所带来的经济效益。然而，从文化学、发生学的角度来讲，旅游首先是作为一种文化活动、社会活动而存在，旅游的目的具有非经济性属性，其最基础的功能应该是休闲、缓压、增长见识等，最基本的属性应该是文化属性、社会属性、审美属性等。因此，旅游业的经济属性和经济功能，是形成旅游需求以后才衍生出来的，诸如此类的功能还包括文化传播、对外交往等。所以，在今

[**作者简介**] 吴丰林（1981—），男，汉族，中国旅游研究院规划与休闲研究所所长，博士，博士后合作导师，副研究员，主要研究旅游规划、文旅融合、居民休闲。

[**通讯作者**] 翟慧敏（1981—），男，汉族，中国旅游研究院规划与休闲研究所博士后，主要研究文旅融合。E-mail：zhaihuim@126.com。

天文旅融合的时代背景下发展旅游业，除了关注旅游的经济属性外，理应更加关注旅游的其他属性，尤其是文化属性。文章在分析旅游与经济之间关系的基础上，回顾了中国旅游业发展特点，以及泛市场化的弊端，用文化学的视角来看待旅游并指出中国旅游未来或可努力的方向，寄希望对中国旅游业发展有一定的借鉴价值。

2 旅游与经济：密不可分

旅游对经济的促进作用不言而喻，且颇受学界关注。从学理分析，旅游和经济的关系是密不可分；学界看待旅游，也往往将其与经济密切关联。

2.1 旅游行为、旅游业与经济

经济能力、休闲时间、旅游欲望是旅游行为产生的三个基本条件。其中，经济条件是产生旅游需求的基础。没有可自由支配的收入，旅游活动便难以实现。当满足基本生存需求的消费品达到饱和状态时，余下的可自由支配的收入就有可能用于旅游消费，随之就会形成旅游消费市场，进而应运而生旅游业。由此可见，旅游、旅游业很自然地与经济密切相关，经济属性是旅游活动发展的必然结果。

2.2 区域旅游与经济

区域旅游发展的典型逻辑框架是客源地、旅游通道和目的地。这三者是一个完整的旅游过程，每一个环节都彼此关联，且每一个环节都和经济、市场紧密关联。“客源地”是从经济学的角度下的定义，说明它是旅游产品的购买方。从旅游通道角度来看，以前的出游的交通方式和现在不可同日而语。现在可以采用自驾、高铁、高铁和飞机组合等出游方式。究其因，在很大程度上是市场促进了交通技术手段的更新，使旅游通道变得越来越快捷。目的地社会经济的发展与旅游之间的关联更是不言而喻。

2.3 旅游研究的经济化倾向

旅游定义的经济化。发生一定距离的位移、待够一定的时间，是旅游定义中的重要内容。外国或外地人口进入非惯常地并在其中逗留和移动，肯定会产生经济活动。因此，旅游现象最容易引起经济学家的关注。在目前有关旅游的诸多定义中，被经济化的旅游的定义占据了统治地位。即使所见的与旅游有关的官方定义往往是出于功利性的目的针对游客而给出的，较少有针对旅游的定义[1]。

综上，旅游与经济之间的关联密不可分，旅游对经济的发展具有很强的带动作用，对相关产业具有很强的辐射作用。正因如此，世界各国政府都非常重视旅游业。

3　中国旅游业：经济导向为主

中华人民共和国成立后，中国国际旅行社开始接待境外旅游者。当时中国旅游业肩负的历史使命是，扩大对外政治影响、为国家建设创收外汇。

到 20 世纪 70 年代中后期，旅游业的政治导向开始淡化，以入境旅游为主的经济导向被不断强化。在邓小平同志 1978 年 10 月至 1979 年 7 月五次关于发展旅游业的重要谈话中，旅游业的经济导向的意味明显。例如，在对国务院有关领导谈经济建设方针时，他指出，“旅游事业大有文章可做，要突出地搞，加快地搞。旅游赚钱多，来得快，没有还不起外债的问题，为什么不能大搞呢？”在黄山讲话中，他说“黄山是发展旅游的好地方，是你们发财的地方。……你这个地方将来是全国最富的地方”。此外，在此期间，陈云同志也讲到，“要重视旅游事业的发展，旅游收入实际上是‘风景出口’，比外贸出口收入来得快。”随着十一届三中全会将经济建设作为党和国家的工作重心，旅游业自此走上了一条纯粹以经济导向为指引的发展道路。

20 世纪 90 年代后期，受亚洲经济危机的影响，入境旅游发展受挫，发展国内旅游扩大内需成为新的经济增长点。1999 年，国家年正式推出了“黄金周”制度，国内旅游消费的潜力得到了有效释放，中国旅游业在扩大内需的过程中实现了快速增长，旅游业在国民经济中的占比不断提升。

进入 21 世纪后，党和国家出台了系列文件，对旅游的功能和性质进行了更为明晰的定位。2001 年，国务院《关于进一步加快旅游业发展的通知》中指出，“努力扩大旅游发展规模，进一步发挥旅游业作为国民经济新的增长点的作用。”2006 年，《中国旅游业发展“十一五”规划纲要》明确提出，要把旅游业培育成为国民经济的重要产业。2009 年 12 月，《国务院关于加快发展旅游业的意见》明确提出，要“把旅游业培育成为国民经济的战略性支柱产业”。此后，《国民旅游休闲纲要》（2013 年 2 月）、《中华人民共和国旅游法》（2013 年 4 月）、

《国务院关于促进旅游业改革发展的若干意见》(2014年)、《“十三五”旅游业发展规划》(2016年)相继出台和颁布，自此，旅游业的经济导向更为明确、全面，与国民经济之间的联系更加紧密[2]。

纵观中国旅游业的发展历程，尤其是改革开放以后，经济功能是其发展的主要导向。当然，旅游业的定位与功能与国家所处的时代背景密切相关。在特定的时代背景下，突出旅游业的经济功能是历史的必然选择。但这样的选择很容易造成旅游业的泛市场化，引发诸多负面效应。

4　旅游业泛市场化的弊端

我国的旅游业经历了40多年以经济为导向的发展，由于刻意注重旅游的经济属性，一切向钱看、一味迎合市场需求，以至于导致了系列负面效应，有些问题甚至已相当严重，应该引起我们的高度关注和深思。

4.1　旅游的泛市场化导致旅游和文化的庸俗化

为迎合游客追求“新、奇、特”旅游产品的需求，有些地方争相举办人体彩绘、人体摄影、天体浴场、天体森林浴等活动，借文化艺术之名，行三俗之事；为满足游客文化消费的心里，一些游乐场所、酒店、餐馆等打着文化主题的口号，但是除了在装饰上添加了几个文化符号之外，产品内容上并没有多少真正的文化内涵[3]。为扩大知名度吸引游客，地方政府抢夺名人故里，如黄帝、老子、芈月等人的故里，以至于出现了一个名人可以有几处故里。为吸引眼球和流量，董存瑞、黄继光、刘胡兰等英雄人物被丑化、恶搞。文化旅游产品普遍存在“有实物、无文化”、文化内涵挖掘不够、复制模仿跟风、文创产品宣扬低俗文化等问题。

4.2　旅游的泛市场化导致传统文化被破坏

为满足游客的好奇心，许多神圣的民俗节日，如云南傣族地区的“泼水节”、黔东南苗族、侗族的一些传统节日等，在旅游接待地几乎天天过，致使民族文化被过度消费，丧失了原有的神圣性和本真性。一些历史文化名城为发展旅游经济，大肆破坏传统文化。如山东省聊城市存在在古城内大拆大建、大搞房地产开发问题；山西省大同市、河南省洛阳市存在在古城或历史文化街区内大拆大建、拆真建假问题；陕西省韩城市存在破坏古城山水环境格局问题；黑龙江省哈尔滨市存在搬空历史文化街区居民后长期闲置不管问题。

4.3 旅游的泛市场化导致景区的商业化

我国的大部分景区都不同程度地存在着商业化的倾向，不少 5A 级景区被大量的宾馆、商店、别墅、饭店、人造景点、索道所占据，与景区优美的自然环境形成强烈的反差，使景区的自然美学价值大为降低，完全破坏了景区内自然和文化资源高品质、高层次的精神文化功能和社会公益性质。如泰山的一个索道站占地 19000 平方米，山顶被劈掉 1/3，地表植被完全破坏，对游客的观景赏美也造成了视觉污染。世界文化遗产地云南丽江古城，也由于过度的商业开发而影响了古城的风貌，导致古城遗韵流失和旅游氛围被破坏。

4.4 旅游的泛市场化导致遗产资源的破坏

自然和文化遗产是重要旅游资源，能够给旅游目的地带来巨大的经济效益。也正因如此，世界遗产就成了许多人眼里的“摇钱树”。在我国，某些拥有遗产资源的地方政府受利益的驱动和诱惑，为换取地方经济一时的发展和繁荣，不惜以遗产地生态环境失衡、历史真实性与风貌完整性消失等为代价，对遗产资源进行过度开发和掠夺性索取，其结果是导致国家风景区和世界遗产资源被严重破坏[4]。如武陵源风景名胜区由于景区的超载开发，严重破坏了武陵源的自然环境景观和原始风貌，因而于 1998 年被联合国教科文组织世界遗产委员会出示了“黄牌”警告。

用经济学的理论和思维来指导旅游的发展，势必将旅游资源当作没有温度的原材料来肆意加工、裁剪，以迎合市场的需求，换取当地经济社会一时的发展，以至于造成上述系列负面效应，最终得不偿失。但是，如果换一种思维方式来看待旅游，则大不一样。

5 文化学视野下的旅游

随着不同学科对旅游的深入研究，尤其是文化学者的进入，逐步揭开了罩在旅游之上的经济面纱，深入到了旅游的本质，发现了旅游的文化属性。按照文化学者的观点，正如本文引言所述，旅游的经济属性是衍生的，文化活动才是旅游的本质。

文化由人所创造，是人类社会特有的现象。文化的定义不胜枚举、包罗万象，但从文化的结构来看，文化大致可以细分为物质文化层、行为文化层和精神文化层。旅游作为人的一种行为，显然具有文化属性，可以归结到行为文化层中。文化论者认为，旅游在本质上是一种文化活动，或者说旅游的本质是一种由旅游者引起的文化现象。

首先，旅游的主体——旅游者是特定文化的载体。旅游者在选择旅游目的地，尤其是文化旅游目的地时，选此而不选彼，在很大程度上取决于旅游者的文化选择，或者说，让旅游主体做出选择的内在动机主要是受文化因素驱使的。其次，旅游的过程实际上是文化的体验、享受、导入、输出的过程。旅游者的旅游活动，如参观历史古迹、游览名山大川、体察风土人情等，实质上都是文化体验和享受之旅。不但如此，旅游者还在旅游过程中有意无意地接受旅游目的地的文化，传播自己的文化。再次，旅游的客体——旅游资源也是特定文化的载体。人文旅游资源的文化含量不言而喻，即便是作为自然旅游资源的很多名山大川也是因文化而对旅游者形成更大的吸引力。

从文化的特征看文化的非经济功能。文化是后天的，是可以习得和传播的；文化不是一层不变的，文化是变迁的。人是文化最好的载体，旅游意味着人的移动，通过发展旅游，可以学习和借鉴吸收其他地区或国家先进的文化，丰富和发展自己的文化。与此同时，发展旅游可以展示和传播优秀的中华文化，实现对中华优秀传统文化的活化，推动文化从静态走向动态，让广大的游客参与其中，感受到传统文化的魅力，增强国人的文化认同和自信，进而推动文化的传播和保护，乃至实现传统文化的创造性转化。

6 未来建议

习近平总书记在十九大报告中强调，“我国社会主要矛盾已经转化为人民日益增长的美好生活需要和不平衡不充分的发展之间的矛盾。”具体到中国的旅游业，随着我国经济的快速发展以及居民生活水平、审美能力的提高，中国旅游已从传统“走马观花”式的观光游转向以文化为主题导向的“文化深度游”、“文化休闲游”。然而，面对这样的转向，中国旅游业反应和跟进的速度相对缓慢，并未随之给广大旅游者提供有效的旅游产品。从文化学的视角出发，结合文旅融合的时代背景，笔者认为，中国旅游业未来或可朝以下几个方向努力。

6.1 旅游业要关注时下旅游主体的文化需求

显而易见，当前和未来中国旅游的大势是文化旅游。面对日益增长的文化旅游需求，旅游业需要回答不同年龄段的旅游主体的文化特征：退休的银发一族有着怎样的时代烙印，承前启后的中年人有哪些共同的记忆，新时代成长起来的年轻人有哪些文化特质。这些都需要旅游业界进行深入的市场调研和判断，发现不同旅游主体的文化旅游诉求，以此来调整自己的营销方式和内容。

6.2 关注旅游业、旅游客体的文化内涵

笔者认为，旅游业要本身要文化化。改“旅游 +”模式为“文化 +”模式，通过产业转型、衍生、升华、文化植入等方式使旅游产业、旅游产品更具有文化品位和持久影响力。具体而言，就是增加旅游产品的文化内涵、文化附加值与文化特色，通过旅游产品所倡导或体现的文化来满足、影响甚至引导旅游者的需求，（包括价值观念、生活习惯、文化素养、文化个性、审美意识等），输出一种正能量的文化，展示一定的文明水平，以此来使公众接受自己。

6.3 关注旅游过程的生活化

以往的旅游产品可能是公园、景区、山川湖泊、古建筑、古街等旅游实体，但文化深度游、文化休闲游，旅游者进行一种沉浸式的文化体验，他们可能会走进他者的世界，参与旅游目的地老百姓的日常生活，体验他们的生活方式和生活习惯。旅游业可以在这方面做文章，提供相应的服务。

此外，随着中国综合国力日渐强大和国际地位的提高，中国的旅游业需要随之树立旅游大国的形象，有自己的作为和担当，主动拥抱国际市场同国际接轨，创收外汇的同时发挥旅游业的政治功能，做好文化传播和交流，将中国优秀的传统文化推向世界，讲好中国故事。

参考文献

［1］谢彦君 . 基础旅游学（第 3 版）［M］. 北京：中国旅游出版社，2011：50–53.

［2］曾博伟 . 改革开放 40 年：中国旅游业发展导向的演变［N］. 中国旅游报，2018–10–09.

［3］宋子千 . 旅游融合发展论［M］. 北京：中国旅游出版社，2015：146–147.

［4］陈玉荣 . 关于对中国世界遗产地旅游开发与保护问题的冷静思考［J］. 中国旅游观察 . 2017（3）：61.

基于扎根理论的80后、90后旅游动机研究

王　浒

（中国国旅股份有限公司，北京 100027）

［**摘　要**］随着我国旅游业的蓬勃发展，80后、90后旅游者异军突起，成为旅游主力人群。这一群体的旅游消费主张有别于其他群体，旅游需求越来越追求个性化，正在创造一种全新的旅游生态。旅行社作为旅行服务业的重要组成部分，却对80后、90后旅游动机了解不足，迫切需要对这一特定人群的旅游需求进行较深入研究。

文章在对相关文献回顾梳理后，通过调研访谈，运用质性研究方法——扎根理论分析得出80后、90后旅游动机特点。研究结果对旅游动机后续研究和旅行社针对80后、90后旅游主力军开展市场营销具有一定的借鉴意义，为旅行社营销观念转变提供一些思路，助力旅游经营管理者在激烈的旅行服务市场竞争中做出有效营销决策，促进旅行社行业健康有序发展。

［**关键词**］旅游动机；扎根理论；80后、90后；旅行社

1　引言

1.1　研究意向

我国旅游业是现代服务业的一种形式。改革开放40年来，我国旅游业实现了跨越式发展，现已全面纳入国家战略体系之中。当前，我国已是位居世界首位的出境旅游国和国内旅游国以及位居世界第三位的入境游接待国。2017年，我国的国内游达到50亿人次，总体收入为5.4万亿元，占国内生产总值的

［**作者简介**］王浒，男，中国国旅股份有限公司，对外经济贸易大学国际商学院工商管理专业硕士研究生，研究方向为市场营销，E-mail：1138037235@qq.com。

11.04%，对国内生产总值的综合贡献达 9.13 万亿元。文化和旅游部 2019 年 2 月 12 日发布的 2018 年旅游市场基本情况显示：2018 年全年，我国旅游业对国内生产总值的综合贡献为 9.94 万亿元，所占国内生产总值比例与上一年基本持平。旅游业已是当之无愧的中国国民经济战略性支柱产业。

我国《"十三五"旅游业发展规划》指出，伴随着人民收入水平、消费水平和健康水平不断提升，基础设施条件日趋完备，旅游相关保障制度的完善和落实，旅游消费得到有效释放，为我国旅游业蓬勃发展奠定了良好基础。当前，人民群众的旅游经验不断丰富，旅游已纳入他们平时的生活之中。人民群众已不满足于跟团游、走马观花式游览，对休闲度假需求正快速增长，自助游、自驾游成为主要的出游方式。旅游者更加关注旅游的独特之处和个性小众化服务。

根据国家统计局官方网站公布的 2010 年人口普查数据①计算，80 后和 90 后人群合计约 4.2 亿人，这一庞大的年轻成年人消费群体，正在成为引领消费的主力军。这一群体绝大部分是独生代，消费主张有别于其他群体。总体来看，80 后和 90 后年轻群体在旅游经济中的市场份额是逐步呈上升态势的，与 60 后和 70 后倾向观光游的特征相比，这一特定群体更加注重社交深度，他们呈现出小规模和"碎片化"的特征。

中国旅游研究院和携程旅行网联合发布的《2017 国庆中秋长假旅游趋势报告与人气排行榜》显示，"年轻化"的特点十分明显，80 后和 90 后撑起旅游消费，青壮年已成为旅游黄金周期间出游主力人群，占比达到 60%。这一特定群体正在创造出一种崭新的旅游生态。

2018 年"十一"黄金周，根据携程团队旅游和自由行订单数据显示，随着 80 后、90 后旅游者的不断成长，已经成为国庆出游的绝对主力军，接近出行总人数的一半，其中 80 后旅游者占比达到了 25%，90 后旅游者占比达到了 22%。

2017 年 8 月途牛旅行网发布的《2017 年乡村旅游分析报告》提出，根据乡村游用户的年龄数据分析来看，80 后和 90 后出游者相对较多，占比分别高达 39% 和 32%，成为外出旅游的主力人群。

综上，旅行社作为旅游六要素"食、住、行、游、购、娱"的集成服务商，

① 国家统计局公布的 2010 年人口普查资料，http：//www.stats.gov.cn/tjsj/pcsj/rkpc/6rp/indexch.htm.

如何通过旅游服务营销策略满足 80 后和 90 后这一旅游主力群体的旅游消费需求，成为当下值得深入研究的问题。

1.2 理论意义

作为旅行服务企业，旅行社必须以旅游者满意度和忠诚度作为衡量企业服务水平的关键性指标，以服务游客为重点，设计销售满足游客需求的旅游服务产品。旅行社的竞争主要就是服务的竞争。服务营销理论对于指导旅行社的服务营销策略研究，提高旅行社的服务水平和市场竞争能力具有重要意义。

旅游动机是旅游行为的初始点，是设计旅行服务产品的关键因素之一，是细分市场的关键变量，以旅游动机为突破口，对特定人群进行旅游心理研究，对旅游市场开发和旅游产业发展至关重要。

在旅游动机研究领域，旅游动机理论的探索和旅游动机经验方向的研究成果较多。其中，推—拉理论（push–pull theory）是国内外研究分析旅游动机的主要理论基础之一。虽然目前对旅游动机的研究成果较多，但由于目标群体、场景、研究重点等方面的差异，在旅游动机的经验性研究方面很难归纳总结出普适的定论。因此，对特定目标群组的探索性研究仍然具有一定的理论价值。由于目前对旅游动机研究所采用的方法大部分是根据研究者的理论猜测设计问卷进行调查、进而做数理统计分析。这种实证研究有一些局限，可能造成研究结果陷入自说自话的理论自循环误区。因此，本研究以开放的态度，采取扎根理论作为质性研究的方法，对特定人群 80 后和 90 后旅游动机的课题开展探索性研究。

在质性研究领域，一个比较科学的方法是美国芝加哥大学的格拉斯（Barney Glaser）和哥伦比亚大学的斯特劳斯（Anselm Strauss）共同提出的“扎根理论”（grounded theory）（1967）。作为定性研究的一种方式，扎根理论主要是基于经验材料的分析和研究来建立理论。该研究方法系统地收集资料和分析资料，并且逐步从资料的研究过程中推导出理论。研究开始时，研究者应坚持开放的态度，不做任何理论上的限制，直接从实际观察出发，从原始资料的收集和分析中总结出经验概括，然后升级到理论层面。这是从下到上建立实质性理论的一种方式，即在系统资料搜集的基础上找寻体现社会现象本质的核心概念，然后通过这些概念之间进行关联，分析定义这些联系的属性，并构建相关的社会理论。扎根理论的理论建构必须有一定的理论基础做支持，但扎根理论不依赖于经验，而从事实中抽象出新的概念和思想。

1.3 实践意义

国民大众旅行经验的日益丰富以及 80 后和 90 后为主体的游客量不断增长和主体结构变化，开启了自主旅游决策、行程安排的自主、自助旅行时代。随着互联网特别是移动互联网在旅游业的广泛应用，一批服务于旅行各个阶段的信息、产品、服务等内容的旅游企业出现，使自助旅行更加便利。80 后、90 后旅游者作为旅游主力军，是旅行社必须高度关注的市场，他们的旅游需求呈现出多样性，正在创造出全新的旅游业态。通过对这一特定代表性人群旅游动机的研究，以期优化旅行社的产品结构和服务营销组合，提高服务质量满意度，助力旅行社企业发展，为旅游市场营销做出一定的贡献。

2 理论回顾

2.1 扎根理论

扎根理论的方法起源于 20 世纪 60 年代，格拉斯和斯特劳斯在医院里，对医务者处理即将辞世的病人的一项现场观察。这一研究方法的产生与美国实用主义和芝加哥社会学派两方面理论思想有关。美国的实用主义，尤其是杜威、G. 米德等人的思想，他们强调行动的重要性，专注于处理有问题的情境，并在解决问题中产生方法。而芝加哥社会学派则普遍采用实地观察和深入访谈的形式来收集资料，并强调从实践者的角度来理解社会过程、社会互动和社会变化。正如范明林、吴军（2009）认为，扎根理论主要是建立理论，重点在于逻辑的发现而不是去检验证明它。根据陈向明（1999）[1] 等学者对扎根理论的思路和方法的研究成果，归纳总结出扎根理论的实际运用程序，有如下几个方面：

理论构建源自资料。必须要通过对资料的梳理分析，自下而上对原始资料进行归纳聚焦，逐步形成理论架构。与一些宏观理论的差别之处在于，在研究开始时，不对预设的假设做逻辑推演，而是以完全开放的态度从资料入手来归纳分析。理论框架必须可追溯，能够追溯到使它产生的原始资料，必须要“扎根”在经验事实之中。只有从资料的“土壤”中“生根发芽”的理论，才具有指导实践的生命力。构建实质理论是扎根理论首先要做的工作。实质理论是建立在资料的基础之上的，是适用于特定时空的理论。扎根理论认为，知识是通过积累而成的，它是从事实到实质性理论再到形式理论的演绎过程。实质理论是初始材料向形式理论发展过程中不可缺少的媒介。若不以实质理论为媒介，从资料中直接建构形式理论，跨度过大，可能容易导致一些缺陷。这一形式理论能够涵盖实质理论，可以将各种的概念和范畴整合成为一个整体，其内涵比单一的形式理论更加充沛，解释现象的范围更加宽泛。

时刻保持理论高敏感度。研究人员只有对理论高度敏感，才能在扎根理论方法下建立起理论构架。具备较高的理论敏感度不但能在资料搜集阶段把握一些重点和总体方向，而且能在分析材料阶段敏锐地感知那些比较聚焦表达材料内容的概念。特别是当原始资料内容本身比较分散时，较高的理论敏感度可以帮助研究人员及时洞察那些关联集中度高、浓缩地表达资料内容的概念和范畴。一般而言，善于现象描述的定性研究人员要克服可能存在理论敏感性不足的问题。扎根理论认为，理论构建比单纯的现象描述更加具备解释能力，所以运用扎根理论的研究人员必须要保持对理论高度敏感。

主要分析思路是比较。扎根理论在构建概念之间联系的主要方法，就是不断比较。扎根理论的比较分析在于资料相互比对、理论相互比对，然后根据资料与理论的相互关联，提取出有关的类属以及确定范畴。依据范畴间关系的构建，勾画初始显现的理论框架并持续优化，使之打磨得愈加精练和准确。在详细阐释理论时，要将研究过程中所掌握的资料，分析比较后得出的概念、范畴，以及概念与范畴间的相互关系逐步分层地阐述而出，作为对所研究的问题的解答。

运用理论抽样的方法。采取扎根理论研究的研究人员要侧重资料收集与分析同步。在对一部分资料分析完成后，会呈现出一定的理论框架，但这一理论框架并不成熟，仅仅是初步生成的比较模糊的理论。研究人员可以将这一初步的理论作为后续资料收集和分析工作的指引，如选择资料、建立编码等。这样可以提高收集资料和使用资料的效率。这些初步理论对研究人员具备一些指引作用，可以限定后续研究方向。研究人员要一字一句细密地分析原始资料，并做语言编码。同时要保持高敏感性，进行理论编码，根据理论编码做出理论假设。反复比较和验证资料和理论假设之间的关系，逐步建立初步理论原型。

灵活运用有关文献。大量参考前人的理论经验可以帮助研究人员打开更加宽阔的理论思路，但要避免前人理论经验的束缚，又要排除前人理论经验的干扰，更不要将他人的理论往收集的资料上生搬硬套，而要客观理性地参考这些前人理论。与参考理论文献相比，研究人员运用发散性思维，通过自身描述和阐释原始资料，在构建理论时更为重要。研究人员之所以能“吃透”资料，做到“量体裁衣”，主要是因为他们带入了自己的理论经验。在理论搭建过程中，要保持开放的态度，不断将原始资料、研究人员个人的理论储备和前人理论经验之间进行一个三角互动关系的循环比较，倾听初始资料中可能发出的各种理论声音。

具有理论性检验标准。运用扎根理论方法所建构的理论具有可追溯性。概念必须要源自收集的初始材料，并且构建的理论可以随时追回到初始材料，这类作为论证依据的初始材料要尽可能内容丰富。理论中所包含的概念、范畴应当尽量多，密度可比较大。概念和范畴之间的关系应当比较复杂，并且这样的复杂关系全能够被理论所涵盖。这才能够保证由概念发展而来的理论是比较科学和完善的，具备良好的实用价值。

扎根理论的操作程序。第一步，细密分析初始材料，并基于此分析来提取出概念。第二步，通过不断分析比较资料和概念，找出与产生理论相关的概念。第三步，发展理论性概念，把具有相同属性的概念归纳收集到概念群组中，并给予概念群组命名，生成范畴。第四步，通过理论抽样，将具有相同属性的范畴聚拢并编辑码号。第五步，建立理论框架，通过建构故事线，链接起大部分的主范畴和概念，提炼核心范畴，删除次要范畴，并搭建理论框架。

逐级编码资料，其中包括以下三个层次的编码。

一级编码（开放式登录）。开放式登录旨在将资料进行首次提炼，范围先宽后窄，直到码号达到了饱和。在开放式登录中，研究人员必须保持开放的心态，所提取的编码要能反映资料的原始含义，不可以曲解。其方法是尽可能拆解收集的原始资料，拆解成词语、单句和片段，再将拆解的资料赋予概念，并对概念类属加以命名，确立类属的属性、维度，然后将所获取的概念，以概念群组的方式重新把资料组合起来的操作程序。在登录原始资料时，研究人员要牢记自己的研究初心，并预留空间让那些未提前预判的目标从原始资料中脱颖而出。在这一阶段研究人员要把握一个原则：什么都相信，也什么都不信。

为了使研究分析在纵深方向上发展，研究人员应该在进行开放式登录的同时，要随时停下来，记分析备忘录。这是分析原始资料的有效手段，可以帮助研究人员反复思考资料中闪现的理论性问题。本轮开放式登录，对初始资料做初步的、待定的解释。这些解释是可以丰富和发展的，研究人员应当关注它如何促使下一步探究深入下去。

在开放式登录的情况下，有一些基本原则要遵循：一是要在不遗漏任何重要的信息情况下登录，要对资料详细编码，编码单元尽可能越小越好，直到编码出现饱和后再停止编码；若新的码号出现，应当在下一轮进行搜集初始资料。二是编码应当尽可能注意资料中当事人使用的词语或者原话等呈现出的直接表达。三是给编码进行初始命名时尽可能采用资料的原始表达，比如采用当事人的原话。也可以是研究人员自行命名，不必纠结这个命名在现阶段合适与否。四是资料分析的同时询问具体编码的问题。比如：原始资料具体提供了哪些情况？发生这些事情的原因是什么？这一事件能够产生什么样的类属？五是快速分析概念的维度。六是列示出的登录范式中的相关条目。

二级编码（又称关联式登录或轴心登录）。关联式登录的主旨是探索和建立概念类属间的各种关系，以表现原始资料各个部分之间的有机联系。在建立起概念类属间的联系之后，研究人员还应该分析所有概念类属的重要性，分辨其中哪些是主要的，哪些是次要的。在辨别出这些主要和次要范畴以后，研究人员还需要通过对它们之间的关系多维度比较后，形成有机的架构。在这个过程中，研究人员可以重新整合原始资料。在对各个范畴进行深入探讨后，建立初步理论框架。这一框架是基于实践理性，侧重于分析和解决现实问题，旨在检验获得的关联式登录的实际可操作性。

三级编码（又称核心式登录或选择式登录）。核心范畴必须在与其他范畴的比较中，能够起到“提纲挈领”的作用，不断被证明具备统领性，能够在一个相对宽泛的理论框架中，涵盖最大多数的资料、概念、范畴。核心范畴就如同一根主线，贯穿所有概念和其他范畴，通过它可以把其他范畴拎起来。基于对所有已发现的概念类属、主要范畴的系统分析，通过串联故事线不断汇集，最终选择核心范畴。在分析出核心范畴时，理论也就水到渠成地呈现出来。

2.2 动机与旅游动机主要理论

动机是推动个体实施行为的动力。这种驱动力是需求未被满足导致的紧张状态产生的。个体有意识地或潜意识地通过行为缓解这种紧张状态，并且他们期望这些行为满足他们的需要，从而缓解紧张或减轻他们感受的压力。旅游动机是在旅游需求的刺激下，促使人们产生旅游行为的内在原因或实质动力。

美国学者丹恩（Dann）（1977）[8]提出了关于旅游动机的推—拉理论。推动的因子是指旅游者内心对旅游的愿望，如减压放松、逃离现实生活等。拉动的因子是指旅游目的地对旅游者的外在吸引力，如自然景观、人文环境、历史文化等。两种因子都可以驱动旅游行为的发生。从那以后，推—拉理论被普遍用于旅游动机方面的研究。

Iso-Ahola（1982）[8]认为，旅游动机有两种驱动力：逃避动力和寻求动力。逃避是个体希望脱离日常环境的想法；寻求是个体希望通过在与平时生活反差巨大的环境中旅游以获得心理补偿。游客在这两种驱动力作用下产生旅行动因。

Pearce 和 Caltabiano（1983）[8]提出了基于马斯洛需求层次论的旅游生涯阶梯（travel-career ladder）论。他们认为，旅游动机是在需求的基础上产生的，不同层次的需求会对应生成不同层次的旅游动机。随着旅行经验的增长，旅游动机会出现阶梯式的变化。低层次的需求得到满足后，人们才会追求更高一层的需求。该阶梯论将游客的旅游需求分为五个层次：放松、刺激、关系、自尊和自我实现。

国内比较有代表性的旅游动机研究人员也对旅游动机进行了划分[18]。黄宗成、余幸娟等（2000）将旅游动机分成两大类：个人和人际。个人包含心理、生理、知识技能等；人际包含结交朋友、团队、增进家庭感情、帮助他人、树立社会地位等。林威呈（2001）将旅游动机分成了五个方面：人际关系与能力培养、身心松弛与修养、积极求知与学习、独处与灵感寻求、亲情与友情培养。娄世娣（2002）[10]将旅游动机划分为：更新生活、逃避现实、好奇探索、社会交往、健康娱乐等。郭亚军（2002）认为旅游动机包括四个主要动机因素，包含社会因素、放松因素、技能因素、知识因素，以及 14 个相关的小动机。

按照旅游动机文献研究类别包括以下方面：特定旅游形式的旅游动机研究，特定人群的旅游动机研究，旅游动机模型研究，特定旅游目的地的旅游动机研究，不同人群旅游动机的差异研究，研究不同目的地旅游动机的差异，旅游动机的研究述评等。

通过文献回顾，旅游动机的研究可归纳出如下的一些特征：一般侧重于研究特定旅游形式、特定人群的旅游动机。定量研究在旅游动机研究领域是主流方法。推—拉理论是在旅游动机研究上运用较多的理论。相同类型研究的成果并没有取得一致的结论。

3　80 后、90 后旅游动机研究设计

本次调研通过设计半结构化的访谈问题，在 2018 年 10 月至 12 月期间，访谈 80 后和 90 后旅游人群，得到第一手资料。访谈对旅游者难忘的旅游经历、旅游目的地的吸引力、出游的想法和目的、旅游六要素“食、住、行、游、购、娱”的关注点等方面进行了提问，同时也对采用的旅游产品、旅游方式、旅游频次、旅游支出以及人口特征等内容进行了问询。整个访谈过程尽量引导被访者说出他们发自内心的旅游动机。在访谈过程中，从第 25 位被访者开始趋于理论饱和。

25 位被访者年龄从 23 岁至 38 岁，涵盖了 80 后和 90 后人群。其中 80 后 13 位，占比 52%；90 后 12 位，占比 48%。80 后男女比例为 58% 和 42%；90 后男女比例为 50% 和 50%，被访者总体男女比例为 56% 和 44%。职业包括在校生、应届毕业生和职员等。笔者对 25 位被访者身份进行了编号从 T1 至 T25。80 后、90 后被访者身份情况汇总见表 1。

表 1　80 后、90 后被访者身份情况汇总

<table>
<tr><th>编号</th><th>姓名代码</th><th>性别</th><th>年龄</th><th>职业</th><th>男女比例</th><th>80 后、90 后比例</th></tr>
<tr><td>T1</td><td>GF</td><td>男</td><td>38</td><td>汽车企业主管</td><td rowspan="8">80 后
男占比
58%</td><td rowspan="13">80 后
占比 52%</td></tr>
<tr><td>T2</td><td>JM</td><td>男</td><td>38</td><td>高尔夫俱乐部总监</td></tr>
<tr><td>T3</td><td>LJ</td><td>男</td><td>31</td><td>证券公司职员</td></tr>
<tr><td>T4</td><td>LJS</td><td>男</td><td>32</td><td>事业单位职员</td></tr>
<tr><td>T5</td><td>MZC</td><td>男</td><td>29</td><td>投资经理</td></tr>
<tr><td>T6</td><td>QBW</td><td>男</td><td>31</td><td>投资公司高管</td></tr>
<tr><td>T7</td><td>YDP</td><td>男</td><td>38</td><td>IT 经理</td></tr>
<tr><td>T8</td><td>ZC</td><td>男</td><td>30</td><td>银行管理者</td></tr>
<tr><td>T9</td><td>FLL</td><td>女</td><td>33</td><td>财务总监</td><td rowspan="5">80 后
女占比
42%</td></tr>
<tr><td>T10</td><td>TYJ</td><td>女</td><td>37</td><td>媒介公司管理者</td></tr>
<tr><td>T11</td><td>WQ</td><td>女</td><td>31</td><td>财务经理</td></tr>
<tr><td>T12</td><td>YR</td><td>女</td><td>35</td><td>银行管理者</td></tr>
<tr><td>T13</td><td>ZHY</td><td>女</td><td>35</td><td>自由撰稿人</td></tr>
</table>

续表

<table>
<tr><th>编号</th><th>姓名代码</th><th>性别</th><th>年龄</th><th>职业</th><th>男女比例</th><th>80 后、90 后比例</th></tr>
<tr><td>T14</td><td>DPC</td><td>男</td><td>26</td><td>媒体广告销售</td><td rowspan="6">90 后
男占比
50%</td><td rowspan="12">90 后
占比 48%</td></tr>
<tr><td>T15</td><td>LYF</td><td>男</td><td>28</td><td>银行职员</td></tr>
<tr><td>T16</td><td>SL</td><td>男</td><td>28</td><td>资产公司主管</td></tr>
<tr><td>T17</td><td>WBW</td><td>男</td><td>28</td><td>金融业职员</td></tr>
<tr><td>T18</td><td>LCP</td><td>男</td><td>23</td><td>学生</td></tr>
<tr><td>T19</td><td>ZJY</td><td>男</td><td>25</td><td>学生</td></tr>
<tr><td>T20</td><td>LT</td><td>女</td><td>24</td><td>应届毕业生</td><td rowspan="6">90 后
女占比
50%</td></tr>
<tr><td>T21</td><td>LXJ</td><td>女</td><td>28</td><td>教育机构负责人</td></tr>
<tr><td>T22</td><td>LYJ</td><td>女</td><td>28</td><td>财务经理</td></tr>
<tr><td>T23</td><td>YL</td><td>女</td><td>27</td><td>银行职员</td></tr>
<tr><td>T24</td><td>ZJQ</td><td>女</td><td>25</td><td>国企业务助理</td></tr>
<tr><td>T25</td><td>ZYN</td><td>女</td><td>26</td><td>市场营销职员</td></tr>
</table>

由于涉及旅游动机的问题相对比较开放，受访者可以自由发挥，收集的第一手资料宽泛而多元化，因此适合采取通过资料收集整理而进行的质性分析。扎根理论是基于原始资料，从下而上构建理论的一种定性研究的方法论。扎根理论研究方法要求逐级编码初始资料，其中包括一级、二级、三级共三个层次的编码。

4 80 后、90 后旅游动机研究过程

4.1 开放式登录

在一级编码（开放式登录）中，作者通过对访谈资料进行逐字、逐句阅读后，对材料反映出来的属性进行逐一编码登记，按照趋同性压减归纳将各个编码的内容。在开放式登录中，提取出了 80 后、90 后旅游动机范畴一共有 28 个。

（1）好友、恋人邀约同游范畴。其中包括了好友同游、恋人同游等概念，收录了以下内容，如:（T1）亚沙赛是最难忘的一次旅行经历。难忘是因为这次旅行是一个团队为了一个目标而共同完成的旅行……亚沙一次，沙友一生！（T22）最难忘的旅游经历是 2014 年的巴厘岛旅游……因为是应邀出席好闺蜜的婚礼，无论何时想起来，那时感动的见证时刻连着周围的美景都历历在目……（T14）清明节去的武汉，气候很好，喜欢有水的城市，第一次见到长江……晚

上在江边散步很惬意，哈哈，当时和前女友一起去的。

（2）探亲访友范畴。其中包括了探望亲人、拜访朋友等概念，收录了以下内容，如:（T2）2018 年 1 月，到越南考察合作项目，拜访朋友，顺便旅游。（T14）个人的话曾到过苏州、成都、锦州……和亲朋好友待个一两天，然后再自己去当地玩。

（3）增进家人感情范畴。其中包括了亲子游、夫妻同游、带父母同游等概念，收录了以下内容，如:（T3）休假时，媳妇闹腾非要出门旅游时……（T8）带娃增长见识和娱乐……（T12）现在孩子比较小，4 岁，主要去海边，孩子可以玩水，玩沙子，可以吃海鲜，去主题游乐园，比如迪士尼，长隆……（T10）日本大阪，大阪的环球影城是亲子必打卡之地……另外就是大阪海洋馆，也是亲子打卡胜地……（T17）旅游对于我最大的吸引力是可以陪着家人一起去看不一样的风景……

（4）目的地结交新朋友范畴。其中包括了旅途结伴、目的地交友等概念，收录了以下内容，如:（T7）当地语言不通，要通过向导来交流，我当时是在路上找同伴，住青年旅馆、民宿。（T2）当地……感觉太热闹了，在当地还结识了 4 个中国游客……

（5）缓解压力、舒展心情范畴。其中包括了减压、放松等概念，收录了以下内容，如:（T16）心情烦闷、工作生活压力大的时候，喜欢独自出去转转。（T22）心情波动比较大的时候，比如压力大，工作负荷重，极度喜悦或者极度悲伤的时刻，需要去一个新环境调整自己……（T23）放松心情，开阔视野，体验不一样的文化和生活环境……（T24）工作比较疲乏的时候，比较想出去走走放松放松……

（6）摆脱现实生活范畴。其中包括了调整生活状态、换个新环境等概念，收录了以下内容，如:（T6）对于一种生活状态时间长了，会把旅游当作调整生活状态的第一选择……（T16）散心、发呆，找个没人认识的地方待着……（T21）放松身心，离开喧嚣的城市，让自己放空……（T25）自己出去玩是为了换个环境，感受不一样的体验……

（7）娱乐休闲范畴。其中包括了欢聚、娱乐、慢品慢游等概念，收录了以下内容，如:（T2）在岘港一日游……游了四个岛，进行了潜水，还吃了有海鲜的船家饭。当时有美国、俄罗斯、瑞典、泰国、新加坡、日本、韩国等 20 多个国家的人参加了一日游，大家相互介绍，船家还有个小乐队，大家一起唱歌、吃饭、坐在救生圈上喝啤酒……（T25）去台湾玩……在垦丁，骑电动车环岛游，天气很好，傍晚在海边看日落，很梦幻的。

（8）强身健体范畴。其中包括了参加高尔夫运动、参加马拉松比赛等概念，收录了以下内容，如：（T2）打了高尔夫球……从越南河内坐船到一个叫 BRG 国王岛上，打了一个 36 洞的高尔夫球。当地气候湿润，异国风情浓郁，虽然与服务人员语言不通，但可以用手势交流，也很有趣，他们服务很热情。（T5）作为长跑爱好者会在跑马期间体验当地景色……

（9）寻求新奇刺激感受范畴。其中包括了追求刺激、释放天性等概念，收录了以下内容，如：（T15）好奇心驱使，喜欢刺激……在肯尼亚，当地人拿着枪保护你，我们当时为看草原上的动物，在车里等了一下午，直到傍晚才看到这些野生动物，但这等待是很值得……（T16）喜欢刺激的游玩项目，比如漂流、潜水、蹦极、滑翔翼等……（T18）阿姆斯特丹：开放的社会氛围……在当地都可以在法律允许的范围内尝试……（T24）乌兰布统吧，这是最近一次且体验较好……开着越野车……在草原骑马感觉能释放天性，哈哈哈……

（10）互动参与感范畴。其中包括了参与感、亲身体验等概念，收录了以下内容，如：（T1）亚沙赛……沙漠中前行经常会在沙坳和沙脊间来回穿行，沙坳里体感炎热，沙脊上风沙漫天，难以睁眼。再加上来回冲上跑下，对体能和心理都是极大的考验……（T13）澳大利亚自驾游，当地人比较少，比较纯净，可以和动物交流。当时入住一个小木屋，早晨醒来，在屋外可以看到野生袋鼠，在露天吃午饭时，袋獾会跑过来把小爪搭在我身上，不怕人，超可爱的……（T20）不同于日常的景点观光，要有良好的游览体验才会让我印象深刻……

（11）感悟人生范畴。其中包括了敬畏生命、实现自我等概念，收录了以下内容，如：（T9）2011 年去的四川成都及九寨，在游完成都后，在去九寨的多条路线中，特意选择了最为辛苦的汽车，因为途中将路过都江堰、汶川等地震旧址……一路颠簸……领队故作轻松，轻描淡写地说了句，在 2008 年 5 月 12 日的时候，这条路的下边不知道埋了多少人，他们将长眠于此……对于我们这些来旅游的外来人，是来参观，是来感怀，对于当地生活的人来说，这才是个实实在在发生的悲剧，逝者已逝，留下来的人却要面对这一切……那些劫后余生的人的伟大，不是你我这等参观游览者所能共情并指摘的……（T13）马尔代夫度假时，去前有种担忧，在那无所事事会不会很害怕，然而到了当地……可以专注地去看鱼、看珊瑚，这在现实生活中很难实现……人有时要静心……实现自我……

（12）有空就走、随性而为范畴。其中包括了边走边玩、说走就走等概念，收录了以下内容，如:（T6）短途旅游……凭心情喜好，会突然决定去哪里玩几天……（T17）可以尽情享受假期……当然前提是旅游的行程不会安排得过于饱满，边走边玩，走走停停是比较好的方式，不需要带有某种目的去旅游……（T19）不一定啊，去哪旅游有时说走就走……

（13）游览独特的自然景观范畴。其中包括了欣赏自然景观等概念，收录了以下内容，如:（T11）威尼斯……一路奔波，当晚很快睡着了，醒来以后发现外面太美了，出门就是海……（T15）北极看极光，南太平洋岛上看火山喷发……总体来说，喜欢去不容易看到的、有名的自然景观……（T23）加拿大卡尔加里自驾游……最具吸引力的是国家级自然公园内既保持有很好的自然景观又提供极具人性化的基础服务设施。

（14）参观历史文化古迹范畴。其中包括了了解历史文化、参观博物馆等概念，收录了以下内容，如:（T15）了解历史文化……历代名人的诗词题字，发生在这里的典故、故事……（T25）在台北博物馆……东京博物馆找个讲解员，可以花一整天在博物馆里参观欣赏……

（15）探访媒体宣传、影视剧拍摄地范畴。其中包括了媒体宣传推介的地方、影视剧拍摄地等概念，收录了以下内容，如:（T15）我有时……也会通过《孤独的星球》相关介绍来选择目的地，里面介绍的地方，中国人不常去……（T25）去垦丁是受了《海角七号》的影响，到了当地感觉很棒……

（16）感受异地人文历史氛围范畴。其中包括了历史氛围、人文环境等概念，收录了以下内容，如:（T6）当地文化……会倾向于历史在人的价值观上留下的烙印……（T14）第一次见到长江，武汉城市环境很干净，人文环境也不错，去了武汉大学，还逛了武汉的老街道，晚上在江边散步很惬意，哈哈……

（17）品尝当地美食范畴。其中包括了特色美食、风味小吃等概念，收录了以下内容，如：（T7）……吃非常看重，当地最有名的特色小吃，在成都去吃了24个当地特色的餐馆，从路边摊到大饭店……在乌鲁木齐就品尝过6种不同风味的大盘鸡，哈哈……（T9）看看不同地方的风土人情，特别是看看有没有好吃的……去一个地方最大的乐趣是吃好吃的……（T12）广州市的餐饮很出名，有好多好多的饭店，我本身对于粤菜和港式茶餐厅比较喜欢，并且孩子也很喜欢这些口味……

（18）游学旅游范畴。其中包括了游学等概念，收录了以下内容，如：（T21）英国游学……虽然我在英国待的时间不长，但此次学习和游览之行，让我收获很大……通过在英国剑桥大学学习，参观大英博物馆等著名景点，感受到英国是一个名副其实的“绅士”国家。每个人见到你都会微笑……彬彬有礼，让人感觉很舒服……

（19）节庆、体育赛事范畴。其中包括了参与赛事、赛后游览等概念，收录了以下内容，如：（T1）有人说，人的一生至少要看一次大海，穿越一次沙漠。亚沙赛恰恰给我提供了一次难得的穿越沙漠的机会……感觉既是赛事，又是沙友们的节日……（T5）游览青岛市景点，这次经历起因于报名参加了青岛马拉松……以后跑马会选择不同的城市进行尝试。

（20）了解民族宗教文化范畴。其中包括了民族文化、宗教文化等概念，收录了以下内容，如：（T7）玩有特色的景区景点，风景名胜，有自然和历史特色的地方，在青海和西藏转几十座寺庙，拜见了几十位活佛……（T15）当然，也喜欢去人文的景观，比如柬埔寨吴哥窟和当地的寺庙……也会与当地人攀谈。

（21）逛街购物范畴。其中包括了菜市场买菜、特色商店购物等概念，收录了以下内容，如：（T3）趁中午暖和去日本皇室“家门口”跑两圈，回来泡个大澡睡个午觉，睡醒后骑自行车串串当地“胡同”买点菜……（T13）台湾感觉不错，有很多文创小店，下次可以再去逛逛街……（T17）……一般选购的东西也以当地特色的手工制品为主，因为这些手工制品产量低，在电商品台也很难选购，比较有当地特色，可以作为留念……（T20）去日韩欧美等发达国家，会去免税店等商店购入一些折扣力度大或者相对国内价格优惠的品牌产品……

（22）当地客流量适度范畴。其中包括了安静的目的地、错峰出游等概念，收录了以下内容，如：（T4）旅行喜欢挑选人少，安静的地方。（T11）国内放假的时候出境游，因为国内游人多……以后可能会选择欧洲多一些，喜欢欧洲这样人少的城市，东南亚不太想去了，又热人又多。（T18）旺季减少出游，人太多影响旅游体验……（T19）人太多的地方，玩得不尽兴，会选择一些淡季去旅游……

（23）天气、气候怡人范畴。其中包括了晴好的天气、怡人的气候等概念，收录了以下内容，如：（T1）天气晴好的日子……好天气会给人旅行的冲动……（T21）……自然环境非常优美，蓝天白云很让人心情美丽……（T24）……我喜欢草原的辽阔，蓝天白云……

（24）当地别样的生活方式范畴。其中包括了体验当地生活、感受城市风格等概念，收录了以下内容，如：（T2）为了体验当地生活，租了一辆摩托走街串巷，吃大排档……（T6）加拿大一个月的自由行……本身是半个月，因为感受到加拿大各地不同的人文气息和风格迥异的城市标签所以延长了行程。最大吸引我的地方还是当地的人文，生活方式和生活态度反映在日常生活中……（T23）开阔视野……体验不一样的文化和生活环境……

（25）交通便利范畴。其中包括了方便的出行等概念，收录了以下内容，如：（T5）出行要方便，这个很重要，关系到时间和金钱成本……尤其是在跑马中出行，因为会集中去很多人，所以出行方便性很重要。（T14）当时在云南玩时就在当地找个家朋友推荐的旅行社，由于要去3个地方，但自助游交通不便，就选择了跟团游……

（26）与现实反差大的环境范畴。其中包括了原始风貌、难得一见的景观等概念，收录了以下内容，如：（T7）在云南……主要去感受当地的生活习惯、生活环境，淳朴的民风……云南怒江“炳中洛”，孩子们都不穿鞋，建筑外观有北欧风格，但房间内比较昏暗，还可以见到用水磨来磨面粉，当地语言不通，要通过向导来交流……（T13）西藏珠峰大本营住帐篷，当时高反很严重，晚上起来去上厕所时，哇！发现满天流星雨，太美了……（T15）南太平洋岛上去看火山喷发时，要在当地找向导，在山脚下穿过热带雨林才能看到奇观。在火山下的村庄与当地酋长、男人和女人聊天，体验当地的生活，感觉很新奇……

（27）重游的新发现范畴。其中包括了城市舒适度、自然文化的吸引力、历史文化的吸引力等概念，收录了以下内容，如：（T10）重游会选择孩子喜欢的目的地，比如国内的三亚以及日本、美国等有大型游乐场所或海边的地方。（T12）去过泰国普吉岛的海边后，感觉很舒服，以后还会再去泰国，但是不会去普吉岛了，可能去别的岛屿。去过英国后，觉得对欧洲历史还是比较感兴趣，就想一定要去一次法国。去过迪拜后，觉得这个地方来一次就够了……（T14）选择重游的地方……城市让人感觉舒服，地方耐玩有趣，有吸引人的自然景观。因为时间紧，当地有些景点没去成……（T25）日本，我会有故地重游的想法。当地人员素质普遍比较高，环境、东西都比较精致……

（28）友善热情范畴。其中包括了热情帮助、暖心服务等概念，收录了以下内容，如：（T4）2017 年元旦去泰国曼谷玩，所有服务人员的服务意识以及专业素质都十分好，对待所有顾客都十分客气、尊敬、热情，没有那种势利眼……（T12）在广州无意中定了一个酒店，服务超级好，恨不得离酒店 20 米外就过来替我们拉箱子，抱孩子，全程微笑，可以说是酒店中的“海底捞”，免费送机场，走的时候还每个人发一个苹果，象征平安……（T13）台湾自助游时，从一地到另一个目的地的公共交通比较少，当时虽然没有赶上公车，但遇到了一位当地好心的退伍军人，开车送我到下一站……当地民宿的房东，会提供很多热情帮助，而且没有企图心。

4.2 关联式登录

扎根理论研究方法的第二阶段是关联式登录。就是在第一阶段开放式登录时归纳的 28 个范畴的基础上，进行进一步的提炼合并。通过关联式登录归纳出 6 个主范畴，即：休闲减压范畴、新奇自由体验范畴、情感交流范畴、特色自然文化景观范畴、舒适与差异化环境范畴、独特的生活方式范畴。

（1）休闲减压范畴主要包括了缓解压力、舒展心情，摆脱现实生活，娱乐休闲，强身健体等。

（2）新奇自由体验范畴主要包含了寻求新奇刺激感受，互动、参与感，感悟人生，有空就走、随性而为等。

（3）情感交流范畴主要涵盖了好友、恋人邀约同游，探亲访友，增进家人感情，目的地结交新朋友等。

（4）特色自然文化景观范畴主要囊括了游览独特的自然景观，参观历史文化古迹，探访媒体宣传、影视剧拍摄地，游学旅游，了解民族宗教文化，节庆、体育赛事等。

（5）舒适与差异化环境范畴主要归集了当地客流量适度，天气、气候怡人，交通便利，与现实反差大的环境，重游的新发现，友善热情等。

（6）独特的生活方式范畴主要集合了感受异地人文历史氛围，品尝当地美食，逛街购物，当地别样的生活方式等。

4.3 选择式登录

扎根理论研究方法的第三阶段是选择式登录。在选择式登录阶段，通过在关联式登录分析获得的主范畴中，挖掘核心范畴，同时搜集新的证据与正在搭建的理论进行不断互动，验证并完善各个范畴及它们之间的关系，从而完成能够经得起推敲的理论架构。通过对第一阶段开放式登录获得的 28 个范畴和第二阶段关联式登录归纳出的 6 个主范畴的检验与回顾，同时对访谈记录的再次梳理比较后，登录“漏斗”最终收窄为由休闲减压、新奇自由体验、情感交流构建的“内在需求”核心范畴和由特色自然文化景观、舒适与差异化环境、独特的生活方式构建的“外在诱因”核心范畴。基于扎根理论研究方法可以得出，80 后和 90 后旅游者在自身有旅游需求的同时，又出现了能够满足这种需求、被游客认知的外在诱因，旅游动机才会产生，两个核心范畴相辅相成，不可或缺。这一研究结果也印证了美国学者丹恩（Dann）（1977）提出的关于旅游动机的推—拉理论。推动的因子主要指旅游者内心对旅游的愿望，拉动的因子是外在的，由旅游者对目标属性的认知所产生，是旅游资源的特色吸引旅游者前往目的地旅游的动力。推—拉理论被普遍用于旅游动机方面的研究。80 后、90 后旅游动机三级编码分析汇总见表 2。

表 2　80 后、90 后旅游动机三级编码分析汇总

选择式登录	关联式登录	开放式登录
1. 内在需求	1.1　休闲减压	1.1.1　缓解压力、舒展心情
		1.1.2　摆脱现实生活
		1.1.3　娱乐休闲
		1.1.4　强身健体

续表

选择式登录	关联式登录	开放式登录
1. 内在需求	1.2　新奇自由体验	1.2.1　寻求新奇刺激感受
		1.2.2　互动、参与感
		1.2.3　感悟人生
		1.2.4　有空就走、随性而为
	1.3　情感交流	1.3.1　好友、恋人邀约同游
		1.3.2　探亲访友
		1.3.3　增进家人感情
		1.3.4　目的地结交新朋友
2. 外在诱因	2.1　特色自然文化景观	2.1.1　游览独特的自然景观
		2.1.2　参观历史文化古迹
		2.1.3　探访媒体宣传、影视剧拍摄地
		2.1.4　节庆、体育赛事
		2.1.5　游学旅游
		2.1.6　了解民族宗教文化
	2.2　舒适与差异化环境	2.2.1　当地客流量适度
		2.2.2　天气、气候怡人
		2.2.3　交通便利
		2.2.4　与现实反差大的环境
		2.2.5　重游的新发现
		2.2.6　友善热情
	2.3　独特的生活方式	2.3.1　感受异地人文历史氛围
		2.3.2　品尝当地美食
		2.3.3　逛街购物
		2.3.4　当地别样的生活方式

5　80 后、90 后旅游动机调研发现

5.1　80 后、90 后旅游动机特点

本次调研发现，80 后和 90 后在闲暇之余，希望通过旅游缓解压力、舒展心情，摆脱现实生活，休闲放松，走走停停，少受约束，追求新奇事物，开阔眼界，亲身体验以及实现对亲情、友情、爱情等情感交流的渴望。旅行中对特色自然文化景观情有独钟，追求目的地的环境舒适与差异化，希望融入体验当地

人的生活。

5.2　80后、90后旅游动机新亮点

注重体验参与感。这一特定人群以不满足于特色景点“打卡”式旅行，而是希望能够体验当地人文生活方式，和当地土著部落的人聊天、感受“炳中洛”比较原生态的生活、到当地人生活的地方逛逛菜市场……

对于体育赛事已不是旁观者，而是参与者。比如参加亚沙赛、参加城市马拉松赛等，而不只是观赛者。

随性而为，有空就走。旅行计划性在弱化，往往是因为天气好或是几个好友突然拍定，就出去旅行了，没有很强的目的性，这使得旅行决策时间越来越短。

当地客流量成为旅行决策因素。很多著名景点，往往因为节假日去的人多，这一特定人群就不会选择前往，他们会错峰旅游，或者选择其他旅游目的地。

重游要具备吸引力。主要包括目的地整体环境良好，随季节变化，同一景区可以看到不同景观，一次旅行因时间有限，很多地方未能到达等。

5.3　旅游六要素的侧重点

旅游六要素包括“食、住、行、游、购、娱”。调研发现，80后、90后旅游者比较重视游行食住，不太看重购和娱。

追求新奇事物，开阔眼界体现在对于不同地域的游览，因此游是他们比较看重的。中国人看重饮食文化，俗话说民以食为天，而中国的饮食又根据地域不同有十分鲜明的区别，旅游也是品尝各地美食的最佳机会，当地特色美食可以让旅行变得更加丰富多彩。在选择旅游目的地时，一个重要的考量是交通是否便利，这也决定旅行是否能按计划完成行程，在景区距离较远的地区，方便的交通决定了能否吸引更多游客前来。住宿对于休闲动机强的旅游者会比较看重，对住宿舒适性要求较高。

而对于不太看重的部分，首先是购。如今电商和快递业极其发达，基本可以做到足不出户就可以购买全球各地的商品。因此，在旅途中一般选购的东西也以当地特色的手工制品为主，或者在免税店、折扣店购置性价比高的商品。因为这些手工制品产量低，在电商品台也很难选购，比较有当地特色，可作为留念。不看重购的另外原因是旅游过程会持续一段时间，购买过多的物品不便于携带，可能会影响旅游体验。其次是娱。80后、90后旅游者更在意对当地景

色和风土风情的游览体验，娱乐项目几乎不在体验范围之内。

5.4 对旅游服务的关注点

在旅游服务方面，80 后、90 后旅游者关注品牌、质量、性价比、效率和人员服务等。在被访者中，绝大部分人年旅游支出在 10000 元以上，最高达到 10 万元。他们并不是一味地追求低价格，而是更加注重品质和性价比。每年出游频次基本在 4 次左右，总体来看，旅游还属于低频消费。在出游方式上，他们绝大多部人只选择自助游，几乎不会选择旅行社跟团游产品和其他服务。只有当他们带父母旅行、旅游目的地特别不熟悉（自助游很难去但又想去的地方）或到了旅游目的地后打算一日游或两日游，才会有选择旅行社产品的意愿。究其主要原因是：这一特定人群主要是通过线上选择旅行服务，传统旅行社很多没有电商网站，即便有电商网站也使用起来比较不便，旅行社线下门店他们也鲜有光顾。因此，这一特定人群很难感知到旅行社的产品与服务。他们曾选择过旅行社服务的一小部分人认为，虽然旅行社产品很多价格不高，但缺乏品质。“总体来说，希望传统旅行社价格高一些，但不要浪费我的旅游时间，有些 8 天游，其实只游 5 天，其他 3 天被拉去购物什么的，白白浪费 3 天。”而且他们反映旅行社产品不太自由，行程太赶。这与 80 后和 90 后旅游者自由体验偏好背道而驰。总体而言，旅行社的产品与服务，并没有满足 80 后和 90 后旅游者的需求。

80 后、90 后旅游者作为旅游主力军，是旅行社必须高度关注的市场，他们的旅游需求呈现出多样性，正在创造出全新的旅游业态。通过对这一特定代表性人群旅游动机的研究，以期优化旅行社的产品结构和服务营销组合，提高服务质量满意度，助力旅行社企业发展，为旅游市场营销做出一定的贡献。

致谢

本课题是在对外经济贸易大学国际商学院营销学系主任熊伟导师的悉心指导下完成的，从论文的选题、研究、修改、审查直至完成，无一不凝聚着导师的心血。熊伟教授的崇高品德、渊博的知识、严谨的治学态度以及忘我的工作精神，深深地感染着我，激励我奋发学习。最后，深切感谢所有关心和帮助我的老师、同学、亲人和朋友们。

参考文献

[1] 陈向明，扎根理论的思路和方法 [J]，教育研究与实验，1999 (04)：58-63.

[2] 常化倩，陈朝隆 . 基于旅游动机的居民出游特征研究 [J]. 曲阜师范大学学报，2012 (2)：109-115.

[3] 董昭岭 . 定量研究与质性研究的比较 [J]. 岱宗学刊，2011 (3)：39-40.

[4] 杜继淑，郑惠 ."90 后" 大学生旅游动机与旅游消费行为分析，贵州师范大学学报，2010(6)：137-141.

[5] 付建华 . 国内旅游动机研究综述 [J] 昆明大学学报，2006 (1)：91-94.

[6] 方雨，黄翔 . 社会大众视角下的旅游本质研究——基于扎根理论分析方法 [J]. 旅游研究，2017，9 (4)：21-28

[7] 高海霞，姚瑶 . 游客自我概念与乡村旅游动机关系研究 [J] 地域研究与开发，2018，37(2)：104-110.

[8] 何振，许霞 . 国外旅游动机研究动态、特点及展望 [J] 四川旅游学院学报 2015 (5)：29-33

[9] 毛小岗，宋金平 . 旅游动机与旅游者重游意向的关系研究：基于 logistic 模型 [J] 人文地理，2011 (6)：149-154.

[10] 娄世娣 . 旅游动机及其激发 [J]. 经济经纬，2002 (1)：70-73.

[11] 唐健雄，罗炳玲，黄江媚 . 旅游企业服务创新、价值共创与创业绩效——基于 O2O 模式下的懒猫旅行案例研究 [J]. 旅游论坛，2018 (2)：51-63.

[12] 王笑宇 . 我国中产阶层旅游需求研究 [J]. 旅游论坛，2017 (4)：29-41.

[13] 邢宁宁，杨双双，黄宇舟，李咪咪，汪京强 .90 后出境旅游动机及价值追寻 [J]. 旅游学刊，2018 (9)：58-69.

[14] 杨芳，李卫青，旅游者对目的地满意度影响因素的扎根分析 [J].2017 (1)：51-57.

[15] 苑炳慧，辜应康 . 基于顾客的旅游目的地品牌资产结构维度——扎根理论的探索性研究 [J]. 旅游学刊，2015 (11)：87-98.

[16] 张金玲 . 近 20 年国内旅游动机研究述评 [J]. 乐山师范学院学报，2011，26 (12)：70-73.

[17] 张宏梅，陆林 . 近 10 年国外旅游动机研究综述 [J]. 地域研究与开发，2005，24 (2)：60-64+69.

[18] 邹开敏 . 国内旅游动机的研究新进展 [J]. 经济问题探索，2008 (3)：125-127 .

[19] Correia Antónia，Kozak Metin，Ferradeira João. From tourist motivations to tourist satisfaction. International Journal of Culture [J]. Tourism and Hospitality Research，2013，7 (4)：411-424.

[20] Daengbuppha Jaruwan，Hemmington Nigel，Wilkes Keith. Using grounded theory to model visitor experiences at heritage sites：Methodological and practical issues [J]. Qualitative Market Research，2006，9（4）：367–388.

[21] Whyte，Lincoln James. Understanding the relationship between push and pull motivational factors in cruise tourism：A canonical correlation analysis [J]. International Journal of Tourism Research，2017，19（5）：557–568+12.

附录　80 后、90 后旅游者访谈提纲

序号	问题
1	请谈谈最难忘的旅游经历。上述旅游目的地对你的吸引力主要在哪些方面？
2	你在什么情况下会有出去旅游的想法？
3	作为旅游者，你旅游的目的主要有哪些？
4	在旅游中的“食、住、行、游、购、娱”方面，你比较看重哪些方面体验，不太看重哪些方面体验？请举例说明。
5	你平时的爱好有哪些？通过哪些渠道获取资讯？旅游资讯一般通过哪些渠道获得？（比如口碑、社群、旅游网红推荐、线上广告、线下广告等）
6	你在什么情况下会选择传统旅行社产品，在什么情况下会选择在线旅行社产品？
7	在旅游服务中，你比较关注哪些方面？比如价格、品牌、质量、人员服务、时间等。
8	你在已体验的旅游服务产品中，哪些通过传统旅行社，哪些通过在线旅行社（OTA）？你认为它们的产品优势和劣势有哪些方面？
9	你曾经的旅游经历，会对你以后选择旅游目的地产生哪些影响？
10	你喜欢的旅游类别： 跟团游（　）什么情况下选择？ 自助游（　）什么情况下选择？ 定制游（　）什么情况下选择？
11	你平均每年出游几次？ 长线旅游（　）次 短线旅游（　）次 出境旅游（　）次 国内旅游（　）次 每年除节假日外，可支配的旅游时间有（　）天
12	你每年的旅游支出大体在什么区间？ 6000 元以下 6000~8000 元 8000~10 000 元 1 万 ~2 万元 2 万元以上（具体为　万元）
13	你的性别、年龄、学历以及职业和职位是什么？

旅游实践与经验借鉴

入境旅游如何发展？日本的实践经验及启示

汤　治

（中国驻东京旅游办事处）

一、日本入境旅游发展奇迹是如何创造的

2003 年，日本政府提出推进观光立国，组织实施“访日旅行促进事业”。从此，日本入境旅游发展进入了快车道。随着《观光立国推进基本法》于 2006 年顺利制定，2020 东京奥运会得以成功申办，日本入境旅游发展呈现出内阁统筹、部门联动、产业融合、官民一体的全新发展格局。

根据独立行政法人日本国际观光振兴机构（JNTO，通称日本政府观光局）提供的数据，2009 年（设立观光厅的次年）访日外国游客总数为 679 万人次，2015 年，日本入境旅游发展取得了近半个世纪以来里程碑式的突破——自 1970 大阪世博会以来访日游客人数实现了对出国旅游人数的反超，达到 1900 万人次。在此高速发展势头下，日本政府于 2016 年正式提出了 2020 年访日外国游客总数达到 4000 万人次，2030 年达到 6000 万人次的宏伟目标。截至 2018 年年底，访日外国游客总数已经超过了 3119 万人次，10 年间增长了接近 5 倍。

入境旅游发展水平是旅游业综合实力的集中体现，它既是评价旅游目的地吸引力、衡量关联产业全球竞争力的重要指标，又是服务贸易出口的重要组成部分，更是扩大民间交流、加深人文交往的重要载体。纵观当今世界，包括我国在内的各主要经济体无不重视入境旅游在经济、社会和民生发展中的突出地位。我国《“十三五”旅游业发展规划》就设有“大力提振入境旅游”专节，集

［**作者简介**］汤治（1984—），男，江苏人，中国驻东京旅游办事处，研究方向：旅游产业政策及立法、旅游市场监管、国际旅游业发展实践。E-mail：tourismreview@163.com。

中部署了发展入境旅游相关工作。

入境旅游的发展不能理解为是旅游行业的部门成就，而是涉及经济、文化、社会、法治等多个维度的具备高度复杂性和系统性的结果。日本入境旅游高速发展的奇迹究竟是如何创造的？这个问题的答案应该是多重且多元的，但是我们可以从寻求国际实践经验以破解如何更好地发展入境旅游之问的角度出发，从内外因两个方面对这些答案进行梳理和分析。

在外部机遇方面，2008 年国际金融危机后，世界经济逐步复苏，以中国为代表的东亚地区成为全球经济增长的主要引擎，而正是周边客源市场的蓬勃兴起为日本入境旅游发展带来了难得的历史性机遇。

在内部条件方面，从目的地竞争力角度审视，既有日本社会经济高度发展、旅游相关公共设施（如交通设施、无障碍设施、公共卫生设施等）高效完善以及公共服务成熟便利等宏观因素，也有流行文化国际传播能力强、精细化打造旅游资源产品、高度重视产品质量和广泛提供人性化服务等市场化因素。

从制度环境角度来看，第二届安倍内阁上台后，在安倍经济学框架下的量化宽松政策体系，无疑刺激了访日旅游消费，同时，促进地方创生政策也与旅游目的地建设遥相呼应，为入境旅游发展提供了财政保障。这些促进入境旅游发展的财政金融类政策无疑是十分关键的，但它们大多面向整体宏观经济，具有行业普惠性，难以简单归类为旅游政策。

此外，日本政府还专门提出了以入境旅游为核心的旅游发展战略，围绕发展入境旅游推出了放宽签证、升级免税制度、改革出入国管理机制、革新旅游管理体制、扩大航空网络等多项改革举措。

二、在日本入境旅游处于何种战略地位

2003 年，在小泉内阁召集的第一回观光立国恳谈会上，发展入境旅游被认为兼具经济意义和社会价值，是经济产业与社会事业两者的统一。此次恳谈会认识到旅游是国家文化对外展示、传播和交流的有力载体，发展入境旅游对加强文化对外输出、提升文化软实力具有重要意义，构建宜游目的地与建设宜居、宜学、宜业国家的目标是统一的。

此外，恳谈会上还就解决入境旅游（当时为 500 万人次规模）和出境旅游

（当时为1600万人次规模）发展不平衡等问题提出了一揽子政策构想，包括完善软硬件基础设施、简化入境手续、优化自助游公共服务，以及推动入境旅游的市场化和产业化、促进地方旅游资源的挖掘和整合、加强旅游人才培养等。

2007年，《观光立国推进基本法》正式实施，它以法律形式进一步确认了旅游业作为支柱产业的战略地位，并把发展旅游业明确为21世纪日本的基本国策之一。该法规定了在推进观光立国过程中日本中央政府和地方公共团体的责任和义务，以及居民和旅游经营者的地位和作用，此外，还提供了促进旅游业发展的四类制度接口，包括建设国际竞争力强且富有魅力的旅游目的地、培养服务于强化旅游产业国际竞争力和旅游振兴的人才、振兴国际旅游、完善有助于促进旅游观光的环境。

为全面实现观光立国相关发展目标，根据《观光立国推进基本法》，日本政府制订实施《观光立国推进基本计划》，并且每五年修订一次。基本计划重点围绕发展入境旅游设定相应的阶段性目标，包括访日外国旅游者数量、访日外国旅游者满意度（此后修订增加了访日外国人旅游消费额、访日回头游客数）等，同时配套实施一揽子促进政策。截至2019年，基本计划已历经两次修订。

2008年，为进一步加快推进观光立国，强化旅游政策顶层设计和旅游部门组织实施能力，福田内阁推动修改《国土交通省设置法》，专门设立了作为国土交通省外局之一的观光厅，主要负责促成日本观光立国、培育魅力观光地、振兴国际观光等事务，具体组织实施《观光立国推进基本计划》。

观光厅首长为观光厅长官，内设部门包括总务课、观光战略课、观光产业课、国际观光课以及观光地域振兴部等。2019年，观光厅在原有国际观光课基础上升格成立了国际观光部。此外，观光厅还负责管理独立行政法人国际观光振兴机构（JNTO），后者具体从事访日旅游推广促销、入境旅游公共信息服务等相关事务。

2015年，访日游客全年总人数已接近2000万人。为巩固阶段性成果，设定下阶段发展目标，安倍内阁召开了第一回“支撑明天日本的观光愿景构想会议”，由首相担任议长，内阁官房长官、国土交通大臣担任副议长。会议进一步确认了在老龄化程度不断加深、国内旅游消费提升空间有限的背景下，发展入境旅游对旅游业可持续发展的重要意义，并且还提出了入境旅游需求扩大（访日游客数量激增）与供给滞后（交通、住宿设施以及公共服务不足）之间的矛盾所带来的诸多新课题。

此后，2016 年召开的第二回会议围绕发展入境旅游分别从旅游资源、旅游产业和旅游公共服务三大视角，梳理出具体的十项改革任务（随后得到进一步扩展），提出了在新阶段（2020 年前）更为完整、更为系统、更为具体的政策实施方案。

三、日本在实施何种入境旅游促进政策

在日本政府提出的“支撑明天日本的观光愿景”框架下，发展入境旅游若干政策措施主要围绕资源、产业和公共服务三个角度进行设计，从而串起了建设旅游目的地、整合区域旅游资源、延伸旅游产业链条、提升旅游产品竞争力、改善旅游基础设施、优化旅游公共服务等系列发展目标，形成了发展入境旅游的系统政策架构。

（一）入境旅游资源开发政策组合

入境旅游资源开发政策组合着力于充分挖掘各类现有自然和人文资源的旅游魅力，完善其入境旅游服务功能，结合地方经济振兴政策，共同促进地方创生，具体内容主要包括：

在公共设施开发利用方面，以东京赤坂及京都迎宾馆对公众开放为契机，积极推动其他公立历史文化设施对外开放，发挥其旅游资源价值。

在文化遗产旅游开发方面，强化各地文化遗产的一体化整备和支援，完善其旅游服务功能，积极打造以文化遗产为核心的旅游据点。

在提升国立公园旅游接待能力方面，通过“饱览国立公园”项目，建设世界级水准的国家公园，明确保护区域和旅游开发区域的划分，鼓励民间资本投资开发，优化旅游服务，改善游客体验。

在历史文化街区旅游资源挖掘方面，支持各地跨越行政区域的界限，整合主要观光地旅游景观规划，在法定重点历史街区推进无电柱化。

在发展乡村旅游方面，培育度假型农山渔村旅游，推进“发现农山渔村之宝”“风味日本（SAVOR JAPAN）”认定等品牌化项目，发展体验型农家民宿。

在促进地方入境旅游消费方面，改善地方商店街等传统观光点接待外国游

客的基础设施和环境，强力推广地方特色产品，扩大传统工艺品消费。

在培育精品旅游线路方面，支持地方推出具备主题性、故事性的跨区域特色旅游线路，围绕这些品牌化线路产品，逐步充实旅游资源内容，并加强在海外客源市场的推广力度。

在支援灾后复兴方面，加大对日本东北地区观光复兴事业的政策倾斜力度，在增加外国游客停留人次、观光都市圈培育、目的地海外形象推广、廉价航空（LCC）据点化、开展防灾教育旅行等多方面进行重点支持。

（二）入境旅游产业革新政策组合

入境旅游产业革新政策组合集中于改革已不适应入境旅游高速发展的旧制度规范，为提升入境旅游产业国际竞争力加强制度供给和财政保障，具体内容主要包括：

针对口译导游绝对数量不足、分布结构失衡，以及旅游者需求升级等问题，修改《口译导游士法》，使口译导游士的业务独占性转变为名称独占性，并将地域口译导游从规则特例上升为正式法律制度。

针对低品质和不合理低价旅游产品不断涌现的问题，推动修改《旅行业法》，加强对有偿接受委托从事安排地接旅游服务的经营活动的监管，设定相应注册登记规范。

由于入境游客数量激增，而借助互联网中介平台向旅游者提供住宿服务等基于民事租赁关系的民宿经营往往不满足《旅馆业法》设定的经营条件，对此种法律规制与市场需求之间的灰色地带加强监管，制定《住宅宿泊事业法》。

面对旅游人才培养滞后于产业发展需求的问题，进行相应课程改革，推动开发新培训项目，强化对旅游经营者和一线实践人才的培养。

针对旅游住宿需求多样化、宿泊设施供给不足等问题，促进对传统旅馆等住宿设施的投资，强化对空室信息分享平台的支持，完善住宿设施评价体系。

围绕振兴地域旅游，加强区域间旅游合作，大力推动目的地营销与管理机构（DMO）的设立，以 DMO 为中心，平衡观光地域营造相关利益群体的诉求，持续收集分析相关数据，以此制定相应品牌战略，设定 KPI 及确定 PDCA 管理循环，统筹相关业者的旅游经营业务及市场战略，协调处理行政与民间关系事务，以及开发地接型旅游服务产品。

面对温泉街等传统观光地住宿设施、交通路网亟待升级改造的现状，借助地域经济活性化支援机构及观光地再生、活性化基金平台，强化多方联合协作，充分调动民间投资。

针对入境旅游发展后续财政资金投入缺口的问题，推动新设国际观光旅客税、宿泊税等税种，并依照受益者负担的原则研究扩充其他财政收入来源。

针对国际会展（MICE）品牌认知度低以及在会议场馆设施等方面缺乏行政支持等问题，建立政府部门间议事协调机制，构建行政层面的 MICE 支援体制。

针对有发展潜力的入境旅游重点客源市场，进一步放宽签证条件，简化签证手续。

针对访日教育旅行中专门从事行程衔接安排的人力资源不足，相关学校和教育部门重视程度不够等问题，进一步完善各地访日教育旅行协调机制，理顺旅游和教育部门的分工，并在 JNTO 设置统一的交流窗口平台。

（三）入境旅游公共服务政策组合

入境旅游公共服务政策组合集中于改革入境旅游相关管理制度，补足公共服务短板，调动市场化服务资源，推动访日游客出入境及出游便利化、优化提升行程体验，具体内容主要包括：

针对访日游客入境审查排队较长问题，在出入境审查中逐步使用世界领先的生物识别（指纹识别、脸部识别）技术和自动检查设备，缩短入境审查等待时间。

针对住宿设施、交通车辆、旅游信息公共服务等供给不足现象，通过观光社区营造、都市开发活动吸引相关民间资本和市场资源投入，补足旅游公共基础设施和服务的短板。

针对在部分旅游区域信用卡使用受限，以及海外发行银行卡取现难等问题，推动各银行加快设置相对应的 ATM，尽快在访日游客集中的主要商业和住宿设施、旅游景点实现信用卡支付体系全覆盖。

为满足访日游客旅行活动中的通信需求，推动主要旅游景点、防灾据点提供免费 Wi-Fi 上网环境，扩大海外旅行 SIM 卡销售点规模，加快在商业、医疗等设施部署多语种语音翻译系统，利用移动互联、大数据、物联网等新技术手段为海外游客提供交通位置、天气避灾、语音翻译、预订支付等各类服务。

针对约三成访日游客未加入海外旅行保险但就诊需求却逐步增加的问题，充实扩大具备外语诊疗条件的医疗机构，增强其他普通医疗机构外语对应治疗（或转诊）能力，向外国游客提供有关医疗机构信息，鼓励其加入相关旅行保险。

针对访日游客过多集中于东京、大阪等重点都市圈机场入境，为分解机场客流压力，促进地方机场在区域发展中发挥国际门户功能，鼓励地方机场发展廉价航空（LCC）和包机航班，推动机场一体化运营，降低机场使用成本，加强地方航线的海外推广。

为提升邮轮游客在入境游客中的所占比重，培育世界级邮轮旅游市场，完善信贷支持政策，强化部门协调机制，加快国际邮轮停靠港口建设。

为进一步提升访日游客自由行便利度，加强对新干线、高速巴士等公共交通系统以及中小旅游、餐饮企业的多语种网络预订平台（网站、APP）建设的支持力度。

四、日本在如何实施入境旅游推广

（一）融合型对外推广体制

2010年以来，日本政府为进一步提升日本文化软实力和国际影响力，提出Cool Japan（酷日本）战略。该战略紧紧围绕日本文化海外传播，推动文创、动漫、音乐、设计等内容产业与观光、饮食、制造等传统行业融合推广，通过加强财政金融支持、协助企业海外拓展布局、营造官民一体化营销模式等途径，培育具有国际竞争力的文化旅游产品和服务，进而实现其在经济层面开拓外需市场、在社会层面提升文化竞争力的发展目标。在Cool Japan战略框架下，日本政府就提升文化国际竞争力陆续推出配套政策，而这些配套政策大多直接或间接指向发展入境旅游。

在推进Cool Japan战略分工体制下，内阁府特命Cool Japan战略担当大臣负责政府省厅间的统筹协调，经济产业省具体借助日本贸易振兴机构（JETRO）海外分支网络支持内容产业的国际推广。此外，日本政府还建立完善与Cool Japan推广体制相衔接配合的融合型国家形象海外推广体制，如总务省负责支持广播内容的海外推广，财务省（国税厅）负责日本产酒类的宣传推广，文科省文化厅负责牵头文化艺术的海外推广，外务省负责组织驻外公馆的文化宣传以及 Japan House（日本屋）项目的推进，农林水产省负责推动日本饮食文化海外推广、组织实施 SAVOR JAPAN（风味日本）认定制度，国土交通省观光厅（具体借助 JNTO）负责实施访日旅游海外推广。

（二）入境旅游推广的主力机构：JNTO

访日旅行促进事业（Visit Japan Campaign，简称 VJC）正式启动于 2003 年。当年 4 月，日本政府成立了以国土交通大臣为本部长、关联省厅及相关民间企业和团体共同参加的 VJC 实施本部。

根据《独立行政法人国际观光振兴机构法》，JNTO 是日本政府设立的从事入境旅游推广相关事务的独立行政法人。为理顺推广体制，提高运营效率，国土交通省于 2007 年撤销了 VJC 实施本部，并将其相关业务与 JNTO 的职能进行整合。JNTO 须执行观光厅制定的访日旅游推广及 MICE 促进整体规划和阶段性方针政策，并拟订不同客源市场的专项推广计划，其职能主要包括：访日旅游宣传推广促销、入境旅游公共服务优化以及 MICE 推广支援。

JNTO 的运营资金来源包括三部分：一为政府拨付运营资金；二为会员缴纳的会员费，主要来源于旅行、住宿、零售、交通、广告等旅游相关企业；三为赞助团体的赞助金，来源于地方公共团体（观光协会）等。

JNTO 的组织架构分为总部，包括企划总室、海外推广部、MICE 促进部、区域合作部、总务部、监察室等，以及海外分支机构，包括 21 个海外事务所（截至 2019 年 8 月底）。

（三）JNTO 如何开展入境旅游推广促销

在实施《观光立国推进基本计划》以及从事访日旅行促进事业（VJC）过程中，JNTO 的具体业务表现出庞杂琐碎的特征，经梳理可将其归纳为研究发布旅游市场数据、构建旅游信息服务平台体系、运营海外推广促销网络这三类基本业务，而这三类业务之间具有互动互促的内在逻辑性。

1. *研究发布旅游市场数据*

JNTO 建立了出入境旅游数据库共享平台（Japan Tourism Statistics），该数据平台覆盖了各主要客源市场细分数据及变化趋势分析，具体包括四个类别：一是出入境旅游人流及结构信息；二是入境旅游实态数据信息（包括旅游目的、旅游次数、个人或团队、预约方法、停留时间等数据）；三是入境旅游目的地数据信息（包括各都道府县数据）；四是旅游消费数据信息（包括人均支出数据、消费结构数据）。

此外，JNTO 还分年度、地区实施专题统计和动态趋势分析，定期发布主要客源市场访日旅游研究分析报告以及 MICE 统计分析报告；就发展入境旅游和 MICE 举办主题培训会、研讨会；建立民间企业开拓海外市场支持服务平台，利用其全球分支网络提供咨询建议、市场调查等多项服务（含基础型免费服务和个性化收费服务）。

2. 构建旅游信息服务平台体系

首先，JNTO 建立了访日旅游全球推广信息服务平台，主要提供入境前旅游信息服务。此平台体系包括：具有 13 个语种版本的全球推广网站及智能移动终端 APP，面向 20 个主要客源市场的社交网络服务（SNS）推广平台，旅游推广图片素材库（Japan Photo Library），以及电子邮件和电子杂志推广系统。

其次，JNTO 建立了入境游客信息服务平台，主要提供入境后旅游信息服务。此平台体系的核心是“JNTO 认定游客信息服务中心”（JNTO TIC：JNTO Tourist Information Center）制度的实施。TIC 在运营中主要向访日游客提供旅游信息咨询服务，以及观光指南、景区介绍、出行地图等印刷资料。

根据场所位置、服务功能等标准，TIC 分为三个类别的案内所及合作询问处：第一种类别的 TIC 可以提供英文服务以及地域范围内观光信息咨询；第二种类别的 TIC 可以提供英文服务以及跨区域范围内观光信息咨询；第三种类别的 TIC 可以提供多语种服务以及全国范围内的观光信息咨询，原则上全年无休，并提供 Wi-Fi 连接服务，一般设置于外国游客聚集区；合作询问处非专门从事观光咨询，但具备必要的咨询服务提供条件。

通过 TIC 网站查询平台，访日游客还可根据自身需要实时查询 TIC 分布。JNTO 通过其线上网络平台和线下海外事务所对外推广 TIC，并向 TIC 提供后台支持保障。

最后，JNTO 负责组织实施全国口译导游考试。长期以来，口译导游在服务访日游客，解决旅游信息匮乏和不对称方面发挥着重要作用。全国口译导游考试是考察是否具备担任全国口译导游士必要知识和能力的国家考试，每年度举办一次。JNTO 以观光厅代行机构身份，每年度组织实施全国口译导游考试。

3. 运营海外推广促销网络

JNTO 所属海外事务所深度扎根于驻在地市场，主要从事五个方面的推广营销工作：

一是访日旅游线路产品营销，与旅行社、航空公司、酒店等旅游相关企业及地方公共团体开展合作，对访日旅游线路、产品的设计、推出和改进提出意见，邀请客源市场旅行商进行产品线路考察，并对访日旅游产品销售人员提供网络培训课程。

二是客源地媒体广告宣传，联合旅游关联企业及目的地旅游机构制作访日旅游广告并在当地电视、网络、报刊等媒体平台投放，提供与访日旅游相关的报道信息素材，协调拍摄访日旅游题材影视作品或协助制作相关旅游类电视节目。

三是客源地市场动态分析，定期收集、整理、分析旅游市场动态及与入境市场相关的政策变动和交通、节庆信息。

四是组织参与当地旅游展会活动，支持日本国内旅游企业参加各类海外旅游专业展和公众展，维护与当地旅游业界交流沟通的渠道，协助举办旅游推介会、洽谈会。

五是向当地旅游业者和社会公众提供旅游信息服务，通过 JNTO 全球推广网站以及 SNS 平台等提供旅游产品介绍、旅行指南、旅游外语会话手册等访日旅游信息资料。

五、日本入境旅游发展实践提供了哪些借鉴

本文认为日本入境旅游发展实践主要在以下七个方面给我们带来借鉴和启示。

（一）坚持立法规划先行，构建发展制度保障

拥有完善的法律、政策体系是旅游治理和发展能力现代化的制度根基。日本通过出台《观光立国推进基本法》，以法律形式确认了以入境旅游为重心的旅游业发展的国家战略地位，使各类改革措施做到于法有据；通过制订《观光立国推进基本计划》，明确入境旅游发展的阶段性目标和制度框架，使各类政策部

署做到有的放矢；通过内阁总理大臣直接牵头、相关省厅参加的“支撑明天日本的观光愿景构想会议”等议事协调机制，强化入境旅游制度顶层设计，及时梳理发展中的新课题，推动改革事项尽快落地，协调出台部门联合政策，从而构建了覆盖法律、规划、政策三个层级，兼具战略稳定性和政策灵活性的入境旅游发展制度保障体系。

（二）秉持融合发展理念，整合各类资源平台

日本政府在发展入境旅游过程中一直秉持着融合发展的理念，整合入境旅游涉及的各类自然资源、社会资源和文化资源。这一理念在以下三个方面得到集中体现。

首先，在旅游资源开发和目的地建设方面，认识到宜游目的地与宜居社会建设目标的统一性，强化了旅游观光地营造与居民社区建设的融合。

其次，在出台入境旅游促进政策方面，认识到旅游政策与地方经济创生、文化遗产传承、环境保护、乡村振兴等行业政策目标之间存在共通性和互补性，不断出台融合型政策措施。

最后，在入境旅游营销推广方面，认识到发展入境旅游与推动文化输出是相互促进、相互赋能的关系，统筹旅游促销与文创产业、饮食文化、产品制造的对外推广，进而形成国家形象对外推广综合体系。

（三）完善配套政策系统，推动产业全面发展

入境旅游具有产业链长、关联度高、要素多、覆盖面广、波动性大等特征，因此，入境旅游发展是一项系统性结果，而发展入境旅游更是一项系统性工程。正如前文分析，日本政府出台的大量入境旅游配套政策表现出显著的系统化特征：

一方面，在配套政策外部实施系统化衔接，与放宽签证、出入境便利化、免税退税、航线扩充等跨行业、跨部门政策措施密切联动、综合发力，最大限度地为发展入境旅游营造有利的宏观制度环境。

另一方面，在配套政策内部进行系统化建构，从旅游资源开发、旅游产业革新、旅游公共服务三个角度开展制度设计，充分调动民间投资和市场资源，坚持需求侧刺激和供给侧改革双向推进，进而串起建设旅游目的地、整合区域旅游资源、延伸旅游产业链条、提升旅游产品竞争力、改善旅游基础设施、优

化旅游公共服务等系列发展目标，形成发展入境旅游的系统政策架构。

（四）改革创新监管模式，释放社会供给潜力

近年来，老龄化、少子化等诸多问题困扰下的日本社会，面对入境旅游市场突飞猛进带来的游客数量暴涨，无法及时形成充分的旅游服务供给。与此同时，移动互联技术的普遍应用在一定程度上架空了传统的旅游行政规制，出现许多脱离监管的灰色地带亟待消除。如在旅游人才供给方面，正规口译导游数量不足、结构失衡，而无法定资质却充当导游的情形却大量存在；在住宿设施供给方面，旅馆酒店等总体数量不足、分布不合理，而共享住宿互联网平台却蓬勃兴起，同时带来公共安全和卫生、社区关系处理等全新课题。

面对行业的迅速发展和市场的巨大变革，日本政府通过修改《口译导游士法》，将口译导游士的业务独占性转变为名称独占性，从注重事先许可向注重后续监管转变，并逐步建立口译导游客户评价体系等市场化调节机制，极大地优化了导游服务供给体系；通过出台《住宅宿泊事业法》，明确了民宿经营的主体、条件、规范及限制，盘活了闲置的存量社会资源，既满足了游客的个性化需求，又缓解了住宿业巨大的供需缺口。

（五）注重市场分析研究，强化数据引导作用

数据日益成为提升入境旅游国际竞争力的基础性战略资源，以数据为基础的市场研究在政府行政决策和企业市场决策中所起作用的大小，直接反映了入境旅游发展能力现代化水平的高低。

日本在发展入境旅游过程中非常重视基础数据采集和市场分析研究，通过JNTO 建立的出入境旅游数据库共享平台，向政府部门、市场企业、公共组织和研究机构提供各主要客源市场入境人流和消费细分数据及变化趋势分析，在制定产业政策、提供公共服务、推动产品创新和实施市场推广方面发挥智力引导作用；通过发布访日旅游研究分析报告、举办主题研讨会以及提供个别咨询服务，协助各类旅游企业和团体准确把握客源地访日旅游市场现状、政策动向和变化趋势，提高市场预判和对策实施精准度。

（六）设立专业推广机构，充分调动市场资源

旅游推广是提升入境旅游目的地影响力的直接途径。当前世界各主要经济体的对外旅游推广实践表明，国家或地区层面的旅游推广往往涉及政策指引和市场逻辑之间的统筹协调，需实现公益性目标、社会化资源、市场化机制以及专业化营销等多重要素的统一。对此，日本采取的模式是设立从事入境旅游推广相关事务的独立行政法人 JNTO。

根据日本《独立行政法人通则法》等相关法律，独立行政法人的设立是为了针对特定公共事务，因其专业性及成本绩效需要，不适合政府直接实施；同时，因其公共性，不适合民间组织或商业机构实施而设立的公法人。简而言之，JNTO 的成立是为了调和入境旅游推广的公共性和商业性、政策性和专业性之间的矛盾。通过组建专业化团队和平台，围绕访日旅游推广整体规划和阶段性方针政策，最大限度地发挥市场在资源配置中的作用，进而提升旅游推广的实际效率和效果。

（七）优化旅游信息服务，提升入境行程体验

入境旅游公共服务特别是旅游信息服务是决定入境游客行前决策、行中体验和行后满意度的重要因素。在实践中，JNTO 并不单一局限于从事入境旅游对外营销推广，还致力于优化入境旅游信息服务，一方面着力构建多语种的访日旅游全球推广信息服务平台，提供行前旅游信息服务，旨在扩大潜在客源，另一方面，通过构建“JNTO 认定游客信息服务中心”网络，为游客提供入境后目的地旅游信息服务。

上述做法极大地满足了入境游客特别是自助游客出行需求、优化了行程体验、提升了旅游满意度。在实践中，与举办展会节庆等直接营销活动相比，完善包括旅游信息在内的旅游公共服务投入周期更长、效果显现更慢，但却是放眼长远的铺垫性和基础性工作，其重要价值不能被忽视。

“七彩阜宁”农业公园
——构建一种基于融合、分享和传承的“文旅产业振兴乡村”经典范式

文　涵

（南京 1912 投资集团，江苏　南京　210000）

［**摘　要**］文章以盐城市“七彩阜宁”农业公园为案例，从当代农村的现实痛点出发，结合文旅产业和国家农业公园打造的特殊性，系统梳理、总结该项目经验，并提出了一种基于融合、分享和传承的“文旅产业振兴乡村”经典范式之构建及实现路径，深度剖析了国家农业公园实践在乡村振兴战略落地过程中的必要性和对中国农村带来的重要改变，以及这些改变的意义。

［**关键词**］农业公园；国家农业公园；乡村振兴；乡村旅游；文旅产业

盐城市“七彩阜宁”农业公园，作为“乡村振兴”与“国家公园”两大国家战略体系之下的一个地域性实践，从 2015 年开始规划建设，并于 2017 年正式开园至今，受到包括《人民日报》在内的各界广泛关注，经过 3 年的精心培育，目前已在运营层面逐步进入成熟期。笔者作为从设计之初深度介入，并持续关注该项目发展全程的亲历者，从当代农村的现实痛点出发，结合文旅产业和国家农业公园打造的特殊性，系统梳理、总结该项目经验，并提出一种基于融合、分享和传承的“文旅产业振兴乡村”经典范式之构建及实现路径，并深度剖析国家农业公园实践在乡村振兴战略落地过程中的必要性和对中国农村带来的重要改变，以及这些改变的意义。

［**作者简介**］文涵（1988—），男，汉族，文旅策划人，南京 1912 投资集团策划总监，时任大地风景文旅集团项目经理（暨七彩阜宁农业公园项目主创规划师），研究方向为乡村旅游、文旅小镇、商业地产，E-mail：w_enhan2019@163.com。

1 研究背景

乡村振兴战略，于党的十九大正式提出，根据国务院印发的《乡村振兴战略规划（2018—2022年）》中“产业兴旺、生态宜居、乡风文明、治理有效、生活富裕”20字总要求，产业被列为乡村振兴中首要考虑且急需解决的重中之重。虽然，我国的乡村建设工作，经过若干年的探索已经形成一定的经验、路径和范式。但是，对于旅游价值较高的村庄、集镇来说，停留在景观美化、设施优化层面的常规乡村建设，根本无法满足其乡村产业发展过程中产业主体、本地村民，乃至外来消费者的各项需求，“穿衣戴帽”的观念和模式化的“刷白墙”手法反而容易对乡村传统风貌、乡土文化元素和乡村休闲氛围造成严重的不可逆的损害，如何切实发挥“产业”在乡村振兴中的重要作用，已然掀起了全国范围内一场热烈的讨论。

我国目前已建成26个“国家农业公园”，江苏省共3有个：江苏省常熟市蒋巷村；江苏省泰州市姜堰区河横村；江苏省盐城市阜宁县七彩阜宁农业公园。国家农业公园的出现，与“新农村建设”“乡村振兴”“城乡一体化”“美丽中国”“国家公园战略”等一系列顶层设计休戚相关，它不仅仅是一种新的旅游形态或经济实体，也是一种新产业、新生活，更是一份答卷，精准回答了一部分新时期的三农问题[1]。从我国现行的申报标准看，国家农业公园被限定为与新农村建设、农业产业化相结合的村庄、社区、乡镇和乡村旅游景区，集农业生产、观光、乡村休闲及新农村建设等功能于一体，是能够实践乡村振兴战略的一种典型实体形式。国家农业公园既不同于一般概念的城市公园，又区别于一般的农家乐、乡村游览点和农村民俗观赏园，它是中国乡村休闲和农业观光的升级版，是农业旅游的高端形态[2]。

“七彩阜宁”农业公园经过自身多年探索，形成了一套“文旅产业振兴乡村”的新型模式，即针对有旅游发展潜力的村落、集镇，以“文旅产业”为驱动力进行系统整合，以“公园化”营造理念为核心统领，重构一套“乡村振兴”的整体性解决方案。“七彩阜宁”农业公园的乡村振兴实践，保留农业生产功能、优化农村观光环境、完善乡村生活设施体系、营造乡村休闲氛围、挖掘乡村文化底蕴，以小而美的文旅休闲示范性项目建设作为切入点，开展乡村价值重塑与乡村社区复兴的实践，使得新乡民（外来游客）、老乡民（本地居民）互融共进，新产业（第三产业）、旧产业（第一、二产业）优化发展，并最终实现盘活乡村资源、示范乡村旅游、促进乡村建设、传承乡村文化、振兴乡村产业等多重使命。

2 项目概况

2.1 项目区位与经营现状

七彩阜宁农业公园位于江苏省盐城市阜宁县城南郊 5 公里处，东邻国家 4A 级景区金沙湖、北接渝口古镇，项目四至西起射阳河、东至 S231 省道、北起 S239 省道、南至成俊村北部村庄基线，西边一公里可连接阜建高速出口，北部通过上海路、南京路与阜宁县城联系，交通条件便捷，总规划面积约 4500 亩。

目前，农业公园旺季周末每天接待游客超过两万人次，2019 年预计主营收入超 5000 万元，接待游客超百万人次。

图 1 项目交通区位分析（左）及红线范围示意（右）

2.2 村落开发条件分析

2.2.1 项目用地及内部交通

用地类型主要为耕地、村庄建设用地、水体、林地和道路用地五种类型，其中耕地面积最大，占总面积的 74.7%。

场地内道路原基本为乡村公路，同时有部分小路为未硬化泥土路，内部交通通达性较差，不适应乡村美化和园区建设发展需要，在公园打造过程中已进行系统提升。

表 1　开发前用地情况

用地类型	规模（亩）	所占比重（%）
林地	190	4.1
道路用地	55	1.2
水体	450	9.7
耕地	3460	74.6
村庄建设用地	480	10.4

2.2.2　社区人口及产业分析

场地内部涉及营港村和喻口村两个行政村，12 个村民小组，共 446 户，涉及人口约 1800 人左右。原有农业产业较单一，经营方式仍以一家一户分散经营为主，以大户流转经营和合作社经营为辅，农民依靠现状农业增收困难。发展旅游前，该村村民收入主要来源为粮食、蔬菜种植，农闲时短期外出打工、外出打工大约 400 人。

表 2　七彩阜宁农业公园项目涉及行政村基本情况

村庄	涉及户数	农业产业概况
营港村	共计：337 户	公园开发前，土地主要是用来作高效农业和杂交水稻育苗，稻麦倒茬，全村有 3 家合作社和 3 个家庭农场
喻口村	共计：109 户	项目区涉及本村 610 亩地和 2 个垂钓园，项目开发前主要种植大棚番茄和水稻。

2.2.3　建筑与景观风貌

田野景观视线开阔，水网密布，自然清新，具有典型的江淮水乡特点。村落总体风貌相对统一，但单体建筑风貌参差不齐，且局部对景观视线通廊有阻挡，这一部分在规划建设中已结合需要进行系统改造提升，截至目前共妥善拆迁安置约 300 户，涉及拆、改房屋面积约 48000 平方米。庭院多为居民自建的二层楼房，大部分民居年代较近，且过于整齐、缺乏变化、肌理单一，主要集中在中营子港河、南居民河、渝西河等主要干渠河流沿线。此外，村中还有遗留下来的磨坊、磨盘等具有乡土记忆的景观元素。

2.2.4　文化底蕴

相传唐朝末年黄巢起义军曾驻扎于此，并在营港村建港口运送粮草，在临河的喻口村筑城屯军，现留有巢营码头、“巢城”等遗迹。流经园区的射阳河，八十八道弯，弯弯相连，留有许多传说和历史掌故。

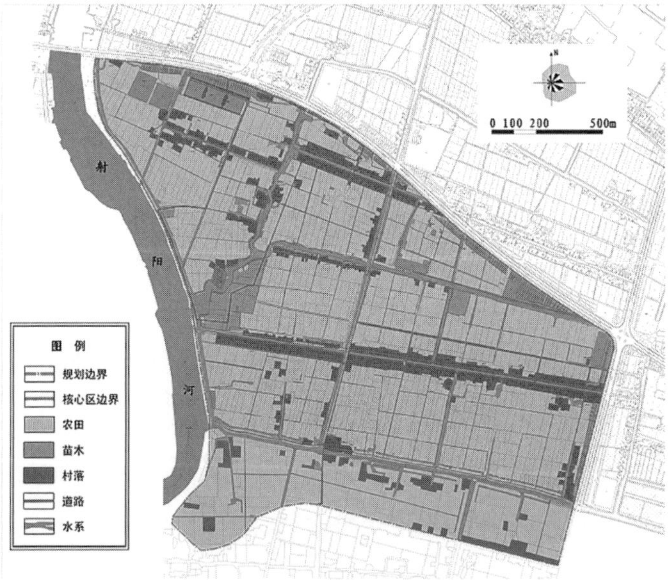

图 2　开发前综合现状分析图

2.3　项目开发建设时序

项目从 2015 年 1 月启动规划，分为近—中—远三个阶段，总体上项目营建空间形态对于规划方案的实现度高，其中，

近期：2015—2016 年，共两年，已于 2015 年年末通过规划评审启动建设准备，2016 年重点进行道路设施建设和入口服务区、童趣乐园、花海景观打造；

中期：2017—2020 年，共四年，于 2017 年 5 月 1 日正式开园，至 2019 年所有规划板块项目均已投入运营；

远期：2021—2025 年，共五年，重点进行产品业态轮动更新和硬件设施翻新。

2.4　项目主题定位

2.4.1　总体定位

公园以“农旅共兴、科技示范”为规划理念，以建设休闲宜游、生产发展、科技示范、生态乐居、文明祥和、用地集约、永续发展的现代农业园区为规划目标，致力于打造出集农业景观游赏、农耕文化体验、农业科技展示、乡村休闲度假于一体，体现江淮农耕文明的国家级农业公园。

2.4.2 品牌形象阐释

农园“七彩”的命名，定位了建设者对这片土地的创作手法：用彩绘的方式，定义这方土地，定义新的农业图景——构建一个体验农业、互动农业的新范式。七彩农园的打造，以花、田、园为基底，背后延展的是科学发展的生态哲学和生态坚守的质朴叙事，注重经济与生态之间的同时性平衡，按照生态规律和生态阈值，从环境自省到生态自觉，生态，在七彩农园实现了形神兼备、充盈丰实的全域化、风景式展示。

2.5 核心产品构成

2.5.1 空间规划

项目规划空间布局为“一环、一带、四区”。“一环”即水乡绿野游赏环；“一带”即沿射阳河风光带；“四区”即“梦里水乡”农业游赏区，“七彩花海”花卉产业区，“水晶花宫”农业文化区，“开心农场”精品蔬菜区。

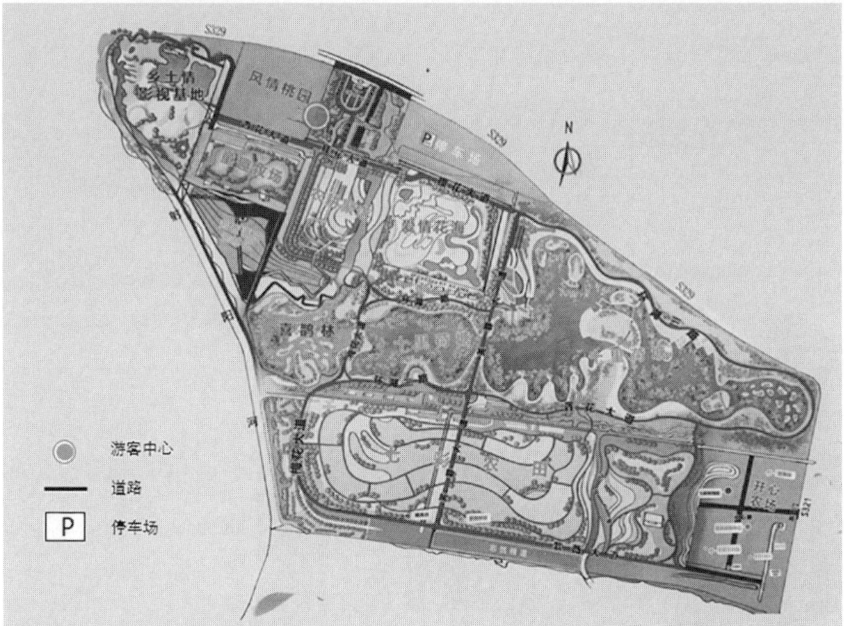

图 3 七彩阜宁农业公园总平面图

2.5.2 核心产品体系

七彩阜宁农业公园包括八大核心产品，芝樱花海、水晶花宫、童趣乐园、风情桃园、紫薇花堤、农耕广场、七彩农田、十里荷塘，同时将包括集装箱酒店、田野餐厅、特色民宿等涵盖“食、住、行、游、娱、购”六个维度的子产品融入其中，构筑了为营造品质化的乡村文旅休闲空间所搭建的丰富产品模块体系。

表 3 七彩阜宁农业公园核心产品体系表

产品类型	理念概述	功能设定	产品示例
芝樱花海	以芝樱花为主题元素，对标北海道和法国薰衣草庄园打造的浪漫花海	田野休闲 / 花海摄影	风光摄影 / 跑跑卡丁车 / 旱冰场
水晶花宫	采用以色列、荷兰、中国台湾等地先进的无土栽培、立体种植技术，打造的四季智慧农业大观园	智慧农业 / 农业嘉年华 / 农创产品售卖	观光栈道 / 江淮人家 / 爱上书屋 / 瓜篓秘境 / 蔬海扬波 / 七彩同心 / 番茄迷宫 / 植物工厂 / 七彩玫瑰展销馆
童趣乐园	以蝴蝶和鲜花为主要元素，打造的亲子主题户外乐园	亲子体验 / 户外游乐 / 自然科普	旋转木马 / 蝴蝶温室 / 蝴蝶戏水乐园 / 儿童滑草、儿童攀岩 / 环园小火车 / 迷宫园
风情桃园	保持桃林原生基底打造的特色采摘风景果园	亲子教育 / 农事体验 / 露营体验 / 户外拓展 / 森林科普	赏花 / 摘果 / 野营
紫薇花堤	以紫薇花为主题元素，打造的浪漫花海	田野休闲 / 花海摄影	荷塘 / 紫薇驿站
农耕广场	以计时日晷和十二生肖为主题意向，突出阜宁当地的牛元素，再现中国古代社会的农耕文明，唤醒乡愁	文化展示 / 主题休闲 / 旅游集散	文化广场 / 主题雕塑
七彩农田	以麦油套种、稻田画为背景图案，勾画出以乡情为主题的田园风情	大地景观艺术 / 住宿	木质游步道、稻草人、瞭望塔、汽车营地、集装箱旅馆
十里荷塘	突出场地水元素打造的原生荷塘	自然观光 / 风光摄影	十里荷塘

3 融合：与乡土感和谐的示范性项目植入设计

在七彩阜宁农业公园的实践上，始终秉持“设计服务于功能、设计融合于乡村”的设计理念，提倡以乡村方法解决乡村问题，在满足新功能要求的前提下，尽可能少干涉保存着乡村记忆的物质空间，尽量使用本地、质朴、天然的材质来改造和建设，不以华美取胜，多营造“小而美、小而精致、小而丰富、小而有趣”的质朴氛围。

3.1 空间整理：新旧融合的空间重构与升级

3.1.1 水系、路网的有机串通

服务于旅游功能搭建新的交通游赏体系，尽可能保留原有道路肌理，打通必要水系脉络，新增多个主题游赏通道，设置关键节点，把游人、居民适当分流，同时也做到水路、陆路有机融合。

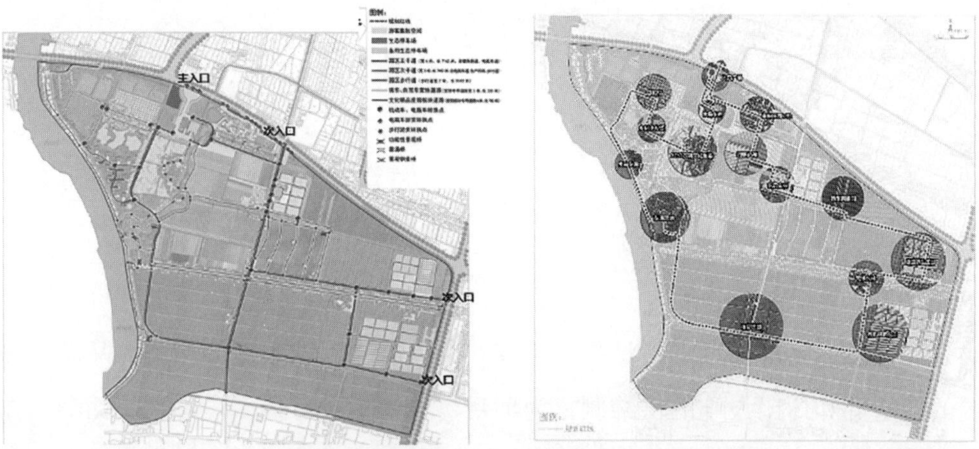

图 4 结合道路交通规划（左）进行的全景游线（右）规划

3.1.2 传统功能性公共空间的保留、升级

在进入阜宁项目的初期，规划团队就从村落建筑、景观风貌、基础设施等维度，有针对性地进行了系统调研，在保留原有必要功能空间（如条件较好的村舍、池塘）并补充了一些缺失的但开展旅游活动必不可少的功能空间（如集中停车场）的同时，还在景观效果和功能体验上进行了改造升级，具体而言：

村落建设密度较大，建筑风貌与建筑质量一般，需通过降低密度，提升景观风貌，形成与园区发展相匹配的美丽乡村片区；

规划区是金沙湖生态涵养区，生态敏感性较强，一切开发建设以保护为前提，通过严谨的规划，避免水体污染和生态破坏；

场地内部基础设施较薄弱，无法满足未来现代农业生产、居民生活和旅游接待需要，急需进行整体提升完善；

场地内以稻田、水系等自然景观为主，人文景观较少，缺乏厚重的文化内

涵，本体资源一般，需要通过专项打造，导入文化内涵，创意自然景观，创造旅游吸引力。

图 5　结合场地水系情况（左）进行的特色水上游线（右）规划

3.1.3　新增小而美的休闲游乐空间

乡村的休闲度假氛围不足是普遍存在的问题，因此农业公园着力从游客体验的舒适度和休闲设施的供给侧，为项目场地内量身打造了一系列小而美的休闲空间，这些空间的体量较小，不影响整体景观效果或对空间的主体功能产生干扰，并很好地起到了疏导客流的作用。[3]

图 6　依托微地形现状搭建的儿童滑草乐园场地（左）和微型儿童戏水池（右）

3.1.4　在地化的乡土景观营建

在建筑单体、游憩空间及街道景观设计上，强调对原生景观的最大限度保留和优化，尽量不移栽树木，不大拆大建，不凭空挖坑造水，为增强灵动感和视觉层次所新增的景观部分，则以本土植物和乡土材料为主，同时增强景观的农业属性，如大地艺术景观、花海铺陈等，保证景观的“在地性”和“实用性”，与公园整体氛围和谐共生[4]。

图 7　利用当地随处可见的蝴蝶意向（左）和结合剪纸、农民画、荷塘等乡土元素（右）演绎的创意景观

3.2　村落改造：由表及里的系统更新

3.2.1　妥善果断的拆迁安置与审慎科学的系统重建

七彩阜宁农业公园项目的建设改造原则，是立足改善乡村人居环境的基本出发点，以农业公园开发为契机，先期妥善安置原住居民并优化生活配套设施硬件，同时大胆地对那些肌理散乱、建筑结构老化、形态破败的旧房屋、旧场地进行必要拆除，后续重建既避免标新立异的建筑形式创新，又依据新使用主体的诉求，给予建筑空间以时尚性，结合色彩、空间、结构等多个层次的更新，让沉默的乡土建筑讲出生动的故事。

图 8　简洁明了的文化展示体验空间

3.2.2 从体验出发的配套设施升级

传统的农村住宅基本未建室内卫生间，多数不具备淋浴、即时热水、抽水马桶等功能。另外，南方的农村住宿环境潮湿，舒适度较差。在阜宁项目的建设过程中，除增加了精美、舒适的集装箱形式住宿空间，在原有改造型民宿客房都增设了取暖设施、室内卫生间，并配备了完备的卫浴设施，在床铺上也增加标准规格的床垫，并配合这些床垫做了形式精美的炕席、炕桌和软装等。

图 9 配套完备的七彩厢房集装箱酒店

3.3.3 尽可能运用本地化、生态化材料

为了最大限度地保留建筑外观及乡土景观的乡土性，在物料选择上尽可能使用本地材料，如当地的稻草、石材、木料、植被等，使景观小品、主体建筑物（客房、餐厅等）内部虽在配套功能设施上进行了升级，但在外观上仍然极具“土”味，着力体现时尚与乡土相融合的建筑改造理念。

图 10 稻草生态材料进行制作的创意人偶

3.3 功能置换：基于“旅游+”的乡村功能更新

3.3.1 空间功能置换

传统意义上的乡村，依托农宅、土地、山林等资源，所承载的两大核心功能是典型的居住生活空间和农业生产空间。阜宁农业公园从“旅游+”的思维出发，把乡村空间中原有的功能进行了合理置换与系统升级。最典型体现在以下五个方面：农宅空间功能置换为度假接待空间、文化餐饮空间、农创商品展卖空间与会议活动空间；庭院闲置空间为公共休憩与娱乐空间；街道公共空间变为创意景观空间；农田、菜园变为农耕游乐体验空间；水系、田野更新为露营、户外活动空间。

3.3.2 村民身份置换

通过发展旅游对于当地居民所带来的福祉是实实在在的，解决就业、提升收入、农田产量增加，一个典型的阜宁农园就业工人日常工作 8 小时、月薪 1800 元。但笔者认为，在地就业为产业工人，对于全国总量约 2.7 亿的这样一批“进城不如进园”的从事非农工作的农业户口人员而言，更大的意义在于劳动身份和社会层级的转变。假“公园”之手提供给他们一份报酬颇丰又不失体面的工作，使之转型成为“微型老板”“新式股东”，或者“高级技术工人”“高薪服务业者”，相信更多的农民还是会选择留在故园，而不是作为“流失的农民”，背井离乡甚至“抛妻弃子”到一个陌生地方打拼。

4 分享：超越“服务”，倾情“分享”的乡村休闲新体验

4.1 超越服务，倾情分享，奠定了“文旅振兴乡村”的三重核心特性

七彩阜宁农业公园基于“文旅振兴乡村”理念所试图搭建的乡村旅游结构体系主要有三大核心特点，即在地化的供给、高端精致的产品与平台化社交空间的提供，希望借助旅游产业的导入实现从服务到分享的转变，在乡村与旅游的鸿沟上横架一座分享之桥。

4.1.1 在地化的供给

旅游项目进入乡村不是外来物种入侵，而应是基于乡村自身发展需要的内生性更新，一个成功的乡村旅游项目需要借助外来资本、新生业态和创新理念的撬动和引导，但一定不能脱离的是在地性。最直观的体现就是在地化的旅游

供给，如最大化利用村庄本身的山水资源、产业资源和人力资源作为乡村旅游开发的依托，而不是抛弃这些在地资源，塑造一个高围墙的独立世界。

4.1.2 高端精致的产品

旅游产品创新瓶颈是所有旅游项目的普遍性问题，这一点对于乡村旅游项目尤其明显。因为，乡村资源有限，同时又受到长久以来固有的传统观念束缚，很难实现推倒重建式的颠覆性转变。同时，又因乡村的基础条件限制，很难在旅游产品的品质上予以保证。在这一问题的解决路径上，“七彩阜宁”农业公园倡导乡土与时尚相结合的产品更新策略，围绕八大品质化乡村创意休闲空间的打造，形成了“社交中心、文创住宿、田园餐饮、风物农礼、儿童教育”五位一体的产品模块体系，每一个产品模块都与乡村本身有深厚的内在联系、便于实操运作，同时又通过精致和创意开发手段保证了产品的高端品质，有效突破了乡村旅游产品的创新瓶颈。

4.1.3 平台化的社交空间

七彩阜宁农业公园中植入了多个主题性的平台化社交空间，并将通过一系列社交活动举办（农民文化节、乡建沙龙、培训、论坛、派对等）和创意产品策划（旅行分享会、诗歌分享会等），积极建设由文化精英、创客精英、旅游企业、农业企业与乡村居民组成的“乡村命运共同体”，共商乡村发展大计，分享乡村发展硕果。

4.2 城乡等值化语境下旅游参与“分享”的三种形态

城乡等值是指城乡居民具有相同的生活条件、工作条件、交通条件，保持和建立同等的公共服务，具体落实在城乡收入等值、城乡公共服务等值、城乡社会保障等值和城乡生活便利程度等值等维度。城乡等值理念的核心在“人”，而乡村“人”的主体是本地农民，在吸纳和培训本地村民就业时，在身份上将他们定位为分享者（而非服务者）。[5] 在这一视角下，坚持乡村旅游发展过程中的分享理念则具体有三种形态。

4.2.1 乡村经验的分享

乡村经验的分享主要指本地村民（“老乡民”）通过乡土文化的讲述、乡村生活技能的教授，让以游客身份进入乡村的“新乡民”在获得新奇旅游体验的同时，收获更多城市中不曾接触的知识体系。如在阜宁农园，你可以跟随当地的采莲人去学习采集莲藕的技巧，也可以跟随老奶奶学习纳鞋底的方法。当地的手艺人身上都散发着浓浓的乡情，收获到手艺技能的同时，你也收获了一份美丽的乡愁。

4.2.2 新技能的分享

站在旅游消费者的角度，他们进入乡村将为乡村带来更多现代技术手段的技能更新，如互联网技术、现代智能技术甚至思维方式的改变。这对于改变传统村落落后面貌具有极其重要的示范意义，而其达成的效果往往好于直接的技能培训。

4.2.3 文化的分享

通过乡村旅游开展，新、老乡民不断碰撞与磨合。从更高层面来看这件事情，不仅仅是技能和经验的分享，更是一种基于技能所建立起来的文化沟通，在旅游活动的开展过程中，甚至城乡的贫富差距也在潜移默化的缩减。这是因为旅游首先从文化层面解决了城乡互融的隔阂，有利于促进乡村城市化，加速乡村非农化，实现城乡一体化发展。

5 传承：传创并举的乡村多元化平台搭建路径

5.1 生态传承

乡村生态的传承即是自然生态的传承也是人居生态、社区生态的传承。

5.1.1 改善人居条件，完善乡村公共设施

基础设施条件的改善主要指通过村庄环境景观的再提升与公共服务设施的进一步完善，有效改善乡村人居环境，并大幅提升乡村旅游的承载力与吸引力。在此改造提升过程中，应尤为注重公共服务设施的功能性、乡土性与时代性，并着重从以下几方面进行提升：

（1）乡村交通设施：村落道路、停车场、服务驿站、特色风景道、指引系统；

（2）乡村接待设施：住宿、餐饮、娱乐、购物；

（3）乡村环卫设施：旅游厕所、垃圾桶；

（4）乡村信息服务设施：导引标识、Wi-Fi 覆盖。

5.1.2 守住生态底线，凸显绿色担当

自然生态环境的保护和传承是乡村项目开展的先决条件和根本保障，没有绿水青山的绿色传承，就是失去了乡村的根本、失去了农业的灵魂。七彩阜宁农业公园这一片绿色空间，在建设中始终坚持张扬一种绿色襟怀，项目逻辑脉络主线即守住生态就是守住未来，农园的建设，力求从宏观处把握，于微观处抓起，守住田园乡村的美丽底色，守住百姓的幸福家园。在七彩农园，生态探索与建设空间上是立体的，时间上是持久的，方法上是综合的，“生态田园＋生态家园＋生态涵养”的生态农业模式，既是一种绿色情怀、绿色视野，更是一种绿色担当。

5.2 人文传承

从人文传承的维度去思考公园式乡村发展可具象为两个方面，“人”即从人本主义出发考虑公园开发参与主体身份的有机延续性，“文”即乡土文化的传承和创新。要特别关注产业融合发展与乡村资源的平台化整合，首先通过基础设施条件改善、示范性项目的营建、中心性项目的树立，形成良好的社会效应与市场关注度，进而导入更丰富的体验型产品与业态，吸引外部投资、带动新乡民创业，让更多对乡村有情怀的设计师与艺术家进入乡村，实现村庄与周边资源的联动发展、村落产业的优化转型、乡村旅游品牌的引领示范，让乡村具有更持久的生命力，带动全体村民共同致富。[6]

5.2.1 公园式乡村振兴主要依托的五类人群

5.2.1.1 有创业意识的新乡民、新农人

互联网经济背景下，很多年轻的乡村村民正尝试以互联网为平台、以创业者的姿态进军乡创领域、走进大众视野。他们普遍具备互联网思维，有崭新的思维方式和产销模式，更难得的是，这些新农人、新乡人成长于农村地区，因此有较强的生态自觉性，注重食品安全、怀揣着深厚的乡土情怀。目前，阜宁农业公园中有大米、草莓、莲藕等专业合作社，吸纳周边 1000 多名村民就业，其中不乏十多位大学生及种养大户入园创业，这些新农人、新乡贤达将深刻地影响乡村旅游发展模式的进化。

5.2.1.2 为乡村带来投资的群体

社会资本的进入对于乡村旅游发展、对于乡村产业经济的发展具有根本性

的作用，因在中国长期以来的固有观念中，“乡村等于贫困”是一个普遍共识，产业资本的导入恰恰为缩小城乡差距、打破二元经济结构提供了一条可行性较强的路径。[7]同时，乡村文旅产业尤其是高品质项目的发展，对村落景观环境及基础设施条件提出了严格的要求，因此当外来资本流入乡村，在撬动乡村经济发展的同时，也会对乡村环境改善和生态保护起到间接促进作用。

5.2.1.3　为乡村和农业做设计的人

对于具有乡土情怀的成熟设计师，通过设计与改造发现并珍视乡村之美是他们所追求的真谛。因此，当设计师从城市走入乡村，更是一种精神层面的返乡，把新锐的设计理念和思想融入朴拙原始的乡村环境中时，将为乡村和农业带来血液更新。与经济价值相比，这个群体更关心乡村的社会、文化与艺术价值，他们将带着一份半公益的情怀把有关乡村的这些美好价值不断放大。

5.2.1.4　为乡村带来新鲜文化的人

乡村振兴产业，也不能忽视为农村文化注入新鲜元素。而恰恰旅游，作为一个平台性的产业，具有极大的跨界精神，吸引了一大批乐于分享的文化人才，他们在乡村消费的同时，既是消费者也是传播者，是为乡村带来新鲜文化的人，将极大丰富乡村文化结构。

5.2.2　文化建设：“硬”“软”兼顾的乡土文化演绎

“硬”文化建设，是指在设计与建设过程中，应充分尊重村落传统文化的挖掘与演绎，包括特有的民俗传统、民族文化及历史渊源等，让游客在参与旅游体验的过程中看得见、听得懂、触摸得到，如在建筑改造及景观设施更新中，利用乡土文化符号进行可视化演绎、将乡土材料进行活态化植入，如利用当地特有的花卉盆栽类型打造景观花墙、把农用工具打造为创意小景、在内装小品的题材选取上结合乡土元素。

“软”文化建设，则是指从人的角度入手，针对当地村民通过培训吸纳就业，将传统乡村原住民的角色由农民转化为高端服务业的从业人员，旅游项目以人为媒介，使当地人首先从文化上能寻求到归属感与价值的认同感，不排斥并快速融入。与此同时，还应充分听取当地村民对于乡村文化和乡土记忆的理解，也许只是为了景观考量而拆掉一堵老墙，却坏了“风水”、打破了人与村的平衡、制造了矛盾，这样的“艺术需要”不要也罢。真正成功的乡建师都是村民的朋友，是乡村中一石一瓦、一花一木的朋友，让设计尊重文化、做乡土记忆的口述者，有所为、有所不为。[8]

5.3 产业传承

以文旅产业为内核勾勒新乡村产业脉络，阜宁农业公园项目根植于江淮农耕文明与阜宁乡土文化基因之中，以现代精致农业为内核，以乡村休闲旅游为导向，以构建阜宁农业核心引擎和展示窗口为根本，集农业示范博览、农业科技研发、农业休闲旅游、农产品加工贸易、现代乡居生活、农业创意产业孵化等功能于一体，力求建设江苏一流、国内知名的现代农业产业园，打造盐城精致农业与创意农业的旗舰与龙头。

5.3.1 乡村传统产业的三产化转型

一般而言，乡村中传统产业形式单一、规模滞后、结构失衡，多以一次产业为主，二产、三产薄弱、具备较大提升空间。在乡村发展过程中，应通过农旅、牧旅、渔旅融合发展，有效实现传统产业的升级转型，导入多种形式的产业资源，包括有机农业、教育、餐饮、户外、文创等。

5.3.2 旅游产品品质提升与体验升级

目前，乡村旅游发展主要以餐饮、住宿接待等低层次体验为主，部分品质较差的“农家乐”是其典型代表，休闲氛围不足，需要通过休闲农园、度假木屋、户外营地等更多形式的旅游项目导入，从游客体验出发形成健康持续的项目体系，在提升产品品质的同时，带动乡村整体旅游氛围的发酵。一方面，强化村落的旅游接待与体验功能，如乡村度假、农耕互动、文化体验等；另一方面，重点发展农庄、采摘园，等与农业密切相关的业态。

5.3.3 创意旅游商品开发

通过创意导入，实现农产品各个环节层级提升，农产品凝聚着自然美和人工美，是自然力与农民劳动共同创造出来的作品，具有区域独特的文化属性，也承载着游客的旅游记忆。根据农产品的产生过程，将创意分别导入“种植、加工、包装、营销”四个环节，实现乡村业态在旅游商品的层面的提档升级。

5.3.4 示范性改造与中心性项目营建

乡旅项目的开发不宜盲目求大，而应以示范性项目改造入手，以点带面、辐射全局，带动地区整体旅游氛围发酵。乡村地区因发展滞后，从某种程度上也保存了较为完好的自然生态与人文资源，因此应在旅游项目开发过程中应首先打好文化与生态两张牌。围绕乡村特有的历史与民俗文化基底，开发文化体验性较强的中心性旅游项目，助力乡村建设；其次，营造良好的周边生态环境，通过旅游公共服务设施条件改善与亲子、户外游乐项目的导入，打造生态主题核心旅游项目。

5.3.5　破题“景区（点）+ 乡村”，实现与周边资源的联动发展

依托周边旅游资源优势，助力乡村旅游发展。首先，在功能上定位于周边景区的旅游接待服务，主要承担住宿、餐饮功能；其次，通过交通条件的改善，使景区游客对于村落有更好的可进入性，无形中扩大潜在客源；另外，在村中景观营造和建筑风格上与周边的景区（点）相和谐，同时整合山坡、河道以及沿途景观，做到实用性与观赏性相结合；同时，在宣传推广上与景区建立联系，频频捆绑出现于报端。

5.3.6　社会与市场关注度提升

应着重针对乡村旅游项目的运营主体与品牌营销体系进行升级，最大化“旅游乡建”项目的品牌性与示范性。首先，建立健全旅游行政管理机制，同时整合本土资本，引入专业化的旅游投资开发主体、人才等，成立旅游开发投资公司，构建乡村旅游开发专家智囊团，负责乡村旅游整体运营及投资环境的评估与风险防范对策、投资模式的最优化设计、风险最小化的经营结构设计及阶段盈利模式设定、项目可行性分析及投资经济分析等。其次，创新品牌营销运营方式，培育从业人员品牌营销观念、系统进行营销产品创新、导入新媒体等新型营销手段等。通过有效营销扩大影响、强化示范。引入专业化营销运营公司，培育区域旅游市场，并构建系统化品牌营销体系及特色化营销推广方案，快速建立起具备一定知名度的乡村旅游品牌。

6　结语

“文旅产业振兴乡村”是一种新形态的乡村建设模式，以乡村旅游业发展为引导，对乡村空间进行合理改造、引入多元化的乡村休闲业态并重塑乡村社区文化，使乡村功能从单纯的本地村民的生产和生活空间转变为城市游客和乡村居民共享的生产、生活、休闲、社交和创业等多功能复合空间，为乡村带来可

见的环境品质提升、村民收入增长和可持续发展。

七彩阜宁农业公园在盐城的“乡村振兴”实践，无论是“融合式”的乡村建筑和田野景观的改造利用，还是“分享式”的乡村休闲产品设计和服务供给，抑或是用“平台化”的互联网思维导入全社会的乡村创业资源共创共建，都希望能够在不同维度对旅游型乡村建设手法进行积极有益的尝试和探索。借助有效的旅游乡建的方式，让乡村不仅实现外在的整洁光鲜，更能获得内在的复苏动力，最终成为同时被外来游客和本地村民真正认同的优质生活空间。

（致谢：特别感谢大地风景文旅集团副总裁李霞女士，及大地乡居团队朱丹丹、祝文等在本案规划设计阶段做出的贡献，尤其是李霞女士对本文行文逻辑的重要启发。）

参考文献

［1］文涵．国家农业公园发展存在的问题及措施［J］．现代农村科技，2015（22）：6–8.

［2］侯满平，石英．国家农业公园新概念——首次系统解读［J］．新农业，2015（2）：20–22.

［3］李金苹，张玉钧，刘克锋，胡宝贵．中国乡村景观规划的思考［J］．北京农学院学报，2007（3）：52–56.

［4］姚亦锋．以生态景观构建乡村审美空间［J］．生态学报，2014（23）：7127–7136.

［5］李增刚．以城乡等值化实现就地城镇化——山东青州南张楼村的案例研究［J］．理论学刊，2015（8）：32–42.

［6］吴必虎，伍佳．中国乡村旅游发展产业升级问题［J］．旅游科学，2007（3）：11–13.

［7］李霞，朱丹丹等．乡村旅游该升级了［M］．北京：化学工业出版社，2015：125–136.

［8］渠岩，王长百．许村艺术乡建的中国现场［J］．乡建时代，2015（3）：44–49.

从传统中来，到现实中去
——文创产品在故宫形象传播过程中的符号解读

蔡礼彬，张子彧

（中国海洋大学，山东 青岛 266000）

[摘 要] 符号消费的时代，故宫成为“网红”景点十分得益于其系列文创产品的开发。文章结合罗兰巴特符号学理论与德里达解构主义理论，将文创产品在故宫形象传播中的作用作为研究对象，从故宫文创产品的符号提取与故宫形象传播的运作模式解构两个角度进行分析，探究故宫文创的文化镶嵌过程与其形象传播的作用机理。分析发现，故宫文创文化要素的提取主要来自故宫建筑、文物与历史遗存，将文化要素浓缩于不同形状、颜色、材质、功能的文创产品当中，以产品为载体进行故宫形象的传播；同时，故宫形象传播的模式共解构为四种：其一，关注受众多元解码；其二，营造反差美学；其三，分解故宫大文化 IP 下的综合传播；其四，以人为本的产品设计，塑造文化品牌。

[关键词] 罗兰巴特；符号化提取；解构；故宫文创

引 言

近年来，故宫文创产品的开发在大众消费市场掀起一股消费热潮，在符号消费的时代，故宫围绕自己的建筑、文物典藏与历史遗存进行全面的文化要素符号化提取，并结合多种手段和形式加以创新来设计文创，故宫的形象在传播中越发变得亲民可爱。国内学者也纷纷对故宫文创从品牌打造、文化价值利用、运营策略与销售模式等不同角度进行研究。本文尝试以故宫文创产品为例，从

[作者简介] 蔡礼彬（1972—），河南潢川人，中国海洋大学旅游系副教授，博士，从事旅游管理研究，E-mail：cailb@ouc.edu.cn。张子彧（1996—），河北唐山人，中国海洋大学旅游系本科生，从事旅游管理研究。

罗兰巴特符号学的角度解读典型文创的文化要素提取过程，并从颜色、材质、功能等多维度对其符号意进行延伸解读，在此基础上，总结符号在文创产品的要素提取中发挥的作用，进而解构故宫形象传播的运作机理。

1 文献回顾

1.1 故宫文创的发展历程

创新、创意、品质是文创产品的三大核心要素。故宫成为著名的旅游打卡地，一路走来其文创的开发有许多值得借鉴的经验。“故宫淘宝”2010 年开始运营，主要为了售卖故宫同款周边；2010 年 11 月，“故宫淘宝”微博账号诞生；2013 年，故宫淘宝微信公众号上线[1]；2015 年，新血液的加入，让故宫文创团队画风突变，皇帝开始“卖萌”，贵妃被印在了手机壳上，“千里江山图”在一夜之间被收入表盘……冰冷的历史被软化，故宫的平易近人形象在大众中传播；2018 年，“故宫博物院文化创意馆”诞生，售卖商品分为：故宫出版、创意生活、服饰家居、创意手游等几类，整体风格端庄沉稳不失创意。

现在，故宫文创年收益超过 10 亿元，以故宫为主题的文创产品种类超过一万种，传统印象中高大上的故宫符号，如今以平常的姿态走入生活，大众消费对故宫文创的认可也在一定程度上体现了其“文化自信”牌打得成功。

1.2 故宫文创的开发现状研究

梁茹砚从互文共生的角度探讨了故宫淘宝目前走红背后的内涵，分析当下故宫文创的开发十分注重文化认同感，严肃美学离场下，将精英文化用通俗大众的方式表达出来，进行以人为本的优质产品输出，并增强了大众对自己民族文化品牌的认同[2]；郭万超认为，故宫文化价值的当代转化之所以颇受认同，一方面是抓住了符号消费时代新一代消费者个性化、符号化的消费需求，营造了新的价值认同，另一方面，注重文化的提炼、重构、再造[3]；向勇则从价值共生的角度分析故宫文创注重对故宫膜拜价值、展示价值、体验价值的合理组合布局，同时“巧创新”，注重细节。另外，还从 IP 价值利用的角度分析了故宫文创文化价值链、产业链和供应链的全价值创新[4]。葛胜涛则从故宫文创的运营角度，以“授权之争”为切入点，分析故宫文创运营思路上存在的问题，即在一定程度上缺乏知识产权的创造、运用、保护思维[5]；郑柏卉从故宫文创运营策略入手分析，认为故宫文创与新媒体融合运营，为传统文化创造了新活力[6]。

1.3　故宫文创的开发趋势研究

石珺婷以分析故宫文创开发和传播成功，以后会继续呈现四大趋势：注重文创产品的实用性、古代语境与当代语境融合、多元化跨界开发模式、数字化营销手段[7]；葛佳琪等人认为，故宫文创的成功，在于其兼具文化性、商业性、创新性，未来的故宫，在文创产业经营上，将会更加注重拓宽销售渠道，同时注重互联网技术应用与人才培养[8]；杨晓波认为，故宫文创也将落实国家“文化走出去”战略，通过品牌授权搭建国际平台，注重产品的系列组合、文化元素、跨界搭配，通过提升文创产品的附加值打造核心竞争力[9]。

综上，国内关于故宫文创产品的研究，在开发现状方面，大多集中在产品的品牌塑造、价值 IP 利用以及运营思路等几个维度；在开发趋势方面，则主要集中在产品的形象推广和销售策略层面。总体上鲜少有人从符号学视角去分析故宫文创产品文化镶嵌的过程。本文尝试从符号学角度出发，从更深的层次解读故宫文创产品文化要素的提取与符码转化的过程，进而分析文创产品在故宫形象传播中的作用机理。

2　理论基础

2.1　符号学

瑞士语言学家索绪尔是欧洲结构语言学的奠基人，《普通语言学论稿》是他的著作，虽是语言学著作，却宣告着符号学的诞生，他指出“语言是一个由表达意念的符号所构成的系统”。索绪尔界定一个符号是由符号具和符号意两个相互联系的面构成的，在此基础上，索绪尔提出了“表意二轴说”理论，即毗邻轴和系谱轴，毗邻轴为一种表面言语符号群的组合，是基于语义之间的连接要素决定的；系谱轴强调差异，强调人们关于一个符号产生的其他联想，即系谱轴负责符号的差异互换。

法国符号学家格雷马斯与古德编纂的《符号学用词字典》中提及，许多国家对不同语言系统的称呼，都只有“语言”一词，在法国直到 19 世纪，才做了明确的区分，因此，人们说的话、作的诗歌、唱的歌曲、编排的舞蹈以及设计的广告，在中文里，都可以用“语言”一词称之[10]。换言之，广告文本作为一种语言，是可以用索绪尔的表意二轴说去分析商品的符号具与符号意的[11]。

本文选取罗兰巴特符号学理论作为支撑，是因为罗兰巴特在索绪尔的研究基础上，提出了“超语言学”概念，即符号也可以语言以外的东西，例如神话、故事体等任何文化素材，他认为符号具有两个层次的意义，一是内涵层，二是外延层。索绪尔的分析应该是符号的第一层，他描述了符号的符号具与符号意之间，以及符号和它所指涉的外在物体时间的联系，这是明示意，即符号本身所具有的内涵意义；第二层是符号的内涵意义，表达第二层意义的方式有三种，即隐含意、迷思、象征，第二层意义是符号在其所依托的社会文化背景中的意义，这是在第一层的基础上产生的[12]。

因此，在罗兰巴特的符号学理论基础上分析故宫文创产品的符号转化，不仅仅简单停留在产品符号具与其指涉的符号意的说明上，还要解读产品所提取的文化符号在特定历史文化背景中的意义，并结合符号运用在商品上的外在转化来解读故宫文创产品的符码转化过程。

2.2 解构主义

法国后现代主义哲学家德里达提出了“解构”这一概念，实际上，“结构主义”和“解构主义”都是 20 世纪中后期两个重要的文学批判理论，这两种理论都不是直接起源于西方哲学思想，而是起源于对人类语言的研究，两种理论不单单有共同的理论来源，还都关注结构[13]；解构主义反对“在场的形而上学观念”，反对“本质或基础注意还原论”的思维方式，德里达第一次在《在人文科学化与的结构、符号与游戏》中提出“解构”的概念时，就赋予它“解中心”的意义，意为“去中心”，此后，他在《哲学边缘》中正式提出“解构”一词，该词源于海德格尔的“破坏”，与“破坏”不同的是，解构强调“分解”或者“拆解”，他不是破坏，而是将原有的整体从一定维度进行分解，消除人们约定俗成的固定认知和方法，消解权威理论，让人从不同的角度审视同一事物的价值[14]。

本文选择德里达解构主义作为支撑，在对故宫形象传播的运作模式进行分析时，尝试从不同角度对文创产品在故宫形象推广中发挥的作用进行解读。

3 故宫文创文化要素的符号化提取

3.1 故宫文创机构职能

故宫博物院目前分36个组织部门，其中设文创事业部，负责故宫博物院文创事业管理工作。文创事业部将根据国家、故宫博物院的发展战略与规划，制订故宫博物院文创事业发展规划，并组织实施；负责对故宫文化进行深度挖掘与树立，设计、研发与故宫文化紧密相关的文化产品；对文物展览的随展商品、衍生品的开发与设计；组织各种形式的文化推广活动；完成上级主管部门及院领导交办的其他工作[15]。

3.2 故宫文创衍生品开发现状与分类

根据故宫博物院官网以及故宫文创产品旗舰店官网的产品分类，故宫文创产品当前开发有如下几类：

创意生活类：这是博物馆最大宗的衍生商品，运用博物馆藏品、展览、建筑物、馆徽等元素，通过创意设计，对艺术题材、思想主题、历史知识等精神内容进行提炼，去掉老旧的物质表现形式，重新将精神内容附加在融入更多现代生活美学、流行风潮等元素的新物质形式上。

服饰家居类：这类产品主要关注大众的实际生活需求，在提取故宫文物典藏尤其是帝后服饰文化元素的基础上，将文化符号融合在各种衣服配饰之上增强人的文化与心理认同。

故宫出版类：博物馆出版物是用于展现和宣传文物藏品、展览活动、馆舍建筑、研究成果等相关资料的出版物。随着科技手段不断发展，博物馆出版物的种类已由传统的图书画册等平面印刷品扩展出了音像品、软件、电子图书、电影等。

家具陈设类：这一部分多为故宫文化典藏的复刻产品，以博物馆藏品图像或造型为基础，开发出的相同或相似形态、色彩、材质、纹饰的衍生制品，但也可在此基础上有所创新。其特点是将文物藏品进行商品化设计和开发，赋予其美好的寓意。

游戏应用类：故宫游戏与应用的推出，也是故宫智慧开发的体现，各种游戏关注不同的社会群体与年龄阶段的需求，同时传递着故宫的历史文化知识。

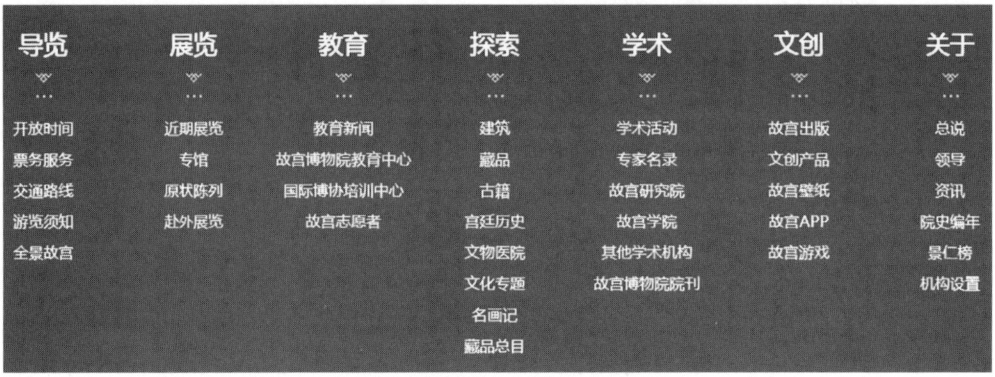

图 1　故宫博物院官网模块分类

图 2　故宫文创产品旗舰店官网产品分类

综合故宫博物院官网、故宫淘宝——来自故宫的礼物官网以及故宫博物院文创天猫旗舰店的分类统计，本文将故宫文创产品分为以下几类：

表 1　故宫文创产品分类

创意生活类	钥匙链、普通挂饰、手机壳、手机支架、便利贴、图书灯、纸雕灯、书签、文件夹、包书纸、笔记本、电脑包、胸章、熏香、宫廷御扇、杯子、杯垫、桌布桌垫、眼镜盒、皂盒、U 形枕、抱枕、拼图、行李托运吊牌、遮阳伞、故宫壁纸、杯具、故宫彩妆
服饰类	手绳、发带、方巾围巾、项链、耳环、挎包、手包、钱包、遮阳帽、手帕
家居陈设类	镇纸、艺术折扇、装饰画、茶具套装、香托摆件、艺术团扇、笔架、酒杯酒具、白瓷摆件、黄铜摆件
故宫出版读物	文物介绍类、旅游生活类、书法画谱类、器物珍藏类、轻读美文类、史学文库类、学术研究类、期刊类
故宫 APP	胤禛美人图、皇帝的一天、紫禁城祥瑞 PRO、故宫社区、故宫展览、每日故宫、故宫陶瓷馆、清代皇帝服饰、韩熙载夜宴图、
故宫游戏	故宫大冒险、太和殿的脊兽、宫门关、曲水流觞、明帝王图、九九消寒图、皇子的课表、金嵌宝金瓯永固杯、珐琅彩折枝花纹合欢瓶、乾隆帝田黄三连玺、五彩加金鹭莲纹尊、檀香木“皇帝之宝”

由此，故宫文创产品的种类齐全，贴近生活。尤其是创意生活类产品的开

发，以形象上的大跨度吸引大众眼球，将严肃美学与生活美学相结合[16]，让游客心甘情愿地将这些产品带回家。

3.3 故宫文创文化要素的符号化过程

3.3.1 提取依据

从符号学的角度来说，一件物品之所以能够被抽象为符号，是因为它除了是“它自己”，什么其他的东西都不是。也就是说，物件若能称之为“符号”，它必须拥有自己的特点，才能让大众形成对它唯一的认知。因此，成功的文创也必须拥有独特的“印记”，才能为消费者认可，而这种“印记”，也必须从故宫独有的历史文化资源出发去提取。符号化是文化要素的提取方式之一。根据故宫博物院官网的描述与故宫文创产品旗舰店官网的产品介绍，每一件产品的设计，都有其背后的历史文化资源利用与转化，因此，紫禁城内现存的资源就是各类文创文化要素提取与符号化过程最好的依据。目前，故宫文创符号化提取的文化要素主要从建筑装饰、文物典藏、历史文化遗存三类文化资源中获得[17]。

紫禁城是中国古代宫殿建筑的集大成者。故宫至今保留的建筑面积约 16 万平方米，是世界上现存规模最大、保存最完整的古代宫殿建筑群，木质结构，琉璃瓦，青白石底，装饰金碧辉煌的彩画，宫门与宫墙均为红黄搭配，气势宏伟庄严；建筑上的装饰同样种类繁多，有梅、兰、竹、菊等自然植物，也有狮、虎、龟、鹤、鹿等被赋予特殊含义的动物，还有故事传说中的麒麟、凤凰等神兽，这些都可以作为文创产品文化符号挖掘的对象。

另外，故宫是世界上最丰富、最重要的中国古代艺术品的宝库，其中的藏品包括了中国古代艺术品的所有门类，具有品级上、种类上、数量上的优势。文物种类涉及书画、丝绸、陶瓷、玉器、珐琅彩等，另外还有很多科技类文物。丰富的文化资源为故宫文创产品的文化要素提取提供了巨大的宝库。

明清两代皇帝在故宫居住生活，留下了大量的珍贵历史遗存，不仅见于帝后生活起居用品，还见之于宫廷戏曲文化、书法文化、音乐器具，等等，而这些历史文化遗存往往具有许多文化要素供文创产品利用和转化。

文化要素的符号化过程实际上是将元素的价值意义与现代生活结合的重构过程，也是文创产品作为一种旅游吸引物的符号化过程。本文首先从宏观角度分析故宫典型文创从不同种类文化资源中进行文化历史符号撷取与转化的过程，再从微观角度分析产品在形状、材料等选择上是如何从细节把握符号的抽象的。

3.3.2 提取过程

3.3.2.1 宏观角度

（1）建筑中文化元素的符号化过程

明清皇家建筑大多延续采用木质结构，树木象征着生命，符合古代阴阳五行之说；在建筑的布局上，也严格遵循着古代封建尊卑等级秩序，以中轴线为中心，左右对称，天子居于中心，前殿后寝，左祖右社，建筑的大小高矮各不相同，也显示着不同的等级[18]。

北京故宫的建筑中最具特色的就是三种：屋顶（楼角）、楼角上的装饰物（多有避雷作用）、其他殿前大型装饰物，建筑楼角的设计包含着等级身份不同的寓意，装饰物的设置也蕴含着许多祈愿。例如源于中国古代神话传说的鸱吻，被安置在建筑正脊两端，寓意辟火保平安；在故宫建筑垂脊上的蹲兽，在象征殿宇威严的同时，还存在着不同的等级之分，太和殿上的仙人走兽就是级别最高的，有“仙人骑鸡、龙、凤、狮子、天马、海马、狻猊、押鱼、獬豸、斗牛”十种[19]，寓意消灭灾祸、逢凶化吉。另外，清宫建筑还有许多装饰彩画与花纹雕刻，颜色主要以红、金、青、绿为主，图案大多以龙凤见长，寓意皇权富贵、龙凤呈祥。

在后来的文创设计中，设计团队将这些具有美好寓意的装饰物提取出来，浓缩成家居摆件，继续保留其符合中国人心理认同的文化含义，促使人们更注重物件的“意”。

（2）文物典藏中文化元素的符号化过程

文物当中，清代最具代表性的陶瓷工艺珐琅彩，其色彩的搭配、线条的运用也是紫禁城文物典藏的立体形态展示中一种无形的艺术手法。

以青花缠枝莲托八吉祥纹双耳瓶为例，瓶撇口，长颈，饰对称如意耳，弧腹，圈足。主题纹饰是以青花绘缠枝莲纹托八吉祥纹，以如意云头纹、回纹、蝠纹、变形莲瓣纹为辅助边饰。圈足内饰白釉，外底书青花篆书“大清道光年制”三行六字款。此瓶造型端庄沉稳，青花艳丽，纹饰繁密，但层次清晰，主题纹饰突出，寓意吉祥，是宫廷陈设瓷中不可多得的艺术瑰宝。

紫禁城中类似的藏品还有很多，很多文创的设计就是将一些纹饰进行简化或者改造，使其成为产品所承载的一种文化符号。

（3）历史文化遗存中文化元素的符号化过程

历史文化遗存当数清代的书画、服饰、首饰，同时也要重视其中的各种纹饰花样，都代表着不同的文化寓意。例如帝后的服饰，朝廷大臣、后宫后妃在不同的场合穿戴服饰有不同的讲究。

如康熙皇帝夏季上朝所用的石青龙凤勾莲暗花纱描金云龙单朝袍，朝袍质地为芝麻纱，纱上织暗花纹样，上身前后均成“品”字形排列暗花三团，暗花图案分别有团龙、团凤，龙凤相谐；同时朝袍又饰描金花纹，在领襟袖口下摆都饰有正龙或者行龙。

故宫大部分藏品保存完好，文创中服饰类产品有很多就直接沿用了藏品的纹样，或者将复杂的线条抽象化、简单化，以一种“形式美”的符号化方式引起消费者共鸣。

丰富的历史文化资源为故宫文创文化元素的提取提供了丰富的素材基础，而在细节上，故宫文创的设计也都有其色彩的选择搭配、线条的运用、形状的设计、功能的适用、材料的选择之考虑。

3.3.2.2　微观角度

（1）形状

人们对一件物品的识别，最初的印象便开始于它的形状与轮廓[20]，故宫文创产品往往是基于一些藏品的纹饰或者图样，将其复制生产出来；有的也将现有的形状分成若干个部分，将其拆分提取部分，或者重新组合得到新的形状。

例如产品中一款“龙凤呈祥银吊坠”，灵感就来源于馆藏战国时期玉螭凤云纹璧，银饰以玉璧内雕刻的螭龙凤鸟为原型打造而成，刚柔并济，寓意龙凤呈祥。

（2）颜色

色相、明度和彩度是构成色彩的三要素，色相即不同的颜色名称，如红色绿色等；明度即颜色的明暗程度；彩度即颜色的饱和程度。通过改变不同彩度，配以不同明暗程度颜色、辅以不同色相的变换，产品的设计也会达到不同的效果。目前，故宫文创产品的设计在形色转化上，大致遵循了以下三个原则：第一，传统造型不变，配以新的颜色加以创造；第二，传统配色不变，改变原有造型，以新的形状承载传统配色；第三，造型与配色都发生变化，在不违背历史风貌的基础上进行重新组合[21]。

例如，故宫淘宝中的“勤政亲贤”手机支架，就是在继承原有皇帝上朝服饰颜色基础上，将皇帝的造型做了萌化处理，同时，将“勤政皇帝”作生活化功能应用，打造成了手机支架，一下将皇帝严肃的形象做了颠覆性的改变，获得大众喜爱。

（3）材料

文创产品要承担一定经济功能，这也要求其要考虑生产成本的问题，那么材质的选择就是重要的环节。在当今的文创市场中，粗制滥造现象并不少见，这也更加凸显故宫出品在材质选择上的精心。为了充分体现产品所代表的藏品最真实的材质与纹理等物理要素，在最大程度上追求产品的完美质感，故宫文创的材料选择是十分尊重产品所承担的艺术表现功能的。

例如一款“我佛慈悲马克杯”，创作灵感来源于故宫藏品张惠观造石释迦多宝像，慈悲与“瓷杯”谐音设计寓意美好，佛像入杯合掌祈福，寓意传递美好，为了最大程度上表现瓷杯所承载的自然和谐赐福寓意，采用经典德化高白瓷分为瓷土加工、雕塑成型、烧制三个过程打造而成，杯中小佛像手工捏制，杯体手工注浆成型，倾注的心血可见一斑。

（4）功能

文创产品的设计，不能是一场大而无用的空功夫，而应该充分考虑产品对于消费者是否有实际意义，这就要求文创产品必须有“用”，既具备物理功用与心理功用。

物理功用指的是产品能够在人们的日常生活中发挥一定的物理机能，例如，以《清宫海错图》为原型制作的海错图书本灯，它既通过纸张书记作为文化载体传递着古人的新奇见闻，同时又是一个夜灯，能满足人夜晚照明功用，造型古朴想法新奇。

表 2　故宫文创文化要素纵横提取与图片示例

	历史文化资源	文化要素提取	图片示例
宏观角度	建筑	利用建筑装饰物的造型或者美好寓意，转化成有着特殊意义的文创产品	 
	文物典藏	瓶子造型独特，纹饰主题突出，寓意吉祥，不管是瓶身装饰物的形状还是色彩搭配与纹饰，都可以为文创产品的设计提供借鉴思路	
	历史文化遗存	衣服的质地、团纹图案、首饰的雕刻纹饰、图案的美好寓意等，都是许多文创产品文化要素的提取原型	 

续表

	资源延伸	文化要素提取	图片示例
微观角度	形状	将玉螭凤云纹璧的螭龙凤鸟为原型延伸到现在的吊坠当中，在原来的基础上稍加提取，基本复刻	
	颜色	配色仍然沿用皇帝朝服红黄搭配，但是配色更加简单、鲜明，在继承颜色的同时对参考原型的形象加以适当改变，尊重传统又不失创新	
	材料	杯子的文化要素提取自故宫文物典藏，但在材质选择上十分用心，采用经典德化高白瓷分为瓷土加工、雕塑成型、烧制三个过程打造而成	
	功能	文化要素提取自故宫文物典藏，但注重生活实用功能的延伸	

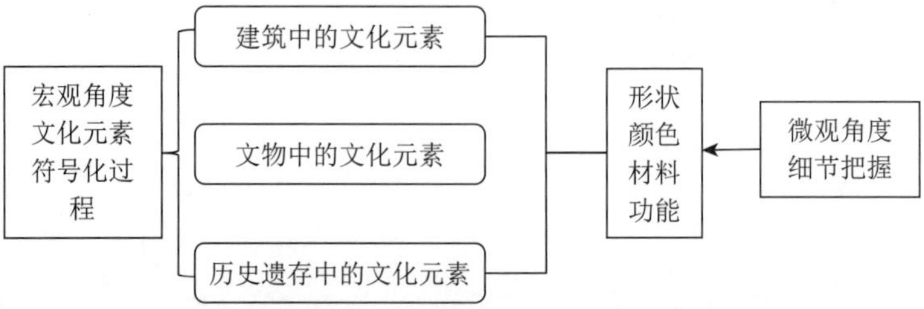

图 3　故宫文创产品文化要素提取过程示意图

将传统文化资源的符号进行重新组合、创意开发、形式机能转化，故宫文创产品又让故宫的形象鲜活起来，商品原本不具有文化，但可以借由加工的过程镶嵌入文化体系之中，沾染文化的意义后而变成有含意的文化商品。

4　从符号学角度对故宫文创产品的文化撷取进行解读

在了解故宫文创产品文化要素提取来源与过程之后，文章将用罗兰巴特的符号学理论对故宫文创产品的符号转化对外形象传播做出解读。

4.1　罗兰巴特符号学理论在本文的应用

法国社会学家布希亚曾说“要成为消费的对象，物品必须成为符号，也就是外在于一个它只做意义指涉的关系”，这也宣告着符号消费社会的来临[22]。

罗兰巴特是索绪尔的追随者，他指出传统符号论所说的意指已经不是一件实际的物，而是一种属于思想精神的人造事物。传统的符号学的应用大多以索绪尔与罗兰巴特的理论进行广告文本分析，例如符号的符号具与符号意，系统的表意二轴理论等。罗兰巴特在《符号学原理》一书中，将符号做了两个层次的划分：外延意义与内涵意义。外延意义的本质是符号的直接指涉，表示符号的原始对象或阐释；内涵意义的本质是联想性的意指，符号依据使用者的其他各种符号系统的符号规则（如文化系统、意识形态系统）进行二度或连续性的符号解读[23]。

罗兰巴特在索绪尔符号学基础上，把能指——所指二元对立，抽象为四组二元对立：语言——言语，能指——所指，组合——系统，外延——内涵。他的研究比以前语言学的符号学更深入了，他将深化定义为一种传播体系，一种话语，一种意义构造方式，语言是自然意义上的，基础的符号学认为“能指 + 所指 = 符号”，而神话是意识形态意义上的，更深层次的符号学研究认为“能指 + 所指 = 意指”，并且上升到视觉传播的层次[24]。

表 3　罗兰巴特符号理论结构

<table>
<tr><td rowspan="2">直接意指——外延</td><td>1. 能指</td><td>2. 所指</td><td></td></tr>
<tr><td colspan="2">3. 符号（意义）</td><td rowspan="2">Ⅱ所指（概念）</td></tr>
<tr><td rowspan="2">含蓄意指——内涵</td><td colspan="2">Ⅰ能指（形式）</td></tr>
<tr><td colspan="3">Ⅲ符号（意指）</td></tr>
</table>

其中 1、2、3 是第一层次的符号学研究，Ⅰ、Ⅱ、Ⅲ是第二层次符号学研究。本文希望借助罗兰巴特对符号的深层挖掘，解读故宫文创产品文化符号撷取的内涵与外延意义，分析故宫文创文化要素在地镶嵌的机理，同时结合产品文化要素的纵横提取过程，说明故宫文创是如何将文化符号进行生动的机能转化进而抓住消费者的心，推动故宫形象广泛传播的。

4.2 案例分析

根据故宫博物院官网文创馆以及故宫博物院文创产品旗舰店对文创产品的分类，本文选择各类产品中的典型案例进行解读，运用罗兰巴特二层符号学理论，从视觉、语言、文化三个要素层面分析产品所承载符号的内涵与外延意义，对产品进行神话解读，梳理产品符号机能转化的同时，分析产品如何吸引消费者进而助力故宫形象推广。

（1）创意生活类典型文创案例分析

表 4 创意生活类典型文创案例分析——故宫口红

<table>
<tr><td rowspan="2">故宫口红</td><td colspan="2">外延</td><td>内涵</td></tr>
<tr><td>能指</td><td>所指</td><td>意指</td></tr>
<tr><td>视觉要素</td><td>口红外盒包括黑、白、赤、黄、绿、蓝六种颜色，外壳纹饰则仿照后妃服饰花纹用 3D 打印技术还原后妃刺绣服饰凹凸肌理；口红色号则有豆沙红、枫叶红、人鱼姬、郎窑红、碧玺色、玫紫色六种色号</td><td>故宫中桃面朱唇的美人形象</td><td>通过网店中模特的复古造型，给女性营造一种穿越复古的美感；
蓝色和黄色分别对应“天”和“地”，绿色、白色、红色、黑色分别对应东西南北四个方向，寓意“六合”</td></tr>
<tr><td>语言要素</td><td>“宫”字标志 logo，“鹿鹤同春”包装盒标志 logo</td><td>“故宫口红，鹿鹤同春”“温婉可人、复古美艳”等的广告语</td><td>“鹿鹤同春”，取“鹿”之“陆”意，取“鹤”之“合”意，呼应“六合”并与口红外壳颜色相对应，鹿鹤同春，象征天下万物欣欣向荣，吉祥如意</td></tr>
<tr><td rowspan="4">文化要素</td><td colspan="2">形状</td><td>外形方正，用具象化的方式，将后妃服饰纹样立体还原在口红外壳上，使得故宫元素鲜明立体</td></tr>
<tr><td colspan="2">颜色</td><td>外壳颜色种类多，对比鲜明，口红色号以紫禁正红为基调发生演替</td></tr>
<tr><td colspan="2">功能</td><td>美妆为主：滋润保湿，提升气色</td></tr>
<tr><td colspan="2">灵感来源</td><td>故宫博物院藏 彩漆戗金鹤鹿长盒</td></tr>
<tr><td>神话解读</td><td colspan="2">故宫口红抓住女性消费市场，先是以“六合”的大气开场赋予口红不同于其他品牌的高端定位，再以“紫禁城墙”的赤红色为基调演绎出其他色彩，体现口红色号的庄重大气；在外壳设计上，充分提取后妃服饰花纹，在模特的定妆中，将模特打造为复古的“桃面朱唇”后宫美女，吸引女性争相效仿，进而购买</td><td>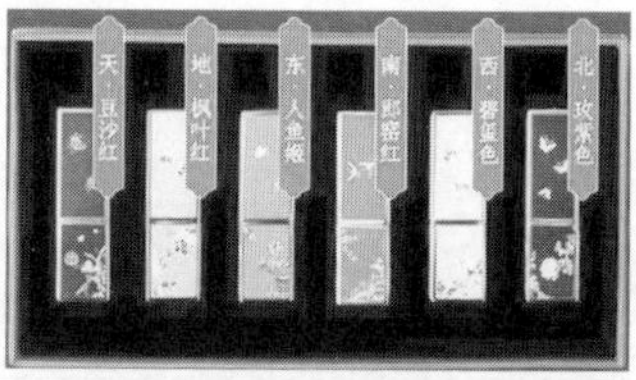
</td></tr>
</table>

（2）服饰类典型文创案例分析

表 5　服饰类典型文创案例分析——古琴雅韵丝巾

古琴雅韵丝巾	外延		内涵
	能指	所指	意指
视觉要素	清新淡雅的颜色，图案以古琴为原型，琴弦清晰可见，并有梅花纹饰	于乱世之中清、和、淡、雅的超凡脱俗之人	古琴风凌傲骨、超凡脱俗，因其清和淡雅的音乐品格被无数文人寄托超凡脱俗之志；梅花优雅坚韧，凌寒绽放，琴弦在梅间拨动，仿佛琴声悠扬在耳边，使人在闹市中忘记喧嚣，回归平淡
语言要素	灵动的“减字谱”，“九霄环佩”字样	“丝巾的美好，这里都有”等的广告语	通过宣传语“丝巾的美好，这里都有”，暗示人也同丝巾一样美好，温润、淡雅
文化要素	形状	整体以“九霄环佩”为原型，尽显高贵与珍惜	
	材料	100% 真丝，手工制作	
	颜色	颜色多以淡色搭配，凸显淡雅主题	
	功能	自然垂感，透气舒适，冬暖夏凉	
	灵感来源	传世唐琴 九霄环佩	
神话解读	传世唐琴本就稀少，九霄环佩更是琴中“仙品”，丝巾以“九霄环佩”为主要图案，奠定了丝巾淡泊高雅的主题，配以梅花，加上淡色基调，给人一种安静平和的感觉，琴梅寓“超凡脱俗、淡泊名利”之意，生活在现代闹市之中，渴望拜托嘈杂的人，也因此找到了一份情感寄托		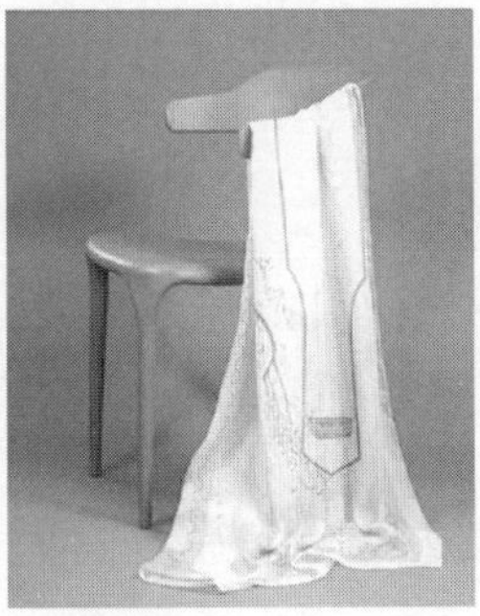

（3）家居陈设类典型文创案例分析

表 6　家居陈设类典型文创案例分析——鹿喜人间铜摆件

鹿喜人间铜摆件	外延		内涵
	能指	所指	意指
视觉要素	梅花鹿为原型，黄铜颜色沉稳大气，又显高贵，黄铜表面加珐琅彩着色，颜色绚丽，花纹清晰；鹿角打磨精细，鹿眼炯炯有神，形态饱满有力	从画中走下来的瑞鹿，寓意吉祥福禄	通过鹿的“福禄”寓意，暗示摆件具有美好吉祥的含义，符合人的心理需求；鹿体看来健壮有力，眼睛炯炯有神，似幻似真，黄铜打磨细致，珐琅彩上色精致，能够凸显主人的品位高雅
语言要素	包装中“故宫瑞鹿”的字样	“鹿喜人间，福禄双全”等的广告语	“瑞鹿”取自宫廷御画，鹿从画中走来人间，取“鹿”的“禄”之意，寓意给人间带来福寿禄的祝福

续表

鹿喜人间铜摆件	外延		内涵
	能指	所指	意指
文化要素	形状	以具象化的方式，将梅花鹿的原型再现	
	材料	精细黄铜打造，外表上珐琅彩，质地均匀细腻	
	颜色	黄铜与珐琅彩的配合，颜色绚丽多彩	
	功能	摆件，有着吉祥福禄的美好寓意	
	灵感来源	郎世宁《采芝图》	
神话解读	在中国的传统文化中，鹿是吉祥、长寿的象征，同时，因“鹿”“禄”同音，使得鹿的象征意义更为丰富，长寿的意象与福禄的寓意叠加，衍生出福寿绵长之意，更符合中国人对这以美好祈愿的追求		

综上，符号学理论在故宫文创产品的设计中，主要发挥了以下作用：

第一，丰富了商品与藏品之间的文化联系形式。故宫文创总是能以不同的商品种类、不同的功能效用使商品与藏品之间产生联系，联系的纽带，便是故宫文化历史符号。这些文化符号，或以原型浓缩的方式、或以变形重组的方式在商品中得到再现，商品跟随消费者走进家门的同时，故宫文化也随着它的载体在大众群体传播。

第二，相较于其他文创，故宫文创实用性价值与文化价值双重突出。商品消费进入后现代主义消费时代，生产者不能仅仅依靠商品的使用价值取胜，商品若想拥有价值，首先要成为符号。因此，故宫文创在兼顾生活实用性的同时，更注意文化价值的浓缩，而文化意义的体现，既不是高高在上晦涩难懂的，也不是毫无思考的复制粘贴，而是通过文化符号的诠释[25, 26]，让紫禁城的文化美学同大众生活中的点点滴滴相结合，精致美学走进大众生活，才是符号文化意义传达的最高境界。

第三，精准满足消费者进行符号消费所希望获得的社会认可心理。故宫文创产品的打造，大多撷取中国古代一些和谐、吉祥、福禄等具有美好寓意的文化元素，这些文化元素作为意指含蓄表达了人们对美好的祈愿；选取材质大多细腻而高端，产品质感很好，在寄托美好寓意的同时，还给消费者带来身份与社会地位的认同。

5 从结构到解构——符号挖掘基础上故宫形象传播的运作模式解构

索绪尔《普通语言学教程》问世，使它成为结构主义的奠基人，罗兰巴特首次将结构主义应用到文学作品的研究中，他指出，结构主义就是要揭示客体运动规律、重建客体，使原来在客体中看不到的东西得以显现[27]。

法国后现代主义哲学家德里达提出了解构这一概念，解构理论却是为消解结构而生的，德里达认为，结构主义在一定程度上会破坏客体结构，而解构只讲分解，不讲破坏，解构意指分解和还原的动作，以试图寻找和展现一个文本的假设，通常采取戏谑的方式，消除人们约定俗成的固定认知方法，从而激起人们对已成定论的经验和规范的怀疑，提倡多种理解，消除权威理论[28]。解构的本质是打破原来的传统文化符号影响因素，以特殊化的心态、另类视觉感、造成全新的文化符号视觉效果，形成新意[29]。

德里达认为，尽管索绪尔及其追随者提出的语言符号的人为任意性观点具有独创性，但他们仍然在一定程度上具有形而上学中心论与权威统治的色彩[30]，解构主义强调是消解权威，它一方面继承了符号学差异性以及作为“能指”的印记，另一方面又反对其形而上学与中心论，强调从时间空间等不同的维度对同一客体进行解读，进而形成对一事物的全新认知。

从结构到解构，是符号学理论的一次深化，是结构主义哲学的一次飞跃，同时也为本文从不同视角审视文创产品故宫形象推广模式的作用机理提供了新的思路。在解构主义视角下，结合文创产品对故宫文化符号的挖掘，本文将从以下四个角度对故宫形象推广做出解读。

5.1 消解严肃思想，营造反差美学

紫禁城在大众心中的认知形象一向是庄严肃穆，尊卑有序，等级分明的，因而难以被大众亲近，包括故宫淘宝网店开始运营时，售卖的也大多是文物典藏的复刻品，价格高昂，“阳春白雪”终究不能有广大的受众；而现在的文创开发，在文化元素的提取之初，就注意到了符号机能的转化需要与大众化的品位

相结合，于是，文化元素的提取更加关注商品与藏品的结合程度，符号机能的转化更加注重走大众化的普及道路。

传统意义上的政治符号变成了日常生活中的审美文化符号，精致美学与大众美学开始并行[31]，故宫的形象在人们心中就更加鲜明和立体了。

5.2 针对不同类型受众，关注受众多元解码

故宫文创的符号意义传播是一个双向的过程，每件商品将符号浓缩在自身上实际上就是一个编码过程，商品的设计者希望通过这个编码向受众传递某些讯息。同样地，不同的受众对不同商品的符码有不同的解码方式[32]，正如符号学家皮尔斯曾言“客体是被一个又一个符号诠释出来的，一个物体只有被诠释了才有意义，而它的意义是动态的，唯一不变的是客体本身”。

不同的受众对不同的符码有不同的理解，这就要求设计者针对不同的人群，为文创产品赋予不同的符码意义，才能够尽可能大地确立受众市场。故宫文创产品在设计上就充分考虑了不同身份地位、年龄阶层的受众，抓住他们的不同心理认同方式，换取受众对紫禁城传统文化与生活美学的认同。例如，针对9~12 岁的孩子推出的应用“皇帝的一天”，充分了解现在家长对孩子时间观念的教育需要，应用侧重于孩子时间观念的培养；又如针对文艺青年推出的“千里江山图”手表，设计师将千里江山图局部小景融入表盘，配文“一抬手，便是千里江山”，庄严而浪漫的表达方式，在满足文青的情怀追求同时，还能够在一定程度上唤起受众对传统文化的认同。

当不同类型的受众被无一例外地贴心关照，故宫的形象在每个人心中都有了不同的定位，故宫的符号对每个人而言也有了不同的意义，多元解码下的故宫形象才得以广泛传播。

5.3 分解故宫文化大 IP，构建综合文化传播阵地

以往的故宫形象，是一个不可分割的整体，政治、皇权、威严、等级的固化形象之下，隐藏着许多没有被人注意到的文化资源，故宫文创产品的开发，就恰恰挖掘了这些现成的、潜在的文化资源，将原有的固化、抽象的故宫文化大 IP 分解[33]，通过将不同文化资源浓缩成符号的方式，以商品为载体，全方位地将故宫形象立体传播出去；同时，产品的功能与形象也从单一走向多元，有些甚至从纪念品走向了“精品”，人们通过此种商品的消费来达到自我满足与

社会认可的目的。

另外，故宫文创团队还十分注意对媒体周边文创的开发，例如《我在故宫修文物》《上新了，故宫》等，同步在微博、微信、网络平台进行宣传，构建了故宫形象综合传播的阵地。

统一的文化大 IP 被解构，紫禁城的生活美学由不同的文化符号承载，在不同的平台活跃着，故宫形象的推广方式尽显活力。

5.4 以人为本进行产品设计，符号基础塑造文化品牌

为了使消费者有良好的消费体验，故宫文创的设计在产品符号意义的选择、产品形象的打造、产品材质的使用上都十分用心，既要避免单一的“文化灌输”现象出现，又要为产品赋予美好独特的生活祈愿，还要注重产品的功能与质感，一切从消费者的感受出发，双向考虑设计出来的产品充分体现了人文关怀。

同时，故宫在文化符号的机能转化上也别具匠心，将故宫藏品中独具特色的文化艺术资源加以提取、改造、重构，与产品相结合，将传统用现代化的表达方式进行诠释，打造既有艺术价值又具生活实用性的文创产品，创造唯一的“故宫形象”，极力寻求现代大众消费、个性消费与符号消费的共鸣，激起消费者对故宫文化品牌的认同。

6 结语

前任故宫博物院院长单霁翔曾说“故宫最吸引人的便是它厚重的历史文化底蕴”。而文创设计团队也正是巧妙地利用了这一先天优势，把馆藏历史文化资源转化为文化符号，通过与大众生活相结合的方式，凝结于产品之中，将紫禁城的严肃美学转换成生活美学加以传递。

本文从罗兰巴特符号学的研究视角出发，从意指与能指转化角度解读了故宫文创产品的文化要素提取与文化符码转化，又在德里达解构主义理论的基础上，从不同维度解构文创产品在故宫形象传播中的运作模式，探讨了故宫文创对原有历史文化资源的撷取、解读、重构过程，也分析了故宫形象传播过程中的种种智慧。

进行这样的研究，旨在解读故宫作为博物馆类旅游目的地的典型代表的成功之处，探讨其文创设计的符号学运用的巧妙所在，进而为其他同类型旅游目

的地提供示范。2019 年 5 月 18 日，国际博物馆日的主题为“作为文化中枢的博物馆：传统的未来”，“文化中枢”，指的是博物馆作为传统文化传承弘扬者，需要面向未来，推动中华优秀传统文化创造性转化、创新性发展，培育衍生出新时代的文化。这正体现了国际博物馆协会所倡导的“博物馆不仅是旧遗产的投影机，还应成为新文化的发生器”，在新时代浪潮下应运而生的故宫文创，就刚好印证了这一主题。如何让场馆成为过去与未来的转换地，衍生新的文化？

故宫出品无疑为其他同类旅游景点提供以下借鉴：

第一，成功的文创产品开发，既不是对历史的简单移植，也不是对文化的过度利用，它一定是对每一段历史文化的起承转合式的继承与解读，同时贴近生活进行创新，才可以符合当代人的消费诉求。不忘本来才能开辟未来，善于继承才能更好创新。从传统中来，到现实中去，才是让历史文化符号永葆生命力的最佳途径。

第二，文创是故宫形象传播的载体，但不是唯一的路径，成功的形象推广一定是通过在活化历史文化资源基础上的综合手段运用达成的。故宫是唯一的，但文创不是故宫的专利，各类旅游目的地都有自己的文化特色与资源基础，但尊重历史文化是基本前提，结合生活实际是关键步骤，敢于实践创新是必要条件。

第三，活化才能生动，匠心方可筑梦。在日常生活中传承文化、解读经典，才是可持续的、有温度的、有生命力的传播方式。作为国之重器，故宫并没有停留在线上商品的浅层开发上，而是精益求精，同时关注着文创的历史性、专业性、教育性，不断追求工匠精神。各场馆类旅游目的地应积极吸取故宫文创的开发经验，结合自身实际探索自己的道路，方能呈现“百花齐放春满园”的姿态。

六百多年的历史虽然厚重，但文化不能永远活在博物馆里，传统同样需要富有创造力的现代表达。符号消费的时代尤其促使每个物件都要被赋予其符号意义，而符号也只有走进大众生活，为大众解读才真正有其生命力。文创开发使故宫走下神坛，紫禁城美学的传递更成功地让中国传统文化根植于当代大众生活。如果故宫经验能在全国范围内成功推广，华夏文明将会拥有更多繁荣与发扬的基地，人民群众也将享受更为惊艳的文化盛宴。

参考文献

［1］李羚．浅谈文化旅游与文化产业融合新形式——以北京故宫文创产品开发为例［J］．度假旅游，2018（10）：41–43.

［2］梁茹砚．故宫淘宝：传统美学与新文创景观的互文共生［J］．新闻爱好者，2019（01）：89–91.

［3］郭万超．博物馆文创的市场逻辑及提升路向——对“故宫文创热”的思考［J］．人民论坛，2019（09）：127–128.

［4］向勇．故宫文创：传承优秀传统文化的先锋实验［J］．人民论坛，2019（09）：124–126.

［5］葛胜涛．“授权暗战”还是“模式升级”——故宫文创授权纠纷探析［J］．人文天下，2019（02）：42–46.

［6］郑柏卉．新媒体与传统文化融合助推文创产业发展——以故宫文化创意馆创新营销策略为例［J］．科技传播，2018，10（19）：169–171+188.

［7］石珺婷．博物馆文创产品发展趋势分析——以故宫博物院为例［J］．中国报业，2019（08）：10–11.

［8］葛佳琪，于炜，王婷．故宫文创产品设计解析及借鉴意义研究［J］．设计，2018（05）：103–105.

［9］杨晓波．浅谈故宫博物院文化创意产品的国际推广［J］．四川文物，2017（06）：90–94.

［10］罗兰·巴特．符号学原理［M］．李幼蒸译．北京：中国人民大学出版社，2008.

［11］费尔迪南·德·索绪尔．普通语言学教程［M］．高名凯译．北京：商务印书馆，1980.

［12］Barthes，Roland.*Elements of Semiology*［M］.Trans.Annette Lave & Colin Smith. London：Jonathan Cape，1967.

［13］李攀攀．符号：从结构主义到解构主义的演变［J］．牡丹江大学学报，2014，23（06）：60–62.

［14］吕明洁．德里达解构主义理论探析［D］．吉林大学，2017.

［15］https：//www.dpm.org.cn/Home.html

［16］王诗培．小玩意有大学问［N］．中国旅游报，2018–04–23（004）.

［17］高云．基于北京故宫文化的旅游纪念品设计研究［D］．西安工程大学，2017.

［18］孙韫．从故宫看中国古代宫殿建筑设计理念的共通性［J］．山西建筑，2010，36（29）：18–19.

［19］徐嘉莉．故宫文化创意商品之符号研究［D］．高雄师范大学学报，2006.

［20］王燕妮，王慧琴，王建平．局部特征结合形状轮廓匹配的建筑物识别算法［J］．西安建筑科技大学学报（自然科学版），2017，49（05）：752–756.

［21］柯鸿图．创造传统图案在现代设计中的新生命［A］．汕头大学长江艺术与设计学院、清华大学美术学院．"岁寒三友——诗意的设计"——两岸三地中国传统图形与现代视觉设计学术研讨会论文集［C］．汕头大学长江艺术与设计学院、清华大学美术学院：汕头大学长江艺术与设计学院，2004：12.

［22］Jean Baudrillard.*The System of Objects*［M］.London and New York：Verso，1996.

［23］李华，刘立华．罗兰・巴特符号学视角下的符号意指过程研究［J］．山东教育学院学报，2010，25（02）：37–40.

［24］张静．论罗兰・巴特符号学与视觉传播理论［J］．人文杂志，2013（09）：70–74.

［25］涂建敏．"故宫卖萌"与文创转型［N］．杭州日报，2019–02–22（003）.

［26］王颖，施爱芹．论博物馆文化创意产品开发设计的创新思路［J］．包装世界，2015（04）：86–87.

［27］罗鑫．从结构到解构的符号——论罗兰・巴特《符号帝国》中的"空"与"无"［J］．湖南工程学院学报（社会科学版），2013，23（04）：38–42.

［28］Cauchi M. Deconstruction and creation：an Augustinian deconstruction of Derrida［J］. *International Journal for Philosophy of Religion*，2009，66（1）：15–32.

［29］李鹏．视觉传达设计中的传统文化符号探究［J］．艺术科技，2018，31（08）：198.

［30］王向峰．从结构主义到德里达的解构主义［J］．辽宁大学学报（哲学社会科学版），2018，46（01）：118–122.

［31］路韩，邓陈晖．故宫文化符号的新型解读——浅议纪录片《我在故宫修文物》［J］．当代电视，2017（09）：41–42.

［32］何怡璇．符码协调与符码对抗：文创产品的传播路径思考——以北京故宫文创产品为例［J］．新闻研究导刊，2018，9（07）：216–217.

［33］王晨奇，陈子焓，刘倩，刘珈莉．基于新文创的故宫典藏文物文化传播研究［J］．文化学刊，2019（02）：84–87.

文旅融合背景下文化遗产旅游发展研究
——以厦门鼓浪屿为例

王 恒

（辽宁对外经贸学院区域旅游研究中心，辽宁 大连 116052）

［**摘　要**］通过文献分析、实地调研等方法，基于文旅融合背景，对世界文化遗产地厦门鼓浪屿景区的区位环境、旅游资源及发展现状等方面进行系统研究，发现其现存的诸多问题，包括：游客数量超出承载，社区居民逐渐减少，建筑文化未充分发掘，音乐文化尚需开发等。针对上述问题提出了相应对策，包括：严格限制登岛人数，合理设定旅游容量；回归振兴人文社区，加快促进文旅融合；维修保护历史建筑，发展建筑文化旅游；创新设计旅游产品，弘扬音乐旅游文化等几个方面，以期为鼓浪屿景区的可持续发展提供参考与借鉴。

［**关键词**］文旅融合；文化遗产；旅游开发；鼓浪屿

引　言

2018年，文化和旅游部正式成立，这是文化与旅游融合发展的时代需要，有利于统筹文化事业、文化产业发展和旅游资源开发，有利于提高国家文化软实力和中华文化影响力[1]。文化是旅游的灵魂，旅游是文化的载体；文化提升旅游内涵，旅游实现文化价值。旅游是文化消费的重要形式、文化传承的重要渠道、文化形象的重要载体和文化繁荣的重要支撑。文化产业与旅游产业可以在融合发展中达到互促共赢，产生叠加放大效应。文化内涵作为高品质旅游的

［**基金项目**］辽宁省经济社会发展研究课题（2019lsklktqn-014）。

［**作者简介**］王恒（1982—），男，辽宁大连人，辽宁对外经贸学院区域旅游研究中心主任，副教授，博士，主要从事人文地理与旅游开发管理等方面的研究工作，E-mail：wh10061982@163.com。

底色，已是大势所趋。本研究以世界文化遗产地——厦门鼓浪屿景区为研究对象，对其旅游发展进行分析，以期为该类型景区的文化旅游融合发展提供相关参考。

一、厦门鼓浪屿景区资源禀赋

（一）区位环境

鼓浪屿是厦门半岛西南方 600m 外的一座帆型小岛，面积约 1.91km^2，现有居民 2 万余人，隶属思明区管辖。鼓浪屿被视为洞天福海，呈现园林景观意向。岛上分布幽谷、峭壁、沙滩、岩石、山峰，地形东西、南北起伏交错，呈“五龙聚首”之势。植物品类有 90 余科，1000 多种，植被覆盖率在 40% 以上。鼓浪屿独特的海岛地理环境与优美的自然风光，为旅游业的迅猛发展打下了坚实基础。

（二）旅游资源

按照《旅游资源分类、调查与评价》（GB/T18972–2003），对鼓浪屿的旅游资源进行分类统计（见表 1）。鼓浪屿景区拥有 38 个旅游单体，涵盖 5 个主类、13 个亚类、20 个基本类型。其中，地文景观类、水域风光类旅游单体 5 个，遗址遗迹类、建筑与设施类旅游单体 26 个，人文活动类旅游单体 7 个，资源种类丰富，品质较高。

表 1　鼓浪屿旅游资源统计表

主类	亚类	基本类型	旅游单体	数量（个）
A 地文景观	AA 综合自然旅游地	AAA 山丘型旅游地	日光岩、古避暑洞	3
	AC 地质地貌过程行迹	ACN 岸滩	龙头山寨	
B 水域风光	BE 河口与海面	BEA 观光游憩海域	港仔后海滨浴场	2
		BEB 涌潮现象	鼓浪海滩	
E 遗址遗迹	EB 社会经济文化活动遗址遗迹	EBA 历史事件发生地	英国、美国、日本、荷兰领事馆旧址等	4

续表

主类	亚类	基本类型	旅游单体	数量（个）
F 建筑与设施	FA 综合人文旅游地	FAC 宗教与祭祀活动场所	天主教堂、日光岩寺	22
		FAK 景物观赏点	皓月园、英雄园等	
	FB 单体活动场馆	FBC 展示演示场馆	钢琴博物馆、风琴博物馆、音乐厅等	
	FC 景观建筑与附属型建筑	FCC 楼阁	八角楼	
		FCG 摩崖字画	鼓浪洞天	
		FCK 建筑小品	海天堂构、黄荣远堂、四十四号别墅、菽庄花园、黄赐敏别墅等	
	FD 居住地与社区	FDA 传统与乡土建筑	殷承宗宅等	
		FDB 特色街巷	龙头路	
		FDC 特色社区	国际历史社区	
		FDD 名人故居与历史纪念建筑	郑成功纪念馆、林语堂故居、林巧稚纪念馆等	
	FF 交通建筑	FFA 桥	海沧大桥	
	FG 水工建筑	FGD 堤坝段落	拦海大坝	
H 人文活动	HA 人事记录	HAA 人物	郑成功、林语堂、许兴艾、胡友义、林巧稚等	7
		HAB 事件	郑成功在此训练海军，收复台湾	
	HC 民间习俗	HCF 庙会与民间集会	天后宫庙会	
数量统计				
5 个主类	13 个亚类	20 个基本类型	38 个旅游单体	38

鼓浪屿国际历史社区文化遗产主体部分是在 1840 年至 1940 年的 100 年间形成的，其医疗教育、宗教祭祀、商业贸易、体育娱乐等社区服务和近代化基础建设水平较高，在各国侨民与华人共同管理下，多元文化碰撞交流融合互鉴，形成了高品质国际社区。鼓浪屿万国建筑博物馆包括英、美、荷兰等 13 个国家领事馆和洋行的西方欧陆风格公用建筑旧址，以及 19 世纪末 20 世纪上半叶建造的中西合璧私家宅院 1000 多座。

鼓浪屿的近代建筑群既是中国的，也是全人类的，是中西方建筑在鼓浪屿的集中展示与交融借鉴。鼓浪屿音乐世家多达 100 户以上，后人建造钢琴博物馆、风琴博物馆、音乐厅是对鼓浪屿“音乐之岛”表达敬意。“厦门装饰风格”建筑和钢琴音乐文化是东西方文化交流碰撞的结晶。鼓浪屿的独特价值体现在其自然资源禀赋与人文社区环境基础上的文化艺术。

二、厦门鼓浪屿景区旅游发展现状

（一）历史发展沿革

1988 年，鼓浪屿开始实施旅游景区管理体制。2003 年起实行二元管理体制，即风景区和社区分别管理。2008 年鼓浪屿开始申遗，随着上岛游客逐渐增加，2013 年开始限制上岛游客数量。2014 年，鼓浪屿实施无围墙生态博物馆管理，2016 年部分老建筑向公众开放。2017 年，鼓浪屿国际历史社区成功入选世界文化遗产名录[2]，其旅游发展面临着新的机遇与挑战。

（二）旅游发展现状

鼓浪屿得天独厚的生态环境与资源禀赋一直受到世人青睐，先后建造了多个场馆设施，包括：海天堂构（1921 年）、郑成功纪念馆（1962 年）、毓园（1984 年）、皓月园（1985 年）、音乐厅（1987 年）、三一堂牧师楼（1992 年）、百鸟园（1998 年）、钢琴博物馆（2000 年）、风琴博物馆（2005 年）等。2005 年以后，鼓浪屿的旅游开发以修复保护为主，兼顾开发，历经 10 余年，终于在 2017 年成功入选世界文化遗产名录。

鼓浪屿设有三丘田和内厝澳两个码头，轮渡航班间隔 10 分钟，用时 5 分钟即可到达，全天都有航班。鼓浪屿内没有机动车，游客可乘坐电瓶车环岛游览。鼓浪屿传唱大江南北的歌曲有《鼓浪屿之波》《鼓浪屿之歌》等，其钢琴博物馆、风琴博物馆、音乐厅等都对外开放，经常举办各类音乐活动。每逢节假日或旅游团队到来时，游客数量急剧增加。2017 年，厦门市全域旅游智慧平台开始运行。鼓浪屿景区建立了游客数据平台，开展精细化、定制化旅游服务，游客可购买电子门票，获取展品语音信息介绍。

2003 年，鼓浪屿景区管委会成立，此后 10 年间游客数量从 472.5 万人次增加到 1500 万人次。2018 年国庆假期，鼓浪屿接待共游客 33.9 万人次，平均每天 4.8 万人次。值得关注的是其中的两次票改，2003 年政府经过两年的酝酿出台票改方案，2005 年宣布暂不执行，第一次票改宣告失败。2008 年以来，游客数量急剧增加，严重影响了鼓浪屿的生态环境和旅游资源。2013 年起，鼓浪屿开始限制游客数量，要求游客预订船票，标志着鼓浪屿第二次票改成功。

三、厦门鼓浪屿景区旅游发展中的问题

（一）游客数量超出承载

目前，鼓浪屿旅游资源的开发利用已经超过了自然资源和生态环境的承载能力。2011—2018 年，鼓浪屿上岛人数都超过了 1000 万人次，2013 年达到了 1500 万人次。特别是黄金周假期，岛上更是人山人海，居民日常生活受到很大影响。根据 2017 年厦门市鼓浪屿—万石山风景名胜区管理委员会发布的公报，鼓浪屿景区日最大承载量调整为 5 万人次[3]。2014 年国庆假期，鼓浪屿日均接待游客数量高达 6.68 万人次，超出日最大承载量 5 万人次，每天产生 70 吨左右的垃圾，环卫船要往返六七趟才能运走。鼓浪屿接待游客数量过多，一旦发生紧急情况，疏散非常困难，由此带来了一系列安全问题。

（二）社区居民逐渐减少

1995 年鼓浪屿发展为旅游景区以来，工业企业陆续迁走，居民持续减少。开发景区与居民生活产生矛盾，社区居民被旅游开发所忽略，规划决策没有社区居民参与，景区收入和社区没有直接关联。过多的游客打扰了居民的正常生活，同时公共供给、服务配套也在缩减，人文环境不断恶化，原住民持续流失，社区呈空心化现象。鼓浪屿常住人口从 10 万人下降至 2 万人，居委会由 4 个减少至 2 个，岛上的医院、学校等配套设施陆续搬迁。社区主体变成了游客，生活空间被游客占据，导致传统社区文化逐渐消失。

造成上述问题的实质是在旅游、经济、环境、政策等影响下，社区从封闭性的生活空间开放为消费场所致，社区发展危机是景区管理和社区管理权属不同的二元制造成的。鼓浪屿由传统文化社区演化为一般城市综合区，再转变为风景区，不再是高品位文化居住地的代名词。然而，鼓浪屿的吸引力正是源自其国际历史社区的形象，鼓浪屿社区独特的人文精神是世界文化遗产地所应当传承的。

（三）建筑文化尚需发掘

鼓浪屿现有历史建筑约 6000 幢，建筑面积接近 90 万平方米，大多依山而建，面向大海，风姿绰约。其中，英、美等 13 个国家的领事馆、洋行旧址和 51 处代表性历史建筑是鼓浪屿历史的忠实记录者，大部分未曾开发利用。“鼓浪屿

近代建筑群”的前世今生是历史的痕迹，蕴含的精神是鼓浪屿的灵魂。目前，这些历史建筑尚未充分发掘，具有可观的市场开发价值。

鼓浪屿的红砖厝传统民居建筑，传承了北方官式建筑营造体系，形成了地方特色；大批本地工匠参与建造的西方殖民地外廊式风格建筑，逐渐掌握了西洋近代建筑手法；1920 年到 1930 年华人华侨建造的别墅有 1000 多幢，采用了刚从西方传入我国的钢筋混凝土技术，华人业主与本地工匠将闽南传统风格、欧洲古典主义风格、南洋殖民地风格融合创造成华美独特的“厦门装饰风格”。建筑造型别致、选材考究、装饰精巧，在大门（门头）和山花上体现中西合璧的“家徽”和建造时间，反映了华侨富商衣锦还乡、家业流传的心态[4]。然而，上述鼓浪屿独特的建筑文化价值至今尚未得到充分发掘利用。

（四）音乐文化尚需开发

教堂传播的西洋音乐逐渐影响当地华侨家庭。1913 年钢琴音乐就进入了鼓浪屿人的家庭生活。优雅的宜居环境，开放包容的心态和打拼下来的财富造就了鼓浪屿的音乐传统。音乐陪伴着鼓浪屿人成长，家庭音乐会是成员交流的一种生活方式。鼓浪屿上的 100 多户音乐世家，培养出的音乐人才曾有 200 多人活跃在音乐领域，包括殷承宗等音乐大家，鼓浪屿成为名副其实的音乐之岛。

然而，旅游与音乐文化的融合效果尚不明显。游客对鼓浪屿音乐文化的理解还很浅显，音乐文化的氛围还可以加大渲染，音乐文化的区域辐射面尚需扩展，音乐文化展示还局限在音乐厅、钢琴博物馆、风琴博物馆之中，无论是观众人数，还是表演时间都有更大的发展空间。随着旅游业的发展，岛上原有的艺术精英们逐步外流，以寻找更合适的创作空间。游客无法到居民家庭音乐会去感受当地的音乐氛围。距离维也纳这样的音乐圣地等，鼓浪屿还有很长的路要走。

四、厦门鼓浪屿景区旅游发展对策分析

（一）严格限制登岛人数，合理设定旅游容量

作为世界文化遗产地，鼓浪屿将会吸引更多的来自世界各地的旅游者。因此，为保护鼓浪屿国际历史社区居民的正常生活，同时兼顾旅游者生活和文化体验感受，管理部门应有效控制游客数量，尤其是在假期和旺季。

2017年，鼓浪屿景区规定最大接待游客数量不超过5万人次，474人/hm^2。然而，根据笔者2018年到鼓浪屿的实地调研发现，进出码头仍然较为拥挤，岛上喧闹嘈杂，严重影响了游客的旅游体验及当地社区居民的日常生活。显然，当前执行的日最大接待游客量5万人次还有待商榷。

根据贾志涛等最新研究成果，鼓浪屿景区在工作日的旅游环境承载力约为2.5万人次/天，在节假日的旅游环境承载力约为3万人次/天[5]。建议根据此阈值，采取网络预售船票和引导旅游团队错峰上岛等方式，继续下调鼓浪屿日最大接待游客数量不超过2.5万人次，即237人/hm^2。严格限制登岛游客的数量，为旅游者营造舒适游览环境，减少对社区居民日常生活的影响。

（二）回归振兴人文社区，加快促进文旅融合

20世纪20—30年代，鼓浪屿实现了侨民和精英的宜居理想，体现了近代中国的现代人居环境理念。保留好原住居民生活的“后场”，也就是保留住他们的物质与精神生活，并可分享他们对空间的利用状态。鼓浪屿景区在经历了“弱城强景”的大众旅游和“人海战术”之后，应逐步适应世界文化遗产保护的“弱景强城”的文化旅游阶段，保护社区居民的生活形态和物质形态，实现鼓浪屿人文社区的回归。

20世纪初期，鼓浪屿成为当时归国华侨和富商云集的理想社区，与当时社区医疗、教育、文化以及公共设施的先进完善程度是分不开的。因此，要发挥医疗、教育、文化娱乐等公共资源和商业贸易等优势，吸引老鼓浪屿人的后辈回岛寻根，以及喜欢鼓浪屿文化的人才到岛上工作生活。以医疗为例，可提升综合性医院、社区卫生服务中心的配备标准，社区居民和旅游者的基本医疗需求以及突发性疾病的紧急抢救不用出岛即可就地解决。通过基础服务设施的不断完善，人才的回归和涌入，营造良好的人文社区环境。

要紧紧抓住文化与旅游融合发展的时代机遇，将鼓浪屿国际历史社区的居民生活通过体验、解说等方式，形成独具魅力的文化旅游产品。恢复鼓浪屿的历史人文社区，打造文化社区和文化景区不是简单的加法关系，必然要深度融合文化遗产和旅游资源，建设美好环境与和谐社区，社区景区共管共治，使鼓浪屿文化旅游资源焕发生机与活力。保护鼓浪屿的社区生活，使旅游者能够真实地接触当地居民，体验国际历史社区的人文环境。

（三）维修保护历史建筑，发展建筑文化旅游

“石头写成的历史”，建筑书写着人类社会文化和科学技术的进步。历史建筑在西方国家早已成为重要的公共资源和旅游资源。岛上的古建筑，是离家多年游子的美好故乡和精神家园，这里是鼓浪屿人的根。建筑风格的演变记录了鼓浪屿历史的脚步。持续修缮历史建筑既要保护历史环境，不改变建筑原貌，还要保留岁月的痕迹。建筑的传统工艺技术一旦失传，就很难再找回来，需要后人整理传承发扬。岛上的多数历史建筑共 1000 多处已列入文物保护单位和历史风貌建筑名录，应给这些建筑制作保护标志，建立管理档案记载建筑功能、样式类型、所属年代等信息。各类建筑的修复技术方案需要报文物主管部门批准，才能施工，并有专业人员进行监督验收。

在严格保护的基础上，还应充分发掘利用历史建筑的旅游价值，积极开展历史建筑文化体验游。深度融合建筑文化与旅游活动，鼓励居民将家中的老房子腾挪出空间，给背包客、沙发客等文化体验者提供场所。吸引历史建筑爱好者参观、研讨，举办学术论坛，提高鼓浪屿历史建筑的旅游附加值。寻找中西合璧的“厦门装饰风格”的建筑传承人和当年的建筑雕花等手艺已迫在眉睫，可请一批手艺好的工人按照保留的老照片，尝试修复老房子，传承技艺。随着科技的发展，利用先进的信息技术修复建筑和进行文化展示，是未来的发展方向。

（四）创新设计旅游产品，弘扬音乐旅游文化

音乐旅游作为旅游产业和音乐产业交叉渗透产生的一个新的领域，是以音乐资源为基础，吸引人们参加与感怀音乐活动和旅游风景的一种新的旅游形式[6]。随着社会的进步，现代人的文化娱乐和精神层次呈现多种消费需求，而音乐旅游能产生很大的能量和效益，应采取积极措施支持音乐文化旅游发展。钢琴、风琴博物馆、音乐学校等都是鼓浪屿特有的音乐文化基础设施，家庭音乐会浓郁的艺术氛围影响了几代鼓浪屿人的精神生活和艺术追求。

释放鼓浪屿的文化底蕴，活化音乐文化遗产，提升音乐价值，传承发展鼓浪屿人文精神，创新设计独具魅力的音乐旅游产品。鼓浪屿的音乐公共资源要向当地居民和青少年免费开放，为游客设立免费开放日，方便游客边休息边欣赏音乐，实现音乐活动网络直播和扫码观看，提升文化旅游的附加值，让鼓浪

屿的音乐文化传播到世界各地。音乐艺术家的经典作品广为传唱，穿越时空地域，氛围营造和对外传播能力是其他领域的专业人才难以比拟的。鼓浪屿的音乐在当地音乐史家的带动下，通过不断吸纳外来音乐人的交流融合才能更加充满生命力与感染力。要充分发挥方思特等鼓浪屿音乐传人的社会效应和带动作用，由艺术家带起的音乐氛围一经形成，热爱音乐的艺人及粉丝自然会来岛上工作生活、潜心创作、休闲娱乐，而后的商业化运作随之产生。音乐文化旅游的开发者应主动维护文化遗产，妥善处理保护与经营之间的关系。

五、结语

基于文化与旅游深度融合发展的新趋势，依据世界文化遗产地的保护需要，通过对区位环境及旅游资源的调查分类，发现鼓浪屿的文化旅游资源具有极高的开发价值，在社区文化、建筑文化、音乐文化等方面具备较大开发利用空间。管理部门应当放弃一些眼前的经济利益，充分尊重原住居民的权力与诉求，鼓励居民积极参与文化旅游融合，转变旅游开发策略，把鼓浪屿建设成集海岛风光、历史风情、文化艺术体验等多功能的城市休闲文化体验区。

参考文献

［1］张义学．文旅融合 互惠共赢［J］．西部大开发，2018（7）：22–25.
［2］温磊．基于 GIS 的商业养老地产发展适宜性评价［D］．厦门：集美大学，2018.
［3］厦门市鼓浪屿—万石山风景名胜区管理委员会．通告［N］．厦门日报，2017-6-24（2）.
［4］张建阳．厦门某中学风貌建筑群修缮加固探究［J］．福建建筑，2014（2）：71–74.
［5］贯志涛，曾繁英．基于改进 AHP 的旅游环境承载力评价研究——以鼓浪屿景区为例［J］．商业经济，2017（2）：70–74.
［6］汪慧．鼓浪屿音乐旅游发展模式探析［J］．商场现代化，2016（21）：126–128.

旅游学人茶座

民宿：一方离灵魂更近的精神麦田

曾　鹰

（惠州学院，广东　惠州　516007）

一、民宿：生活方式的新定义

中国走到了一个新的十字路口，因过去片面追逐经济高增长，社会和文化成为发展短板，社会创新、信仰回归成为新的时代课题，中国社会亟待一场绿色生活启蒙、文化保育启蒙。

城市的“千城一面”已让国人倍感厌烦，于是代表一种情怀，一种原始真实生活方式——民宿诞生了，它是一种追求自由洒脱，纯粹自在，心灵回归，更贴近真实的生活方式。

源于20世纪六七十年代英国的民宿，已经遍布世界各地每个地方。何谓民宿？一般而言，即利用乡村闲置的房屋，结合当地人文、自然景观、生态、环境资源及农林渔牧生产活动，以家庭副业方式经营，提供旅客乡野生活之住宿处所。不同于简单的旅馆和酒店，民宿的内核是主题特色和乡间体验。

民宿是一种距你我灵魂更近的精神麦田，它更应该成为一种文化、精神、灵魂宣泄的地方，是世俗中人一直所找寻的“乌托邦”或“桃花源”。

民宿的独特魅力在于：在这个后休闲时代为体验当地人生活方式，融入当地人生活中，用一种独特的方式与世界交流，释放自我。它满足了人们的乡村体验和居住，但绝不等同于一个个仅仅在外观上不同于现代都市风格的乡村大卖场。

[作者简介] 曾鹰（1973—），男，汉族，湖南永兴人，惠州学院，教授，博士后，主要从事文化旅游、乡村伦理、南岭走廊族群文化等交叉学科研究。E-mail：hawk2205@126.com。

乡村是中华文化的基因库，一系列国家战略使乡村发展迎来了千载难逢的机遇，乡村振兴已经成为时代的主旋律。有识之士，无不期盼家乡能承载起深入骨髓的乡愁！而民宿业恰恰是乡村振兴中重要且有效的内容。民宿可以是民宅、休闲中心、农庄、农舍、牧场等，可以体验民居、休闲、农业、山舍和森林康养。由于大多在宁静的乡间，可以营造出琴棋、诗书画、酒茶、山水等主题特色。

随着认识的不断深入，我们要将情调升华到情怀，乃至胸怀。因为，如果只是休闲地产的一种简化，还不是真正的民宿，真正的民宿应该多一些民间味。目前的民宿包括莫干山等地，更多只能说是一种艺术体验、奢华体验，是民宿的样板间体验，它没有真正地体现民间风味。于是在经过独特的愉悦和新鲜体验热潮后，已渐趋一种寂静。在享受乡村大自然奢华的静谧，在花大钱去体验迥然不同于都市的生活方式之后，人们开始迈向真正的乡村生活，这是宁静的、祥和的、天籁的，纯朴的和自然的生活，“采菊东篱下，悠然见南山”。

二、民宿：文化自觉的新表征

民宿，是民之归宿、心之归宿。民宿，情怀四溢，或立于城市之中，或隐于山水之间，或古典大气，或温婉、野趣，宛如一幅清秀旖旎的山水画卷，又像一支恬静优美的抒情小调，最牵动旅人的是浓浓的乡情主题和满满的乡间体验。

民宿，温暖随和，没有太多的规约，无须太多的定见，旅者体验来自当地无法复制的风土与人文，有一种独特的无以言表的舒适惬意。

民宿，精巧含蓄，不张扬，不显摆，却以别样的建筑美学，别致的房间布局，别样的餐饮，别样的主人，述说着最真实的本土历史、民俗乡情，传递出文化的深度、情感的温度。

有别于城市的喧嚣和势利，它彰显的是一种生活方式的转换。势必成为中国四十年城镇化运动之后，一种全域旅游的新乡村体验，一种后休闲时代的新价值取向，一种蓬勃的新乡贤运动，或毋宁说是一种传统生活回归，一种精神理想的怀旧。它要的是实现大生活，所以民宿去纯粹的艺术化是必然的，它所提供的文化一定是大众的、亲近的、可触可感可享受的。它是城市生活的回返，倡导的是整体的生活方式，代表的是一种康健的、淳朴的、静谧的生活体验，营造的是恒定的、悠远的、休闲的生活。

民宿不是单一的旅游居所，而是可以与书院等实现联盟的新商业范式。让人长久地居住，那就不仅仅是一种体验，而是一种消费形式。可以衣食住行，可以学习玩耍，可以心性身俱修。书院文化、商业联营是民宿长期获利的关键，而且书院经营和民宿可以互相渗透，形成独特的生态产业链。作为一个新兴的全域旅游产品，民宿业不只是承载着游客住宿，更是以“诗、远方”的浪漫诱惑，营造出美好的精神空间和诗意生活，抵达我们内心向往之所。

与之相生共生的田园综合体、特色小镇、康养森林等建设和发展，其实是一种综合型的民宿，其目的为了让家乡留住绿水青山，让父老乡亲不再孤独终老，让孩子未来不再无助哭泣。“澹月梨花，借梦来”，让更多的旅者体验慢生活赋予的乡愁。

民宿不仅是观风赏景，更是代表内心的一种灵魂呼唤。当我们从城市的喧嚣反过身来，发现处处皆风景，就在随时随地的山水之地。通过与乡村共融共生，成为重建、引领乡村文明的重要载体。城镇化最大的破坏是一大批乡贤的离开与消逝，使得乡村这一大片诗意田园失去了人的魅力。而民宿是一种重新捡拾，为建设乡村而来，提升乡村而来，所以要做乡村新生活的引领者，要充分尊崇乡村的风土人情，保护乡村的风习民俗。真正进入民宿的投资或体验，基本上是一群可以自己主宰自己和支配自己的新乡贤群体，可见民宿标示的是一种先进生活方式，不但是乡村文明的引领，同时也是城市建设的佼佼者，是文化自觉所形成的一种情怀部落。

三、新民宿：一场新的文艺复兴

环顾中国，GDP 已不匮乏，稀缺的恰恰是人文，我们更需要迎来一次文艺复兴。民宿热的背后，展现大众对人文、信仰、自由、独立的思考与行动，这才是一个民族表达真正崛起的正确方式。从曾经只提供床铺和早餐的民宿到如今的丰富多彩，生态民宿、假日民宿、乡村民宿、主题民宿……越来越多的民宿给了许多喜欢亲近自然人们的更多选择。但值得警惕的是，这种民宿热将带来更多资本以“民宿”之名侵入乡村，在乡村建造假古董，仿建民俗村、明清村、民国村……当民宿失去原有的乡村气息，便毁损了民宿文化的原真性，这其实是一种城市化资本逻辑对乡村的异化，离我们的灵魂渐行渐远。

“江海漂漂共旅游，一樽相劝散穷愁”，如今所有的灵魂都在深深地呼唤新一代民宿，它们融合了文化艺术、书院教育、乡村文明、民俗风情、建筑美学，必将和新型城镇化一样成为新时代新的人文价值。“少无适俗韵，性本爱丘山。”对历史与现实、城市与乡村、人文与科技的沟通、理解与融入，未来民宿将成为文旅业的新业态、新亮点。人们追求美好生活的愿景，旅游理念的嬗变，都将为民宿的发展带来无限可能。

与荷尔德林一同《返乡》
甩掉尤利西斯的鞋子
赤脚行走于时间荒原
不知疲倦地
敲打着满是诗意的大地

加强遗产旅游对话　携手共进共赢发展

邓晓玲[1]，李太光[2]

（1. 山东大学文学院，山东　济南 250100；
2. 中国科学院大学经济与管理学院，北京　100190）

曾几何时，人们外出旅游时，头脑里似乎从未想到过要与“遗产”这个词联系起来，尽管游客早已自觉不自觉地把一些“遗产地”当作风景名胜区或旅游目的地来看待了；从事遗产保护的工作者们也似乎未曾想过要与“旅游”发生多大的关系，专注于文物发掘、让历史重现才是他们的使命所在。事实上，“文化遗产地”从一开始也并非就是作为“旅游目的地”而存在的。遗产与旅游，各有各的一片天地，就像历史坐标系中的两条单行线，不曾交接，少有碰撞。它们的接触，于其发端之时，也并非那么默契，那么顺利。旅游虽有喜好，而遗产似无得失。

随着社会文明的演进，到了21世纪的今天，旅游已然成为一种时尚与潮流，成为人们一种现代生活方式；同时，民族文化的自觉促使人们对本国的文化遗产给予了前所未有的关注，“申遗”成为一种全民行动，一旦成功入选举国欢腾。“遗产”这个并不陌生而又常被忘记的字眼，逐渐走进了大众的视线。然而，又曾几何时，常见报端某地申遗成功后，名声大噪，游客大增，一片热闹非凡、欣欣向荣景象；但也时闻某地古镇院落、名胜古迹因管理混乱、保护不当或破坏性开发等受到警告，招致众人声讨、批评谴责。——这不能不算作有喜有忧，喜忧参半。在这种景象下，作为遗产地再也难得清静，旅游者也开始变得挑剔，结果是一方变得面目全非，一方深感趣味全无。众所周知，旅游一

［作者简介］邓晓玲，女，山东大学文学院博士后/文化传播学院讲师、硕士生导师；研究方向：历史比较语言学、文化传播与非物质文化遗产保护。李太光，男，中国科学院大学经济与管理学院，工商管理硕士研究生；研究方向：文化创意与知识管理；E-mail：dxling@sdu.edu.cn。

方面带动了当地经济的发展，给遗产地以新的生机；而另一方面又不可避免地使当地文化生态遭到某种程度的破坏，使遗产原来面貌和精神内核都受到“损伤”。天平的重心刚刚持平又迅速地滑向了另一边。遗产与旅游，孰轻孰重，如何衡量和把握两者的关系，摆在了世人的面前，成为人们经常争论的一个焦点话题。但历史与现实的碰撞，情感与理性的交织，公益与私利的掺杂，总使得争论多了一些意气，少了一些深思；多了一份浮夸，少了一份真切；多了一些口号，少了一些平实。

而我们真正所需要的，是公正、公开、包容、真诚的理解和对话。我们需要建立一个能够让各方畅所欲言又彼此了解和尊重的对话机制，以更好承担所肩负的责任和使命。这种对话的建立，在某种意义上，是历史的要求，是时代的呼唤，是现实的必需，也是当代语境下人与自然、社会和谐共生的体现。建立旅游与遗产的对话机制，携手共进共赢发展。从远处说，是每一个炎黄子孙传承中华历史文明之任务；往近处讲，是每一个中国公民构建现代和谐社会之责任。有对话才有交流，有交流才有相互的理解，有相互的理解才有彼此间的合作。“跳出旅游看旅游”是旅游界常说的一句话，而对于文化遗产而言，同样如此。给予双方彼此的关照和理解，是我们能够实现持续发展的前提和基础。我们需要一个多重的视角来看待遗产与旅游的关系，构建全面的、多层次的、系统的对话机制。这种对话机制至少应包括以下几个方面：

一是旅游产业和遗产事业的对话。这两者一为产业，一为事业；一为经济事项，一为文化事项，属于不同的门类领域，但旅游业就其本质来说，既是一个具有文化属性的经济产业，又是一个具有经济性质的文化事业。旅游为促进经济发展发挥着重要作用，而且也逐步融入人们的日常生活当中，成为提高公民素质和文化素养的一个重要途径；随着社会治理能力和文明程度的提高，文物保护和文化遗产管理也在逐步地改革与完善，这都为两者间的交流提供了有利的机遇和条件，特别是在当前政府主导下大力推动文化、旅游融合发展，更为双方间的对话提供了可能性和现实性。我们希望这种对话是融合性的、互补性的。

二是传统文化与现代文明的对话。在某种程度上，遗产是某个时期、某种文化事项逐步积累沉淀生成的结果，是传统的、历史的。而旅游作为一种跨越时间与空间的行为，是一种现代化、时尚化的生活方式。但某一文化事项之所以能成为“遗产”，又是社会按照当下的价值标准进行选择的结果，并潜移默化地影响未来社会价值走向，所以遗产既是“历史”的，更是“当下”的，同时还具有连接“未来”的意义，这就为旅游这种现代化的生活方式与遗产这种传统的文化样式之间打开了多维对话空间。遗产作为一种形态多样的文化载体，为旅游提供了丰富的、可供利用的资源；而旅游作为一种现代化的方式，积极为遗产赋能，为遗产价值的现代化转换提供了新路径，重新赋予了遗产新的时代内涵，使之焕发生机与活力。我们希望这种对话是赋能性、互进性的。

三是学界与业界的对话。理论与实践相结合，才能落地生根、开花结果。要搭建多维度、多视角的对话平台，畅通对话渠道，加强旅游与历史、遗产、考古、园林、美学、民俗、建筑、科技、文化传播等不同领域的交流。事实上，我们这种对话不是太多了，而是太少了。由于学术视域、专业领域的限制，学界与业界之间真正有价值和实质意义上的交流较少。即使有，也大多以专业内的视角来分析和探讨问题，难免处于自说自话的状态，相互吸纳、借鉴不足。但这种对话不仅是必要的，而且也是必需的。欣喜的是目前大家已经开始意识到这种交流、碰撞的重要性，开始排除专业门户之见，积极相互探讨和学习，贡献自己的真知灼见。我们希望这种对话是学习性、互享性的。

四是政府、经营者、游客及居民的对话。从某种程度上，遗产地可以看作是一个小型的社会生态系统，涉及不同的参与主体。在这个生态系统中，每一方都有属于自己的生态位和生存空间，任何一方被忽视都会使原有的生态平衡遭到破坏，导致矛盾激化。我们应该以平等、包容、互惠、共享为原则，以面向未来、共同发展为取向，积极致力于构建包括政府、经营者、游客以及当地居民等不同利益主体在内的和谐共生关系，使得每一方都发表言论的自由，都有共同参与治理、维护切身权益、分享发展成果的权利。总之，意见要相互理解，权益要相互尊重，而矛盾要相互协调。从某种程度上说，相互理解是前提，彼此尊重是基础，而建立多方协调、利益共享的机制才是关键。我们希望这种对话是建设性的、互惠性的。

五是国内与国际的对话。相对于国内，西方发达国家对遗产及遗产旅游的认知和理解，要成熟得多、深刻得多。在西方，遗产旅游是作为文化旅游的最重要内容之一，在保护、开发、利用和研究上积累了丰富的经验，有很多值得我们认真吸收和借鉴的地方。相比之下，我们做的很多工作还远远不够，取得的效果还远远不明显。但是，我们也要建立起自己的文化自信。中国作为有悠久历史的文明古国和世界上举足轻重的旅游大国，在国际论坛上也要有我们中国人自己的声音，构建有中国特色的话语体系。在立足中国国情的基础上，积极参与国际间的对话，讲好中国故事，展现中国风采。我们希望这种对话是开放性、互鉴性的。

放眼未来，只有建立起这种融合性的、赋能性的、学习性的、建设性的、开放性的对话机制，各方才能真正做到互补、互进、互享、互惠、互鉴，才能以此为基础进行更加有益的、深层次的交流与合作，这种交流与合作才是积极的而不是消极的；是主动的而不是被动的；是理性的而不是冲动的；是共赢的而不是单赢的；是持续性的而不是阶段性的，是伙伴式的而不是排他式的。

文化遗产与旅游携手的再次征程

李鹏鹏

（河南大学历史文化学院，河南 开封 475000）

文化遗产成为近期的热点，良渚古城的申遗成功，又一次将文化遗产的热度推向了高潮。文化遗产的世界体系构建离不开中国的文化遗产，但往往有一些误区。文化遗产要保护不能开发；文化遗产在中国就是悠久历史的遗迹；文化遗产的申报成为工作的重点；文化遗产的作用过高估计。这些误区在中国文化遗产的发展过程当中，旅游开发很难介入，旅游被文化保护论排挤在外。旅游本身的内涵和外延较为广阔，发展过程当中难免有一些不理性的考虑，这其中也有旅游发展的问题，过度的旅游开发过程中改变这旅游目的地的文化。现今又讲文化和旅游的融合问题，旅游可以正式地参与文化遗产的发展过程了吗？文化遗产分为物质与非物质两类，文化遗产只需要保护吗？被放在玻璃罩里的文化真的可以悠久保留吗？文化和旅游的融合实际就在解释这个问题，文化不是高高在上不接地气的，文化也需要触摸，文化遗产作为文化的载体更是不能高高在上，旅游的进入就是为了让文化传承，文化也是有生命的，它有其自身的发展阶段，犹如植物的生长，没有空气、水分、阳光，植物定会死亡，旅游无疑可以看成文化成长过程当中的催化剂。旅游作为一种全新的生活方式，游客在惯常地与非惯常地游走又生活着。异乡客追求的是自己没见过没有接触过的异文化，从空间角度看，异文化只能存在于非惯常的环境当中。文化遗产是历史上留下来的文化，从时间角度看，文化遗产可以说是今人与古人文化的邂逅，同文化与异文化都对当今和未来的人们有着强烈的吸引力。正如当下异常火爆的故宫文化，故宫的文创产品和故宫的过年活动，既有文化的再生与传统

[**作者简介**] 李鹏鹏（1989—），男，汉族，河南洛阳人，河南大学历史文化学院，近现代旅游文化博士研究生，E-mail：lipengpeng6782@163.com。

文化的回忆，故宫文化能说没有生命力吗？其中文化遗产的生产力被发挥出来了。再看当下中国的世界自然文化遗产，一种特别尴尬的局面，我们对自然和文化遗产是不了解的，中国世界遗产全世界排名第一，但是普通民众能记住的有几个？不会超过十个。问题出在我们只注重申遗，注重保护，但是保护起来的东西不被人所了解知道，也不会让人记住。

中国的文化遗产作为世界遗产的一部分，受到举世瞩目的关注。但是文化遗产地在申请成功以后，发展旅游就相对困难了。文化遗产重在保护，是不能随意开发的，而我国的自然文化双遗产地发展的旅游活动一般会改变遗产地文化的本真性，旅游将旅游目的地的文化开发变了味道，而被认为是洪水恶魔。旅游是大众的生活，人们追求的文化需求定会随着社会的发展进一步扩大，旅游过程当中游客不再只是由导游带着看、听、吃、照相的，抑或是听着导游讲着夸张的段子。文化遗产追求的是多个第一，给游客讲的内容也是强调其伟大。这样讲解使文化遗产显得高高在上，并让游客感到严肃僵化与无聊，怎能体现出文化遗产的生命力？在旅游发展之初，人们很少出门，对外面的东西见识也很少，所有的东西都是新奇的。改革开放之初，深圳作为改革开发的排头兵经济特区存在。深圳的锦绣中华、民俗村、世界之窗等袖珍景区在八九十年代吸引了大量的游客，将中国文化和世界文化放在一起集中展放，游客们怀着新奇的、热烈的心态积极地参与了解。随着华侨城不断推出新的文化乐园，将文化遗产密集地展放，使得游客对同质化的文化乐园产生了疲劳感，直到他们推出欢乐谷主题公园，让游客耳目一新。是文化遗产不符合时代潮流，人们对其不关心了吗？不是的，只是文化遗产缺少了创新，缺少了文化遗产传承下来的精神。旅游和文化的发展谁说了算，人民群众说了才算。好的旅游是可以让人民群众可以接触体会内在的精神与文化，不仅仅是看、听、闻表面的内容。中国的旅游发展一直强调讲好故事，让文化要走出中国走向世界，这是文化和旅游的发展目的，也是文化遗产的发展方向。

文化遗产活化不是文化开发，而是文化再生产。文化开发的泛化，让人感到害怕。旅游景区一说开发就是雷同，2018 年，不知道有多少个景区花费上千万建设玻璃栈道，玻璃栈道作为旅游吸引物是新奇的，但是这个玻璃栈道跟文化有什么关系？在一个自然环境良好的景区，硬是建了玻璃栈道，但是它还能火多久？一窝蜂、模仿借鉴的旅游发展只会让旅游迷失发展方向。随着旅游的经济效能所推动的，旅游也有点像一个野孩子，在自己成长的道路上肆意撒欢。而文化作为一个温室的花朵，一生下来就被保护起来，不能干这、不能干那。在其文化发展的道路上，安安稳稳没有波澜。是时候让文化和旅游踏上同一条发展道路，因为中国早期的旅游发展就已是文化在出力。而文化遗产作为文化的主要表现形式与旅游经济有着互为表里的相似性，文化遗产的巨大体量也应该是旅游开发的主要战场。中国的文化要走向世界，可以吸引世界游客的不仅仅是中国固有的遗产，还包括老祖宗留下来的东西，而这些更多的内容是在中国的生活方式中，那种在中国普通百姓的美丽生活中流传下来活的文化遗存，并且有着强有力的生命力。旅游的发展方式要革新，要自信地传承与发展中国的先进文化。就像依据良渚文化遗产创造的中国样板。这种中国样板不只是中国的，更是属于世界的，吸引来的世界的游客是我们入境旅游繁盛的契机。如今文化发展要勇敢地面对外部的风水雨打，同旅游一起发展经受一些磨难，一同进步成长。文化与旅游所要面对的是市场的大风浪，是游客对他们的需求。文化和旅游的融合不只要经历皮肉之苦，更要达到脱胎换骨。

文化遗迹作为“历史景观”的活化离不开人的参与作用

文化遗迹作为一种“历史景观”，要承载起自身的历史风貌。历史时期，文化遗迹所在的空间承载着社会群体，人们在其中生老病死，这个空间在历史上是“活”的。随着历史的发展，其中的人们已经不存在，但是文化遗迹记忆着他们的身影、他们的精神，成为一个民族或群体的集中体现。文化遗迹是“死”了吗？当然不是，我们在当代需要保护开发文化遗产，即使其中的群体逝去，但是我们要“活”化他们，唤醒他们的精神。静态的文化遗迹仅仅作为空间存在，一旦人群进入，文化遗迹空间就会动起来，继续发挥它们的文化作用。文化遗迹需要人在其中流动才不会消逝，如同长时间不住的房子会坏掉，就是这个道理。文化遗迹与游客邂逅，承载着历史的记忆和风貌的跨越时空表达。文化遗迹空间的风貌是一种社会发展的结果，至少没有被后来的人破坏掉，无论出于何种原因，后来者对文化遗迹的认识就是一种历史动态的发展。历史场景当中最需要的是生产和生活的人，当下的文化遗迹活化需要当代人去触摸、接触，才能真正理解古人的生活方式，从而实现古代与当今的文化传承。在可以触摸有烟火气息的文化遗迹空间当中体验的是旅游的本质精神，文化和旅游的融合不是相互设防或互相建藩篱，文化和旅游从本质上是要发展，从游客角度是要体验旅游，体验的就是其中文化的魅力。文化遗迹的历史风貌必然与游客邂逅。

文化遗产创新的保护与开发是文化成长发展的原动力

当前无数的非物质文化遗产得不到传承，有消失的迹象，文化传承人的继承与培养问题日趋严重。国家用财政强力支撑发展，远远不能满足它的需要。传承人的消失导致非物质文化的传承的中断，而目前单纯的文化传承保护只是流于形式的坚持。实际上非物质文化与我国的农业社会有着紧密的联系，传承实际上是一种文化再生产，不是依赖外部的力量保留下来，并且只有创造实际的经济价值与精神价值，保护才能真正起到作用。西方的台前幕后理论能不能适应中国特有的文化土壤？台前就是为了表演，幕后是为了生活？这种模式值得怀疑，因为生活方式已经改变，传统被时尚代替，有些东西已一去不复返。中国文化遗产开发模式必须有其自身的独特性。台前不能只是表演，还要体验+再创造，传承的文化是有生命力的文化，它的出现可以成为当下生活的一部分。台后也不能只是生活，还要魅力+享受，我们大量的民族村寨千篇一律，大量的文化遗产还静静地躺在哪里。核心区的保护是必要的，周边有人聚集的地方必然是文化再生产的有效空间。文化和旅游的融合，文化遗产的再生产，旅游的理性开发实现的是美丽风景与美丽生活。文化遗产和旅游的场景是主客共享的场景，文化遗产存在着历史上的生活方式，旅游是当今的生活方式，两者的结合不仅是从模式上的创新，也是内容上的结合。未来必然有全新的生活方式，但我们既要享受当下的生活，也要走到过去与古人对话，这从另一个角度来看也强调游客的素质与接受度，但是随着国民素质的提升，这种古今相称的生活方式可以达到中国生活方式，进一步吸引世界游客的关注与认同。任何一个文化和旅游目的地都不是凭借旅游规划或是宣传形成的，最主要的是旅游参与者的认同。主人和客人共同享受的是一种有融入又有分离的和谐环境，这种和谐环境直接促使文化的成长与发展。

文化遗产的发展是文化和旅游融合的具体表现

文化遗产与文化的其他特质有着不同的身份，文化遗产是经过认证的，拥有世界组织支持的。中国的传统文化和红色革命文化同样都是中国文化遗产的一部分，我们当前的只注重申报，申报可以获得资源。这是多么可悲，对自己文化的认同和自信才是本民族文化传承的根本。试想自己都怀疑文化的价值，怎么可以让自己的文化长久传承？申报遗产只是文化遗产发展的一部分，更多的是文化的认同和记忆。历史上淘汰太多文化与记忆，这个过程是难免的，中国有取其精华去其糟粕的思考方式，还有文明程度的规范，可以流传的文化更是需要我们甄别，其中粗俗、低级、迷信的文化必然会被淘汰。文化和旅游的融合需要对文化遗产进行发展，创造有生命力的文化，也需要理性地开发旅游。探索文化和旅游理论的发展，增强文化自信与认同的程度，持续增强中国文化的世界吸引力。

总而言之，文化遗产是文化成长发展过程当中的载体，文化遗产的火热势必造成文化的火热。良渚文化成功申遗过后，冷静下来细细思索，中国有着太多的和良渚文化旗鼓相当的文化遗产了，非物质文化遗产更是浩若繁星。我们追求的不应是文化的名号，我们应该让旅游进入文化的成长过程当中，让游客进入文化的空间当中，这样才是文旅融合的开始。更应该关心的不是把文化放在冰冷的玻璃棺材当中，应该把它们放在有着生活气息的人群当中。

基于文化遗产的本质，探索不同的“打开方式”

马晓芬

（东北财经大学，辽宁省 大连 116025）

“什么是文化遗产？”基础的概念性问题，不管是文献，还是个人认知，都没有完整、明确并且清晰的概念和分类。有的学者从联合国教科文组织的《保护世界自然和文化遗产公约》提取了文化遗产的特质，有的学者以文化和遗产概念的内涵来诠释文化遗产的本质，却很少有学者辨析文化遗产本身。张崇针对杭州运河船民对运河作为世界文化遗产的认知调研中，关于“你认为什么是遗产？”的问题，运河的船民们认为，遗产就是老祖宗留给我们的东西，历史留下来的东西就是遗产[1]。作为生活的记忆、沉淀和传承的结果，不需要知识积累和社会宣传，人们依然可以简单列举自己所熟悉的文化遗产。依此，文化遗产的地方性在引发的讨论、保护和利用的发展中不断地被抬升、加注或重塑，以保证文化遗产的“原真性”。“原真性”是文化遗产的正确“打开方式”吗？

文化遗产保护一直是热议的话题，7 月 6 日良渚古城遗址申遗成功，成为我国第 55 处世界遗产。不仅是学界、政界，还是公众都为之兴奋。除了爱国主义情怀和民族文化自豪感以外，不同群体对待申遗成功的关注度千差万别：学者关注于保护、开发和文化价值的传播；业界和社区更关注于经济价值和社会效应，以及未来发展趋势；大众则更关注于良渚是什么样的，有什么好玩的，产生过什么，有什么样的与众不同。但是，为什么要申请世界文化遗产？世界文化遗产的意义在于什么？申遗的目的是什么？却鲜为人所知。在西方话语权下的世界遗产是为了更好地保护历史遗留下来的丰富文化和历史痕迹。

保护的方式有很多种，是束之高阁，还是利用中传承；是照旧复原，还是

[作者简介] 马晓芬（1990—），女，汉族，山东省滕州市，东北财经大学，博士在读，主要研究方向为旅游产业经济和旅游规划。E-mail：xiaofen0401@163.com.

传承中求发展，不管是保护还是利用都应该依据其分类，有的放矢。现有的文化遗产分类，以表现形式的有形或无形分为物质文化遗产和非物质文化遗产。文化遗产保护的概念也是基于此分类之上的，针对表现形式进行保护和传承。对于物质文化遗产的保护，我们遗憾于紫禁城城墙的摧毁，那是一个将文化价值实用化的时代。那些逝去的朝代，结束了历史使命的物质文化遗产，又应该怎样正确地看待和保护呢？对于非物质文化遗产，一切和历史相关的技艺、记忆、文字和语言都有其独有特质，又如何全部保护呢？自古以来，“去其糟粕，取其精华”的传统思想，又该如何筛选和保护非物质文化遗产？

对于以上问题，现有研究和实践并没有有效的验证和解决的办法，而是过度关注文化遗产这件事。文化遗产被作为旅游资源和经营手段进行夸大保护和利用，不仅破坏了其文化特性，还造成文化遗产的泛化和保护同类化，从而失去自身特有价值，弃之如敝屣。

基于此，文化遗产“存与失”的共性也许更应该成为保护和利用的分类标准。文化遗产具有类型的多样性、载体的多重性、内涵的丰富性、认知的多维性、功能的多层次型等特点。[2]从复杂的多元化的文化遗产中提取保护难点共性，主要涉及以下几个方面。

1 “文化符号”式永驻

“文化符号”是传统文化的根本，即文化遗产也是生活本身。比如，端午节、中秋节、春节、故宫，这是民族的印记，是祖辈相传作为中国人的一种标记。比如日本的和服、韩国的泡菜等等这些是我们的民族的标志和符号。这类型的文化遗产是永驻型，是每个中国人都有的传承的责任，是文化自信的外现。就像中国的儒家思想、国画和京剧、功夫（武侠江湖）、赛龙舟等，即使我们有些不熟悉、有些不喜欢、有些不热爱，我们依然会赞叹并期望拥有，因为这是我们自己的文化。

但是由于西方文化的强势冲击，新潮的艺术形式，全球化的风格特征，导致我国此类型的文化遗产，比如京剧、糖人、古筝、舞狮等传统技艺渐渐淡出，不为年青一代所熟知。这是由于技艺传承和连带的问题所致，师徒相传的文化传统，经济效益的缺失。但是由于中国人文化的自觉性，本土意识的重生，从而促使这类型文化遗产具有永驻型特征。

这类型的文化遗产是文化符号，是需要贯彻于每个人生活中去传承的，是生活本身，提升中国人的本土文化意识，加强民族文化教育，则是此类文化遗产的实践路径。

2 “古艺今用”式并存

时代在发展，技艺也是会随之变化的。如同刺绣、剪纸等技艺，它们的久远的历史痕迹证明了其文化遗产的特性，但是它们的多元化载体，能将其文化的独特性与生活的现代性相结合，让古代艺术在现代产品中发扬光大，这是对此类文化遗产最好的传承，而不仅仅是景区、博物馆等地的纪念品的贩卖。低廉的价格，粗糙的工艺，旅游纪念品式的销售让技艺被放大，但是破坏了本身的传统价值。

此类型的文化遗产包括，雕花、榫卯、印花、陶瓷技艺等等诸如此类的技艺，依托载体和产业化发展，从西方文化话语权中去探索本土化的文化传承的工艺技巧，以“古艺今用”的方式去发展和开拓，将停滞的功能转移，开辟新的使用功能和方向，只有具备实践意义的物质才具备长存的体态。

3 “物竞天择”式消逝

戴斌院长在《文化遗产的功能重构与价值实现》演讲中，提到:“我们不可能将所有的文化遗产都加以活化和利用，有的甚至连保护和保存的必要都没有。”当现实和文化遗产的保持产生冲突和矛盾的时候，世界文化遗产被撤事件也是利用的实践途径。

很多文化遗产是属于群体的或是历史悠久型的，可以作为史书记载。因为不适用于现今生活方式的，比如独龙族文面女，它们的价值在于一段历史，一个时代生活方式的记录，并会随着习承那个时代印记的人的逝去而消逝。对于此类文化遗产，博物馆似的记录和展示，主题式旅游景区的开发也许是其保护和利用的最佳方式。记住而不承袭是文化进步的必经之路，也是文化遗产进行筛选和发展的不可或缺的步骤。

以上仅是对于三种类型的分类标准的阐述，而并未涵盖全部的文化遗产类型，比如建筑式、遗址式的文化遗产并未进行细分描述，但是依据其本质可以归纳到三种类型之中。在实践中，如何区分文化遗产的类别，并设计切实有效的保护和利用措施应该是最基础的环节。不同的文化遗产，具有它自身独有的文化特质和价值，针对其本质特性进行分类保护和利用，才应该是文化遗产的正确“打开方式”。

参考文献

［1］张崇．文化与遗产内涵及其对我国文化遗产保护实践的启示［J］．浙江科技学院学报，2019（04）：323-328.

［2］王京传．文化遗产的保护、开发与旅游产品体系构建［J］．旅游学刊，2010，25（05）：7-9.

文旅融合新时代，文化遗产的“五化”表达

王　旭

（北京巅峰智业旅游文化创意股份有限公司，北京 100028）

文化遗产活化不是新话题，但随着文旅融合新纪元的到来，文化遗产旅游化发展也被提到了新的高度。党的十九大以来，习近平总书记就传承优秀传统文化做出了一系列重要指示，提到“让收藏在博物馆里的文物、陈列在广阔大地上的遗产、书写在古籍里的文字都活起来”，为我们指明发展方向的同时，也使“如何让文化遗产活起来”成为新时代需要解决的新问题。

一、发展观念变化

我国的文化遗产无论在数量和等级上都为发展文化遗产旅游提供了极好的条件。截至 2019 年 7 月 6 日，中国拥有世界遗产已达 55 项，其中世界文化遗产 37 项、世界文化与自然双重遗产 4 项、世界自然遗产 14 项，与意大利并列为拥有世界遗产最多的国家[1]。但文化遗产的旅游化发展一直是一个备受争议的话题，作为历史的印记，文化遗产具有一定的脆弱性，有效的保护一直占据发展的主基调。

西方国家在文化遗产的研究中认为“遗产最重要的不是关乎过去，而是我们与现在、未来的关系”[2]，中国旅游研究院戴斌院长提出“地方、社区和企业不能因为建设和发展，而随意破坏老祖宗留下的优秀文化遗产，也不能以保护的名义无限扩大遗产的范围，而漠视当代人发展和创新的权利”[3]。文旅融合新时代，随着认知的改变和旅游形式的改变，文化遗产的保护与旅游开发之

[作者简介] 王旭（1992—），女，籍贯河北，北京巅峰智业旅游创意股份有限公司达沃斯规划院，高级规划师、项目经理，北京第二外国语学院与爱尔兰国立大学双硕士学位，主要研究方向：文旅融合背景下的全域旅游发展、旅游市场分析、旅游产业发展规划。E-mail：soleil6992@foxmail.com。

间变得更加包容，逐步走向共同繁荣。

二、市场需求巨大

我国文化遗产旅游市场需求增速明显，2019 年清明假日期间，以博物馆、文化小镇、民俗风情等为代表的文化类景区预订同比增长 20%，其中，博物馆同比增长 17.8%，其中，秦始皇陵兵马俑、杜甫草堂博物馆、故宫、上海自然博物馆和陕西历史博物馆最受欢迎[4]。聚焦到旅游业态，文化遗产游多以观光游览、旅游演艺等形式为主，呈现出被动式观赏的特性，在地化的文化认知和互动体验比较少，整体缺乏对深层次文化内涵的挖掘与文化氛围感知的营造，让"文化遗产活起来"仍有很长的路要走。

三、文化遗产"五化"表达

随着故宫系列文创产品引爆市场，文化遗产旅游逐渐开始找到新的突破口，与创意设计、最新科技、展览活动等跨界联合的模式层出不穷，其中一些尝试也得到了市场的高度认可，成为现象级产品。这些新的探索可以归纳总结为文化遗产的"体验化、科技化、商品化、艺术化、生活化"表达，为文化遗产旅游注入了新鲜血液，创意了新的业态产品。

（一）文化遗产体验化

博物馆、艺术馆、美术馆等是文化遗产旅游的重要载体，往往成为游客对文化遗产体验的第一印象，真正将文化渗透到游客可以摸得着、玩得到的地方，才会留下深刻的铭记。苏州博物馆用自己的顶级 IP——以唐寅为首的江南四大才子，与八马茶业、西湖茶叶、卢正浩、艺福堂、乐品乐茶、天福茗茶、碧潭飘雪、立顿八款茶品牌跨界合作，以唐伯虎的"朋友圈"为线索，以明代江南四大才子的"春游穿越之旅"为主题，策划桃花流水之间、穿越时空之间、诗情画意之间、山水画卷之间四个主题概念，为游客打造清新无比的茶"派对"。

（二）文化遗产科技化

今年元宵节的夜游故宫让文化遗产的创意展示成为新热点，各地纷纷开始尝试融入科技、灯光等元素，在技术的加持下，文化遗产也以前所未有的形态拓宽着人们的视野。数字敦煌就是其中的代表，游客可以通过两部时长各 20 分钟的主题电影、球幕电影，了解莫高窟的背景知识，身临其境地观看洞窟壁画，有效缩短了游客在洞窟内的滞留时间，有效缓解敦煌莫高窟旅游开发与文物保护之间的矛盾。此外，京杭大运河在旅游化建设的过程中，充分利用技术革命，将文化与互联网、大数据、人工智能、VR等高新科技深度融合，开发数字创意产业等新型文化业态。

（三）文化遗产商品化

越来越多的文化遗产博物馆推出自己的文化创意商品，但单纯的商品并不能真正发挥带动作用，需要搭建完整的产业链条。如法国博物馆衍生品开发有着近百年的历史，已发展出一套成熟的衍生品开发思路和模式，在产品创意、设计、生产、渠道、售后等方面形成了完备的体系，开发出数千种文化衍生商品，下设38个实体商店，艺术年代跨越时空，畅销全球。此外，博物馆常年举办各种展览，同步推出与展览主题相关的限量版文创衍生产品，这些限量版的画册、帆布手提袋、小钱包等只能在博物馆买到，饥饿营销的方式也大大提升了产品的热度。

（四）文化遗产艺术化

用艺术的形式提升文化遗产传播效果，在拉近与公众距离的同时，让文化遗产更有温度与质感。故宫博物院推出的《我在故宫修文物》成为中国纪录片界60年来世界销量最好的一部影片，讲述了小而美的“工匠精神”，让人们感知到每件文物背后的点滴与情感，产生文化共鸣。三星堆计划推出电影《三星堆》、动画电影《金色面具》，还将开发《金色面具》图书、游戏和网剧等，打造史诗级影视巨作系列，构建全球超级IP。相信随着电影等系列产品的推出，三星堆的文化旅游将迎来新高潮。

（五）文化遗产生活化

文化遗产不再只是冰冷的建筑，已然成为当地居民生活的一部分，文化遗产的在地化延伸，赋予其更加长久的生命力与创造力[5]。围绕文化遗产的文化内涵，以展览、文化节事、艺术教育、讲座、节庆风俗、非遗传承、社区活动等为代表的诸多文化活动的举办，为当地人日常的生活增添了仪式感，形成了“文化遗产周边”的文化氛围与生活环境，真正做到文化旅游的主客共享。

四、未来期许

“文化遗产不只是繁华记忆，也是生机勃勃的未来”[2]。文化遗产的二次活化是文化和旅游高效融合发展的必然趋势，旅游也将赋予文化遗产的现代表达、轻松表达。文化遗产阐释着灿烂的历史，有着尊严的现在，也必将走向更多可能的未来。

参考文献

[1] 2019 新增世界遗产名录 [N/OL]. 联合国教科文组织，(2019-07-07) [2019-07-10]. http：//whc.unesco.org/en/newproperties/.

[2] 杭侃. 作为资源的文化遗产 [N}. 学习时报，2019-01-04 (06).

[3] 戴斌. 文化遗产不只是繁华记忆 [N]. 中国文化报，2019-05-11 (07).

[4] 中国旅游研究院：2019 年清明节旅游总人数 1.12 亿人次，同比增长 10.9% [N/OL]. 21 世纪经济报道，(2019-04-09) [2019-07-10]. http：//www.199it.com/archives/859312.html.

[5] 张建忠，孙根年. 遗址公园：文化遗产体验旅游开发的新业态——以西安三大遗址公园为例 [J]. 人文地理，2012，27 (01)：142-146.